울고 있는 사람과
함께 울 수 있어서
행복하다

울고 있는 사람과 함께 울 수 있어서 행복하다

유 정 옥 글 모 음

소중한 사람들

추천사

여기 유정옥의 글에는 사람으로는 도저히 할 수 없었던 일들이 그림처럼 펼쳐져 있습니다.

가난하고 병들었던 성도가 갑자기 하나님의 부르심을 받게 되자 고아로 남게 된 남매를 맡아 길러낸 이야기, 남편이 천거한 신학생 도를 맞아 공궤하여 일어서게 한 일, 퇴임 교장님과의 첫 만남에서 임종상에서 마지막 해후까지, 생면부지의 암환자를 2개월 봉양하여 하나님 앞으로 선종하게 한 일, 남편이 카자흐스탄에 가서 복음으로 모슬렘 사회주의 국가를 변화시킨 일, 또, 또, 또, 또, 굽이마다 눈물을 왈칵 쏟게 하는 뜨거운 감동의 이야기들입니다.

유정옥의 삶은 한 편의 아름다운 시와 같습니다. 굳이 시어로 표현하지 않아도 저절로 시가 되어 가슴을 두드립니다.

이 글들 시작에서 끝까지 믿음에서 믿음으로입니다.

이 모든 이야기들은 자기 간증이 아니라 복음전도의 결실입니다.

하나님을 알지 못하던 영혼들이 이 글을 읽게 되면 하나님을 믿게 될 것이고 그리스도인들에게는 이 글이 자신의 삶을 하나님 앞에서 비춰 볼 수 있는 거울이 될 것임을 확신합니다.

서철원 총신대 대학원장

추천사

유정옥 사모의 글을 인일여고 홈페이지에서 읽고, 난 한동안 하나님께서 보내신 천사를 만난 놀라움과 감격 그리고 부끄러움에 휩싸여 어찌할 바를 몰랐습니다. 기독교인으로서, 간호사로서, 학생들에게 좋은 간호사가 되라고 가르치면서 난 얼마나 부끄러운 존재인지….

날마다의 순간순간을 하나님 말씀으로 살아내고 있는 유정옥 사모가 인일여고 졸업생이라는 게 너무도 자랑스러워서 추천사를 부탁하는 그녀의 요청을 거절할 수가 없었습니다. 난 그녀의 선배이면서도 그녀의 글을 대할 때마다 전해 오는 따뜻하고 아름다운 마음에 감동되어서 한 번도 만난 적이 없는 유정옥 사모를 너무 존경하게 되었고 그래서 그녀의 말을 그냥 따를 수밖에 없었던 것입니다.

"나중된 자가 먼저 된다"는 말처럼 그녀는 하나님의 가장 큰 딸로서 우리 앞에 우뚝 서서 우리가 알고도 모른 체 애써 고개를 돌리는 구석구석까지 사랑의 눈길로 살피면서 몸소 천사의 날갯짓을 피곤한 줄도 모르면서 끊임없이 하고 있습니다.

이 세상에 육체적, 정신적, 사회적으로 병들어 신음하는 뭇 영혼들이 너무도 많은데 우리는 그동안 얼마나 그들을 외면하며 살고 있는지요. 그녀의 글을 읽으면 모든 사람들이 하나님께 무릎꿇고 회개하며 그분의 사랑을 체험하고 감사와 찬양을 드리게 될 것을 확신합니다.

우리를 자녀로 삼으시고, 이 세상에서 사명을 주신 하나님께서 끝까지 우리를 지키시고 승리하게 하실 것을 믿으며, 서로를 격려할 수 있도록 그녀를 알게 해 주심에 다시 한번 감사드립니다.

유정옥 사모의 삶을 통하여 받으실 하나님의 영광이 영원하시기를 기도합니다.

박성애 서울대학교 간호대학장

머리말

사랑하는 남편을, 아내를, 아들을 잃고 마음 아파하는 이웃들과 모진 질병과 가난, 실패로 오늘의 삶이 버거워 한 발자국도 걸을 수 없는 지친 영혼들에게 작은 희망과 빛이 되고자, 따뜻한 불기가 되고 파서 감히 가까이 다가갑니다.

부족한 글을 일상의 기쁨으로 읽어주신 독자님들과 책이 나오기까지 이 일이 주께서 주신 사명으로 알고 혼신의 사랑과 정성을 다 바친 조선호 박사님, 박광선, 정외숙, 인일 총동창회장님과 제물포고등학교 동문, 인일여고 동문들…….

서슴없이 추천의 글을 써주시며 격려해 주신 은사이신 서철원 교수님과 박성애 교수님 그림으로 글과 하나가 돼 주신 전원길 화백님, 최예문님…… 그리고 나의 사랑, 나의 면류관인 하나로교회 성도님들, 보이지 않는 곳에서 이 글을 스스로 복사하여 이웃들에게 나누어 주던 선한 손길들.

곳곳에서 후원금을 보내준 수많은 이름들.

먼곳에서 믿음의 자매로 기도해 주는 나영자 사모님.

곁에서 묵묵히 도와 준 남편과 아이들…….

눈물의 기도로 나의 일평생을 지켜주고 계시는 나의 어머니!

내 영혼의 기쁨과 힘의 근원이신 나의 주님께 이 깊은 고마움을 바칩니다.

지은이 유정옥

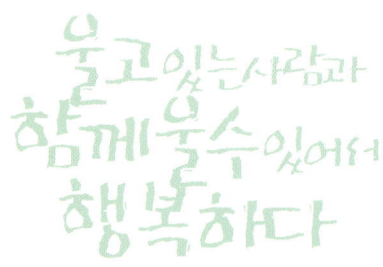

차례

아들 셋, 딸 하나	017
시련이라는 가면을 쓰고	020
유학 가는 길	023
47명 중 40등	027
시나리오 쓰기	031
한 사람도 없으니 어쩌냐!	034
고약한 음모	038
초등학교 동창생	043
낳고… 낳고… 하거라	047

♣ ♣ ♣

죽음은 끝이 아니고 영원한 삶의 한 과정	051
배추 욕심이 또 솟아올라서	054
갈림길에서의 이정표	056
교장 선생님의 딸	061
남편 없는 하늘 아래	066
유리창	071
나의 식모살이	078

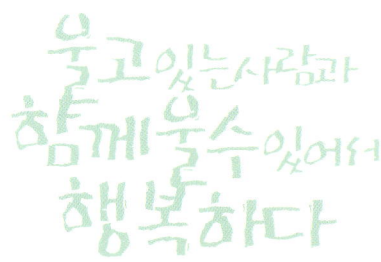

치매에 걸리신 아버님	085
그 곳에 서 있던 그 학생	087
나의 누이! 나의 어머니!	092
고아원으로 끌려간 아이들	096
혼 빼는 여자	101
그분이 주신 최고의 보석	106
세 마리의 쥐	112
그들을 위하여	114

♣ ♣ ♣

12층으로 올라오세요	119
나의 심부름을 마음에 들어 할까?	123
울고 있는 사람과 함께 울 수 있어서 행복하다	127
그 사람을 진정 사랑하기 때문에	131
네 소원이 무엇이냐?	135
나에게 컴퓨터를 보내준 당신은 누구입니까?	138
혼기 놓친 맏아들, 맏딸	142
우리 집 울타리 안에	145

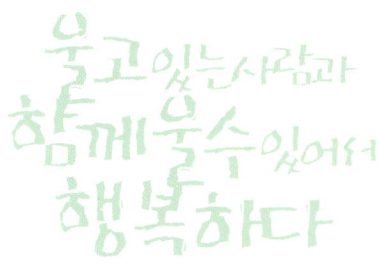

웃고 있는 사람과 함께 웃을 수 있어서 행복하다	153
삼성 제일 병원에 내가 사랑하는 사람이 있어서	156
그 사람이 너의 두아들을 죽이지는 않았지?	158
산 사태가 났을지라도	160
돗나물 때문에	164
기발한 아이디어	168
죽지 않고 남는 것	176
강원도 정선군 북평면 숙암리 숙암교회를 다녀와서	180

♣ ♣ ♣

내가 쑥맥은 쑥맥 인가 봐	187
제일 산부인과에 내가 사랑하는 사람이 있어서	192
그저 흙 속에 잘 묻혀 있으면 돼요	196
남편의 스캔들	201
돌을 던지고 있어	205
어느 집이 나의 진짜 집이지?	210
암에 걸렸다고 다 나쁜 것만이 아니란다	215

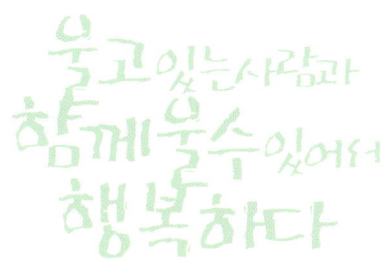

나에게 아파트 열쇠를 맡긴 것은	221
뭐가 용서야	225
이건 너무 많은 것 아니에요	229
영주권 획득을 감사하는 잔치	233
대진표 선수 이름 바꾸기	237
귀에 쟁쟁하여	240
헛수고가 아님을 전해 주려고	244
빨지 못하는 옷	247

♣ ♣ ♣

새 것을 세우려면 옛 것은 다 부서져야 한다	255
쓸데없는 걱정일랑 하지를 말자	264
쇠뿔도 단김에 빼십시오	267
그거 그거 아시지요?	271
그러면 그렇지!	274
내 맘대로 되는 게 아니에요	280
세월이 지난 후에	283

울고 있는 사람과
함께 울 수 있어서
행복하다

따뜻한 차라도 끓여서 옆집 사람을 초대해 보자.
그러면 많은 친구가 생길 것이다.
아침엔 부모님께 안부 전화를 해 드리자.
부모님이 행복해하시는 소리가 들려 올 것이다.
노점에서 장사하는 사람에게 커피 한 잔 대접하자.
종이컵의 온기에 시린 손을 덥히는 모습은
우리의 마음을 한없이 기쁘게 할 것이다.
사랑은 그렇게 작은 것에서부터
한없이 커져 가는 것이다.

나에겐 아들 셋, 딸 하나, 네 명의 자녀가 있다. 이 세상에서 내가 가장 소중히 여기는 보물들이다. 아들 둘은 내가 낳았고, 나머지 아들 하나와 딸 하나는 하나님이 거저 선물로 주셨다.

1989년 어느 봄날, 우리 교회에 남루한 옷을 입은 한 남자가 아들 하나, 딸 하나를 데리고 예배를 드리러 왔다. 지나가는 길이었는데 예배 시간이어서 들어왔다고 했다. 아이들에 비해서 나이가 많아 보이는 아버지는 언뜻 보기에도 병색이 완연했다. 그 후에도 몇 차례 교회에 왔다. 예배만 드리고 갈 뿐 어디에서 왔는지 누구인지도 좀처럼 말하지 않았다. 철이 바뀌어도 그들의 옷은 바뀌지 않았다. 그 아버지는 두 아이가 이 세상에서 가장 귀중한 보물인 것처럼 언제나 양손에 꼭 붙들고 있었고, 그 아이들을 바라보는 그윽한 눈이 그것을 말해 주고 있었다.

그해 여름 7월 31일은 가장 무더운 날이었다. 오후 3시쯤엔 땅에서 올라오는 열기로 숨이 콱콱 막힐 정도였다. 그 시간에 울면서 다급하게 말하는 한 소년의 전화를 받았다. "사모님! 우리 아빠가 숨을 안 쉬어요. 어떻게 해야 하나요?" 갑작스런 전화를 받고 나니 귀에서 윙윙 소리가 날 뿐이었다. "밖에 나가 누구든지 어른을 붙들고 부탁해

라. 우선 아버지를 병원으로 모셔야 한다. 내가 곧장 그 곳으로 갈게. 그 곳이 어디니?" 나는 비로소 그 곳이 성남인 것을 알았다. 우리 교회는 종로 5가에 있으니 바삐 떠나도 언제쯤에나 도착할지 아득하기만 했다. 몇 번 우리 교회에 나왔던 그 아이들의 아버지는 그렇게 세상을 떠났다. 초등학교 6학년 아들과 2학년인 어린 딸아이를 이 세상에 남겨 두고…….

빈소에는 아무도 오지 않았다. 먼 친척이 있기는 한 것 같은데 혹시 왔다가 이 아이들을 떠맡게 될까 봐 안 오는 것 같았다. 빈소를 지키며 나는 그 아이들의 아버지를 생각했다. 그 아버지는 깊이 병든 몸으로 왜 성남에서 종로 5가에 있는 우리 교회까지 먼 곳으로 와서 예배를 드렸을까? 무엇을 하나님께 기도했을까? 아마도 저 아이들을 부탁하지 않았을까? 병든 아버지의 기도 부탁을 듣고 하나님은 부지런히 찾으셨으리라. 그 아이들을 잘 길러 줄 새로운 부모를…….

아! 그 후보 중에 내가 뽑힌 게 아닐까? 나는 가슴이 뛰기 시작했다. 우리 부부를 그렇게 착하게 여기셨다니…… 우리 부부를 그렇게 믿으셨다니…… 나는 남편에게 그 이야기를 했고 남편도 나의 등을 두드려 주며 자랑스러워했다.

아이들의 아버지는 벽제에 매장해 주고 우리 부부는 아이들을 데리고 우리 집으로 돌아왔다. 남자 아이는 우리 큰애보다 나이가 많아서 우리 집의 장남이 되었다. 그래서 우리 집엔 아들, 아들, 딸, 아들, 이렇게 네 명의 자녀를 두게 되었다.

그 날부터 19평짜리 우리 아파트엔 여섯 명이 복닥되기 시작했다. 방 하나엔 아들 셋이, 작은 방엔 딸아이가, 우리 부부는 부엌 겸 거실에서 살았다. 아침이면 하나뿐인 화장실 겸 세면실에 길다란 줄이

섰다.

    나는 모든 것에 서툴고 잘 해낼 수 없었지만, 마음만은 항상 나를 믿고 나에게 이 아이들을 서슴없이 맡기신 하나님을 실망시켜 드리지 않으려고 애썼다. 또한 하늘나라에 가 있는 아이들의 아버지도 안심시켜 주고 싶었다. 그 아이들이 나에게도 이 세상에서 가장 소중한 보물임을 알려 주고 싶었다.

    초등학교 6학년이었던 그 아들은 학원 한 번, 과외 한 번 시켜 주지 못하고 참고서 몇 권만 사 주었을 뿐인데 단번에 외대에 좋은 성적으로 합격을 해서 우리 부부를 기쁘게 해주었다. 이젠 다 커서 너무 멋지고 잘생기고 훌륭한 청년이 되었다. 딸아이도 너무 예쁘고 사랑스럽게 자랐다. 아무것도 모르는 사람들은 딸아이가 아빠를 빼어 닮아 미인이라고 칭찬이다.

    나는 지금도 누가 "자녀가 몇이세요?"라고 물으면 "아들 셋, 딸 하나"라고 자랑스럽게 말한다. 물론 그 말에 "와! 요즘 세상에 무식하게 넷이나 낳았대" 하는 소리가 이어질 것을 알지만 말이다. 나는 어버이날에 네 개의 카네이션을 하루 종일 가슴에 달고 다닌다. 그러면 여지없이 "젊은 여자가 촌스럽게 저게 뭐야"라는 소리가 들린다. 그때 나는 "그래! 난 촌스러워. 촌스러워도 나는 좋아! 카네이션 네 개나 받을 수 있는 엄마 또 있으면 어디 나와 보라고 그래. 안 그래요?" ●

시련이라는 가면을 쓰고

드디어 그 날이 왔다. 군에 입대한 아들을 첫 면회하는 날이다. 혹시 빠뜨린 것이 없나 꼼꼼히 챙기느라 밤새 잠을 설쳤다.

양주군 신암리, 산으로 둘러싸인 이 곳이 아들이 있는 곳이라니……. 면회 신청을 하고 면회실로 가는 중에 많은 군인들 틈에 섞여 있는 아들을 보았다. 주먹만한 얼굴만 나와 있는데 어머니는 아들을 쉽게 찾을 수 있다. 신비로운 사랑의 능력이리라.

면회실로 아들이 왔다. 나는 두 팔을 활짝 벌려 아들을 안았다. 얼굴을 부비며 "이그 장한 내 새끼!" 아들을 군대에 보낸 어머니는 따뜻한 잠자리가 오히려 가슴 아프다. 맛있는 반찬 한 입 입에 넣지 못하고 목까지 치밀어 오르는 그리움. 아들이 신던 신발만 봐도 아들 생각이 나고 아들의 방에 들어가 이리저리 둘러보면 소리 없이 눈물이 난다. 그 아들이 내 앞에 와 있는데 할 말을 다 잃고 나는 그저 "이그 내 새끼!" 하며 등만 어루만졌다.

아버지가 잠깐 자리를 비운 사이 계속 환하게 웃으며 잘 있었노라던 아들이 심각한 말을 해 왔다. "엄마! 사실은 저 너무 힘들어서 괴로워요. 저보다 한 달 먼저 들어온 상관이 저를 얼마나 못살게 구는

지 한 번 대판 붙고 말 거예요. 매일 연병장을 뛰고 자기에게 와서 보고한 뒤 밥을 먹으래요. 제가 천식이 있어서 아침 일찍 뛰는 것이 고통스럽고 다 뛰고 가면 식사 시간이 끝나서 밥을 못 먹어요."

아들의 말을 듣고 나니 나의 온몸에 힘이 다 빠져 나가는 것 같았다. 나는 심장이 딱 멎을 것 같은 것을 겨우 참고 우선 심호흡을 했다. 그러고는 아들에게 말했다. "그 상관이 아무래도 자기가 졸병일 때에 비해 네가 편해 보여서 그런 것 같아. 그러니까 연병장을 더 잘 돌아라. 괴로워하며 억지로 돌지 말고 즐거워하며 노래하며 돌아라. 다 돌거든 상관에게 고맙다고 해라. 어쨌든 많은 사람 중에 너에게 관심을 가져 주는 것은 고마운 것 아니냐. 그 어떤 것보다 확실히 믿어야 하는 것은 하나님은 우리의 모든 것을 선으로 바꾸신다는 것이잖니?"

떨어지지 않는 발걸음을 돌려 집으로 돌아온 후 나에겐 또 하나의 일거리가 생겼다. 새벽 기도를 마치고 난 시간이 아들이 연병장을 뛰는 시간이어서 나도 우리 동네 초등학교 운동장을 돌았다. 그렇게 한 달이 다 되어 갈 즈음 아들에게서 편지가 왔다. "이 세상에서 내가 가장 사랑하는 어머니!"로 시작되는 아들의 편지를 읽으며 나는 하염없이 눈물을 흘렸다. 아들의 편지 내용은 이랬다.

"어머니! 저는 오늘에서야 하나님의 축복이 시련이라는 가면을 쓰고 오는 것을 알았습니다. 그동안 연병장을 뛰면서 때로는 화가 나고 자존심도 상하고 그 날로 단번에 끝장을 낼 생각까지 했습니다. 그런데 오늘 완전 군장을 하고 구보를 하면서 저는 엉엉 울고 말았습니다. 지난번 구보 때는 천식으로 숨이 막혀 뛰지 못하고 쓰러졌는데 오늘은 아무렇지도 않게 거뜬히 다 뛸 수 있었습니다. 하나님이 그 상관을 통하여 저의 지병인 천식을 다 고쳐 주신 것입니다. 그 상관이 너무 고마워서 고맙다고 경례를 했더니 의아한 표정을 지으면서 내일부터는 뛰지 말라는 것입니다. 어머니! 내일부터는 저 스스로 뛰겠습니다. 어머니께 이 기쁨을 '할렐루야!' 소리쳐 보내 드립니다. 어머니! 제 목소리 들리면 기뻐해 주십시오."

그 이후 아들도 나도 우리 인생에 달려드는 어떠한 시련도 두려워하지 않는다. 시련이라는 가면을 벗겨내면 그 속에 축복이라는 실체가 숨겨져 있는 것을 항상 경험하기 때문이다. ●

아까부터 남편은 무언가 말하고 싶은 것을 못하고 내 눈치만 보고 있다. 모른 체했더니 주머니에서 수성펜 세 개를 내놓는다. "선물이야." 나는 남편이 나에게 어려운 부탁을 하려는 의도를 알아차렸다. 남편은 아주 가끔 수성펜 세 개의 뇌물 공세를 한다. 그것을 받을 때마다 수성펜 세 개의 값을 톡톡히 치르지만, 나는 언제나 처음 당하는 것처럼 일부러 당해 준다.

남편은 계면쩍어하며 이력서 한 통을 내놓았다. 이력서에는 두꺼운 안경을 쓴, 보기에도 고지식해 보이는 청년의 사진이 붙어 있고 그의 학력과 경력이 좋은 필체로 쓰여 있었다. 연세대 법대 졸업, 총신대학 신학대학원 입학. 그것을 읽을 때 남편은 "이 사람이 입학 시 전체 수석 합격자야"로 시작하더니 칭찬을 하느라 어쩔 줄 모른다. 그렇게 훌륭한 전도사를 우리 교회 중고등부 전도사로 청빙하는데 왜 나의 동의가 필요할까, 왜 선물 공세까지 해야 한단 말인가 의아해하는 나에게 결국 남편은 속내를 말했다. "그런데 우리 교회에서 숙식을 해야 하거든. 당신이 밥만 지어 주면 되는 거야. 부모님이 사업을 하시다가 빚을 많이 지어서 학교에 다녀온 후 밤새 번역을 해서 그 빚을 갚고 있어. 빚쟁이들 때문에 집안 분위기가 공부할 분위기가 아니거든. 이 전도사가 우리 교회에 와서 아이들이 이 전도사를 조금이라도 닮아 가면 얼마나 좋겠어." 이젠 애원에 가까워진 남편의 목소리에서 나는 남편이 이미 이 전도사에게 그 모든 것을 다 해주마 약속했다는 것을 알았다. 그렇다면 무조건 따라 주어야 하지 않은가? 그러나 나는 약간 토라진 목소리로 "우리 먹는 반찬대로예요"라고 허락을 했다.

교회 사무실 한쪽을 막은 것이 그 전도사님의 방이 되었다. 여름에는 덥고 겨울에는 혹독하게 추운 방, 그 날부터 그 방의 불은 꺼질 줄을 몰랐다. 학교에 다녀온 후엔 매일 밤을 새우며 번역을 했다. 그 전도사님은 우리 먹는 대로 먹여서는 안 될 것 같았다. 그렇다고 우리 처지에 대단한 음식을 마련할 수는 없고 된장찌개에 바지락도 조금 더 넣고…… 김치찌개에 고기도 몇 점을 더 넣고…… 반찬은 잘 해주지 못하니 밥만큼은 끼니 때마다 새로 지었다.

그는 언제나 예의바르고 씩씩했다. 밥상에 둘러앉아 밥을 먹을 때면 "사모님! 이 두부가 왜 이렇게 맛이 있지요?"하고 우리 아이들이 동의치 않는 얼굴을 하면 "나만 맛있나?"하며 쑥스러워한다. 아이들은 때를 놓치지 않고 "나만 맛있나?"로 합창을 한다.

나는 매일 밤 볼 수 있었다. 우리 식구들이 다 잠든 깊은 밤이면 밑 빠진 독에 물 붓듯 끝이 없는 부모님의 빚을 안고 때로는 절망하고 때로는 힘들어서 울고 또 우는 그의 몸부림을…….

단 하루도 편하게 잠자지 못하고 번역으로 밤을 새우던 시간이 1년이 지났다. 그토록 어두운 기색 없이 밝고 씩씩하던 그는 어느 날 짐 보따리를 꾸렸다. "사모님! 이젠 더 이상 못하겠어요. 돈 많이 벌 수 있는 곳으로 가야겠어요. 저는 신실한 신학자가 되어 우리나라 신학을 지키고 후학들을 가르치는 신학 교수가 되고 싶었어요. 대학원은 장학금으로 다녔지만 유학의 길은 어림도 없잖아요. 그럴 바엔 일찍 그만두고 법조계로 가야겠어요. 그동안 저에게 너무 잘해 주시고 애쓰셨는데 실망시켜 드려 마음이 아파요."

"포기하지 말아요. 하나님의 일을 위해서 그 편하고 넓은 길 버리고 여기까지 왔는데 왜 하나님이 가만히 계시겠어요. 더구나 전도사님이 돈이 없는 것을 매일 밤을 새우며 하나님께 신호를 보냈잖아요. 분명히 전도사님이 졸업을 할 때쯤이면, 유학을 가야 할 때쯤이면 하나님이 유학 가는 길을 여실 거예요."

나의 간곡한 만류로 짐을 풀었는지, 아니면 그것이 그의 진심이었는지는 모르지만, 그는 또다시 밤을 새우는 생활을 계속했다. 교회에 한 대 놓여 있던 성능 나쁜 컴퓨터로 그의 나이 27세에 저술한 『외우기 쉬운 헬라어』는 그 때부터 지금까지 신학을 하는 모든 신학도들의 필수 도서가 되었다.

그렇게 또 한해가 지나 대학원 졸업식을 며칠 남겨 두었을 즈음. 그는 얼굴이 상기된 채 교회로 달려왔다. 그러고는 내 손을 덥석 잡으며 "사모님! 고맙습니다. 이것 좀 보세요." 그가 내놓은 서류는 네덜란드 캄펜 신학대학에서 장학생으로 선발된 통지문이었다. 학위를 받을 동안 사용할 25평의 아파트, 비행기 티켓까지! 우리 식구 모두는 "와! 하나님 너무 멋지세요. 전도사님 축하해요"라고 하며 교회 바닥이 꺼지도록 뛰면서 기뻐했다.

그것만이 아니었다. 그 곳에서 생활할 생활비는 횃불 장학금이 대어 주겠다고 나섰다. 대학 교수들이 모아서 주는 횃불 장학금은 연간 $10,000로 그는 대학원 졸업식 참석도 못하고 유학의 길에 올랐다.

나는 배웅하고 돌아오는 길에 아이들에게 "너희들도 유학 갈 때는 장학금도 주고 아파트도 내주고 비행기 티켓도 보내며 '오세요. 제발 우리 학교에 와서 연구해 주세요' 할 때 못 이기는 척하면서 유학 길에 오르는 거야, 저 전도사님처럼. 알았지?"하고 말했다. 아이들은 그렇게 되겠다는 듯이 고개를 끄떡였다.

몇 년 후 학위 논문 서문에 남편과 나의 이름을 쓰고 또 써서 우리에게 고마움을 전했던 그는 수십 권의 번역서와 전무후무한 방대한 신학 서적을 저술했다. 영어, 독일어, 화란어, 히브리어, 헬라어 등 많은 나라 언어에 능통해진 이유가 무엇이었든지 그는 지금도 부모님께 효도하는 아들이다.

지금은 천안대학교 교수로, 수원신학교 교수로 우리나라 정통 신학의 가장 참신한 교수로서 인정받고 있다. 그 교수님의 서재엔 지금도 여전히 밤새워 연구하는 정열이 있을 것을 안다.

나는 남편의 선택에 수성펜 세 개로 잘 넘어가 준 것이 지금도 감사할 뿐이다. 내가 치른 대가에 비해 주님께서 갚으신 것이 비교할 수 없기 때문이다. 남편이 예견했던 대로 그분과 2년 동안 같이 밥을 먹고 같이 생활한 우리 아이들이 그분을 똑같이 닮아 가고 있다. 밥을 먹을 때는 감사하며 맛있게 먹는 것을, 공부는 최선을 다하여 하는 것을, 주님을 위하여 자기에게 유익한 것을 다 버릴 줄 아는 것을, 뜻을 품으면 포기하지 않는 것을, 유학 가는 길은 그렇게 가는 것을. ●

47명 중 40등

한 학년이 끝나는 날에 아이들마다 성적표를 내놓았다. 큰아들은 언제나 1, 2등, 둘째는 3, 4등, 딸아이는 9, 10등, 막내아들은 40등! 그런데 문제는 이 성적표를 내놓으면서 조금도 미안해하거나 속상해하지 않는다는 것이다. 너무나 당연해하는 막내를 남편은 아예 포기했는지 야단치려고 하지도 않는다. 나는 그 자리에서 성적표를 앞에 놓고 혼을 내고 싶었지만 그러면 40등을 하는 아들의 비밀을 찾을 수 없다. 아들의 비밀은 성적보다 더 깊이 숨겨져 있을 것이다. 기회를 보던 나는 아이를 데리고 서점에 갔다. 보고 싶은 책을 마음껏 사게 했다. 그랬더니 사법고시 책을 사 달라는 거다.

2년 전에 이 곳에 왔을 때 대통령이 되는 법에 대한 책을 사 달라더니 말이다. 그래서 클린턴 대통령에 대한 책을 사 주었더니 그 당시 우리나라 대통령에 출마한 후보들의 유세장마다 따라다니는 것이었다. "엄마! 내가 볼 때는 클린턴이 대통령이 될 수 있었던 것은 어머니의 기도 때문인 것 같아요. 10년을 기도했다는데 엄마는 내가 열한 살이니까 30년을 기도해 줄 수 있잖아요. 더구나 우리 엄마 기도는 하나님이 더 잘 들어주시니까 내가 대통령이 될 것은 뻔한 일이에요. 나는 다윗 왕 같은 대통령이 될 거예요. 우리나라를 기독교 국가로 바꾸고 매일 10시는 나라를 위한 기도 시간으로 정하겠어요. 그러면 내가 형들보다 더 높은 사람이 된 거지요? 형들보다 엄마가 더 사랑해 줄 거지요?" 그런데 2년이 지나면서 아들의 목표가 변한 것이다. 아무리 봐도 아빠와 엄마에게는 대통령이 최고가 아닌 것 같았나 보다.

이번엔 왜 사법고시여야 하는가? 아들과 이야기를 나누면서 아들은 아버지 같은 목사님이 되고 싶었는데 그 꿈은 형이 먼저 하겠다고 나섰다는 것이다. 형보다 더 높은 사람이 되고 싶었는데 우리 집에선 목사님보다 더 좋게 생각하는 것이 없다는 것이다. 더구나 형들과 누나는 공부를 잘해서 자기는 도저히 못 따라가니 공부는 해보고 싶지도 않다는 것이다. 어린 아들은 그동안 남모르게 이렇게 많은 고민을 했던 것이다. '혹시 부모님의 사랑을 형들에게 다 빼앗기지는 않을까? 그러면 목사님보다 부모님이 더 좋아할 만한 직업은 무엇인가?'

"웅아! 네가 하고 싶은 것이 무엇이니?"

"다른 사람들에게 하나님을 전해 주고 싶어요."

"그래. 무엇이 되는 것이 중요한 것이 아니고 무엇을 하느냐가 중요해. 맛있는 빵을 만들겠다고 정했다면 롯데제과에서 빵을 만들든지 호떡을 만들어 팔든지 맛있는 빵을 만드는 것은 똑같은 거야. 의사가 되어서도 남의 고통을 고쳐 줄 수 있지만, 남이 아플 때 그의 고통을 나누려는 마음으로 옆에 앉아만 있어 주어도 그 사람의 고통을 나눌 수 있잖니? 너의 꿈을 그대로 가져라. 형은 형대로, 너는 너대로 하나님의 신실한 일꾼이 될 거다."

아들은 그 날부터 무엇을 할 때마다 물었다.

"엄마! 하나님 일 하려면 컴퓨터도 잘 쳐야지이?"

내가 "그래"하고 끄떡이기만 하면 그 아이는 무엇이든 열심을 냈다. 몸이 건강해야 한다고 운동도 열심히 했다. 그러나 아들에게 끝까지 없어지지 않는 고민은 성적이었다.

"엄마! 40등이라는 것만 생각하면 힘이 다 빠져요. 어떻게 해야 2학년 때 1등을 할까? 나는 죽도록 해도 1등은 못할 거야."

"형은 고등학생이니까 1등을 하는 거야. 너는 중학교 1학년이니까 1등할 필요 없어. 2학년 1학기엔 35등까지만 하자."

"35등? 그건 얼마든지 할 수 있어!"

아들은 2학년 1학기에 32등을 했다. 그 성적표를 받아 온 날, 우리 집에선 케익에 불을 켜고 축하를 해주었다. 신바람이 난 아들은 형들과 누나, 아버지, 나를 번갈아 쳐다보며 "다음 학기엔 30등!" 하면서 손가락으로 V를 만들어 약속했다. 학기가 바뀌고 학년이 거듭될수록 아들은 목표를 5등씩 줄여 갔다. 막내아들의 고등학교 최종 등수는 3등이었다. 대학에서는 형의 성적을 앞지르고 전학년 장학금을 받았다. 아들은 가슴속에 또 어떤 목표를 세우고 그것을 이루어 갈 것이다. 아들은 이미 목표를 조금씩 조금씩 이루어 가는 방법을 배웠기 때문이다.

나는 모든 일에 점진적이라는 비밀이 가장 힘이 강하다고 본다. 우리는 무엇이든 한꺼번에 빨리 얻으려고 한다. 기다리고 참으며 한 걸음 한 걸음 꾸준히 걷는 길이 가장 멀리 갈 수 있다. 하나님은 이스라엘 백성들이 얼마든지 단번에 정복할 수 있는 가나안 땅을 그들의 수고와 노력을 다하게 하면서 조금씩 조금씩 점진적으로 주셨다. 그 이유는 한꺼번에 가나안 땅 거민을 쫓아내어 그 땅을 주면 땅은 황폐하고 사나운 들짐승들이 이스라엘 백성을 물어뜯으며 괴롭혔을 것이기 때문이다.

　우리에게 희망이 있는 것은 분명 내일은 오늘보다 조금은 좋아질 것이기 때문이다! ●

시나리오 쓰기

신혼 초에 남편은 사업을 했다. 물놀이에 필요한 모든 기구들 - 물안경 튜브 수영판 보트 구명조끼 - 을 제조, 판매하였다. 수입도 하고 수출도 했다. 10개월 내내 쉬지 않고 생산해서 두 달 동안 다 판매하였다.

물건은 한국화학에 속한 대리점에 계약금을 내고 원단을 발주 받고 자가 공장에서 제조하든지 하청을 주어 제조하든지 했다. 우리는 전국에서 가장 많은 판매액을 올리는 매장을 갖고 있었고 생산도 직접 하고 있었다. 남편은 능력 있는 사업가로 번창하고 있었다.

어느 날 대리점에 다녀온 남편은 청천벽력 같은 소식을 전해 주었다. 대리점 사장이 부도를 냈다는 것이다. 그 소식과 함께 우리가 떠맡은 손해는 3억이었다.

우리는 하루아침에 빚더미에 앉았다. 남편은 5남 3녀의 장남이었고 종가집 장손이었다. 우리 집에는 노할머니를 모시고 4대가 살고 있었고, 우리 식구는 12명이었다. 남편은 실의에 빠져 하루에도 죽음을 몇 번씩 생각하였다.

우리는 빚진 죄인이 되었다. 나는 물건 하나 없는 판매점에 이른 아침에 나가 밤늦게까지 앉아 있었다. 그것은 매장에 문이 닫히면 우리에게 돈 받을 사람들이 더 불안해할까 봐 우리가 살아 있다는 것을 보여 주려는 마음에서였다. 화장은 전혀 하지 않았고 고운 옷도 입지 않았다. 생활도 극빈 생활을 했다. 노할머니, 아버님, 어머님 방 외에는 난방도 하지 않았다. 우리 부부는 보일러 쇠파이프가 얼어서 방바닥을 뚫고 올라오는 방에서 잤다. 평소 우리를 성실하게 본 채권자들은 심한 독촉 없이 우리의 재기를 기다려 주고 있었다.

그 모진 가난의 고통이 계속되면서 용두동의 집, 공장이 다 남의 손에 넘어갔다. 우리는 부천으로 내려갔다. 연립주택 지하를 개조해서 살게 되었는데, 그 지하는 반공호처럼 대피소로 파놓은 것이어서 바람의 흐름도 없고 햇빛 한 점 들어오지 않는 곳이었다.

그 어둡고 침침한 지하에서 어린 아들은 소아 천식으로 야위어 갔다. 도대체 어디가 끝인가? 바닥이 없는 무한정의 늪인 것 같았다. 나는 가난의 고통이 더해 갈수록 밤마다 부도 수표를 꺼내 놓고 분하고 억울해서 통곡을 했다.

그러나 어디에나 끝은 있는 법이다. 절망과 실패의 깊은 늪에서 남편은 생명줄을 잡았다. 그토록 예수 믿는 것을 반대하던 남편이 예수를 뜨겁게 믿게 된 것이다. 돈 3억과는 견줄 수 없는 영원한 생명을 얻은 것이다. 그날 밤, 어른들이 잠드신 후에 나는 차가운 시멘트 바닥에 무릎을 꿇고 앉아 감사 또 감사의 기도를 드렸다.

"주님! 주님은 머리 둘 곳도 없으셨는데 저는 따뜻한 집도 있어요. 저에게는 아직 너무 많아요. 주님이 분을 품고 잠들지 말라고 하셨는데, 저는 매일 밤 분을 품었어요. 속옷을 달라는 자에게 겉옷을 벗어 주라 하셨는데, 저는 그에게 빼앗긴 것 때문에 어떻게 다시 빼앗아오나 매일 궁리했어요. 매시간 그를 저주하고 미워했어요. 그러나 이젠 됐어요. 남편을 예수 믿게 해준 것으로 저는 더 이상 바랄 것이 없어요."

그 이튿날 우리 매장 근처 다방에서 대리점 사장을 만났다. 그 또한 우리에게 빚진 죄인이어서 초췌한 얼굴을 깊이 숙이고 형무소로 가는 것이 편하니 어서 보내 달라는 말만 하는 것이었다. 나는 3억의 부도 수표를 그 사람이 보는 앞에서 찢었다.

"3억의 부도 수표에서 자유하세요. 당신은 우리에게 빚이 없어요. 이 돈이 당신에게 빚이었다고 생각되거든 나중에 당신의 도움이 필요한 사람들에게 갚으세요. 우리는 하나님께 이미 이 돈을 받았으니 당신은 하나님께 갚으세요."

그 때까지 나는 몰랐다, 주님께서 왜 원수를 사랑하라고 하셨는지 주님은 그 사람을 3억에서 자유하게 하신 것이 아니라 바로 우리 부부를 3억의 굴레에서 자유하게 하신 것이었다.

그날 이후 남편은 신학 공부를 시작했고, 나는 수년 동안 주님과 동업하며 그 빚을 갚았다. 그리고 우리는 돈에서 영원히 자유한 새로운 길을 걷기 시작했다.

우리 모두는 자신의 인생 시나리오를 쓴다. 매일매일을 해피엔딩으로 끝내면 우리 인생은 최고의 희극 드라마가 될 것이 분명하다. ●

한 사람도 없으니 어쩌냐!

우리 부부는 아침 식사 후 동부 간선도로 밑 하천가를 산책한다. 장마 때만 되면 상습적으로 범람 위기에 처하는 월릉교 근방이다. 그러나 평소에는 물이 많지 않은 건천에 가깝다. 군자교 밑에서 의정부 근처까지 주민들을 위한 긴 산책로가 마련되어 있다.

옆에는 줄지어 달리는 자동차 행렬에서 내뿜는 매연이, 하천에서는 생활 폐수가 흐르지만, 딱히 갈 곳이 없는 서울 시민들은 그런 곳이나마 감지덕지하며 사용하고 있다. 그래도 유일하게 흙을 밟을 수 있는 곳이니 다행이다.

우리 부부는 중년의 무거워지는 몸 때문에 운동을 할 마음으로 이곳에 오지만 나에게는 운동보다 더 큰 의미가 있다. 이 곳에서 나를 기다리는 수십 마리의 비둘기들 때문이다. 집에서 먹다 남은 빵이나 라면 부스러기를 절구에 빻기만 하면 얘들에게는 맛있는 먹이가 된다. 얘들은 마음도 참 예쁘다. 혼자 먹지 않고 친구들에게 소문을 내어 하루하루 모이는 숫자가 늘어난다. 처음에는 1Km 정도 걷고 난 곳에서 먹이를 주었는데, 지금은 2Km 정도 떨어진 곳에서 또 한 번 나누어 준다.

누군가에게 무엇을 줄 때는 내가 준 것에 대해 갚을 길이 없는 자에게 주어야 한다. 그러나 비둘기 같은 미물들도 내가 준 것보다 항상 많은 것으로 되돌려 준다. 우선 운동하러 나가기 싫은 날, 나를 기다리고 있을 비둘기 때문에 꼭 나가게 되니까 꾸준히 운동을 할 수 있게 해준다. 또 아무리 걷기 싫어도 최소한 왕복 4Km는 걷게 만든다. 또 비둘기에게 먹이를 줄 때 남편은 은근히 내 아내는 착한 아내라고 감동하는 것 같다. 그리고 그 어떤 유익보다 나 스스로 마음이 기뻐져서 행복한 하루를 보낼 수 있게 해준다.

우리 동네에는 생활이 곤핍하거나 지체 부자유자, 독거 노인들이 많다. 여름엔 시원한 콩국수를, 겨울엔 따끈한 칼국수를 만들어 그분들과 점심을 같이 먹는다. 그러면 그분들이 하시는 말 속에서 우리 부모님들이 우리들에게 숨기고 있는 아픔의 소리를 전해 들을 수 있다. 우리에게 내색 안 하고 겪고 있는 부모님들의 외로움을 생생히 느낄 수 있다.

이분들 중에는 저녁 잡수신 것이 체했다고, 주민등록증을 잃어버렸다고 나에게 전화를 하시는 분도 있다. 어떤 분은 사시는 집을 못 찾았다고 나를 찾아오시기도 한다.

작년 12월 저녁을 준비하느라 한창 바쁠 때 한 독거 노인에게서 전화가 왔다. "활명수 하나 사 가지고 빨리 좀 와 줘. 아이고 나 죽겠어." 달려가 보니 그분은 방안을 기어다니고 계셨다. 얼굴에는 진땀이 흐르고…….

급히 119에 연락하여 백병원 응급실로 옮겼다. 위급 상황인 것 같아서 노인의 주머니에 있던 아들, 딸들 전화번호를 찾아 연락을 했다. 3시간이 지나도 네 명의 자녀 중 아무도 오지 않았다.

나는 '저 분이 내 어머니라면 어떻게 할까?'에 나의 모든 행동의 기준을 두었다. 내가 보호자로서 보증을 설 테니 병원에서 할 수 있는 최선의 치료를 해 달라고 했다. 그러나 의사와 간호사의 최선의 노력에도 불구하고 그분은 내 손을 잡았던 손을 늘어뜨리며 숨을 거두셨다.

의식이 있는 동안 어머니의 임종 자리에 오지 않는 아들, 딸들 때문에 나에게 미안해서인지 "아들이 사는 곳이 여기서 멀어. 아주 멀어." 이 말만 반복하셨다. 나는 아들의 집이 이 곳에서 30분 거리임을 알고 있었지만 "그래요. 아드님이 서둘러 오고 있는 중이니 조금만 참으세요"라고 말했다. 끝까지 자식의 허물을 덮어 주려는 어머니는 아들과 딸들을 얼마나 기다리셨을까? 마지막으로 얼마나 보고 싶으셨을까?

몸이 아프니까 내 얼굴이 제일 먼저 떠올랐다는 그 할머니는 나에게 무엇이 그리 고마웠는지 "고마워, 고마워"를 의식이 끊어지는 순간까지 하시고 떠나셨다.

며칠 전 그분과 친구였던 한 할머니를 만났는데 "나는 내 친구가 부러워. 나도 죽을 때 사모님이 내 곁에 있어 줘"라고 하신다. 어떤 할아버지는 생계 보조비를 받았다고 내 목도리를 사 오셨다. 점심 한 끼에 나를 사랑해 주는 부모님이 이렇게 많아진다.

주님은 내가 준 사랑에 대해 무엇이든 갚을 길이 없는 사람에게 사랑을 주라고 하셨는데, 이 세상엔 받은 사랑을 갚지 못할 사람이란 한 사람도 없으니 어쩌랴!

따뜻한 차라도 끓여서 옆집 사람을 초대해 보자. 그러면 많은 친구가 생길 것이다. 아침엔 부모님께 안부 전화를 해 드리자. 부모님이 행복해하시는 소리가 들려올 것이다.

노점에서 장사하는 사람에게 커피 한 잔 대접하자. 종이컵의 온기에 시린 손을 덥히는 모습은 우리의 마음을 한없이 기쁘게 할 것이다. 사랑은 그렇게 작은 것에서부터 한없이 커져 가는 것이다. ●

고약한 음모

친구는 금방이라도 죽을 것같이 얼굴이 창백했다. 황급히 방으로 데리고 들어오자마자 그는 맥없이 쓰러졌다. 타들어간 그의 입술은 그의 마음이 까맣게 타고 있는 것을 나타낸다.

친구는 조금 누웠다가 냉수를 마시더니 이번엔 두 발을 쭉 뻗고 엉엉 소리내어 울기 시작한다.

"무슨 일인데 그래?"

나는 친구를 안아 주었다. 그는 내 옷이 다 젖도록 눈물을 쏟았다.

"지금 병원에서 오는 길인데 이번에도 또 딸이래. 나는 어쩌면 좋아. 연주 아빠는 이번에 또 딸이면 그 자리에서 낙태 수술을 하랬어. 수술 안 하고 또 딸을 낳으면 무조건 이혼하겠대. 그런데 또 딸이야."

사태는 심각했다. 이 친구에게는 부족한 것이 없다. 사업을 하고 있는 남편은 엄청난 재산을 갖고 있었다. 사회적으로도 인정받는 지위에 있었다. 그런데 한 가지 부족한 것은 아들이 없다는 것이었다. 딸, 딸, 딸, 셋까지는 이미 낳았으니 어쩔 수 없으나 딸 넷은 죽으면 죽었지 안 된다는 것이다.

나는 친구의 마음을 안정시키고 먼저 이렇게 물었다.

"너는 낙태에 대해 어떻게 생각하는데?" 친구는 나를 쳐다보지도 못하고 고개를 숙인 채 말했다.

"살인이지. 하지만 이혼을 하게 되면 어떻게 해. 더구나 열 달 동안 당할 남편의 핍박을 난 견딜 수 없을 거야."

"그러면 남편에게 이혼 안 당하고 열 달 동안 핍박 안 당한다면 너는 아기를 낳을 거지?"

"어떻게 그럴 수 있겠어. 벌써부터 서슬이 시퍼렇단 말이야."

"내 말 잘 들어. 오늘 병원에서 검사하니까 아들이라고 해."

"안 돼! 안 돼! 연주 아빠 성격을 너도 잘 알잖아. 나중에 발각되면 그땐 정말 죽음이야."

"그럼 엄마가 편안하기 위해서 자식을 죽이니? 아들이라고 해야 열 달 동안 뱃속의 아기가 안전하잖아. 또 핍박 없이 잘 자랄 수 있어. 아기를 보호하기 위해서 아기를 낳을 때까지 아무에게도 말하면 안 돼. 친정어머니에게도, 친정 언니에게도 아무리 가까운 사람이라도 절대 비밀을 지켜야 해."

그날 집으로 돌아간 친구에게서 전화가 왔다. 남편에게 검사 결과가 아들이라고 했더니 남편이 어린애처럼 뛰어다니며 친척들과 친구들, 특히 그동안 아들이 없어 설움당했던 골프 친구들에게 전화하고 야단이 났다는 것이었다.

그 자리에서 내 친구를 여왕 대접을 하고 먹고 싶은 것, 갖고 싶은 것 무엇이든지 다 해주겠다고 하니 차라리 남편에게 핍박당하는 것이 낫지 자기는 지금 더 무섭고 떨려서 죽겠다는 것이다.

그 친구는 오늘은 이런 일이, 내일은 저런 일이 있었다고 그 때마다 나에게로 달려오기를 수십 번…… 어쨌든 여왕 대우를 받으며 잘 먹고 쉬는 가운데 아기는 뱃속에서 안전하게 잘 자랐다.

드디어 예정 산일이 보름을 앞두고 있었다. 친구는 남편의 실망을 감당할 길이 없다면서 그동안 성심을 다해 자기를 보살펴 준 남편에게 죄책감을 느끼고 있었다. 또 친구들과 주변 사람들에게 조롱당할 남편의 체면을 어떻게 보상할지, 남편의 아내에 대한 배신감을 어떻게 감당할지 모르겠다고 했다. 나는 친구에게 그런 것을 모르는 것은 아니지만 그 어떤 것도 아기의 생명과 바꿀 수 있는 것은 없다고 위로했다.

친구는 "남편이 낳은 아기를 갖다 버리라고 하면 어쩌냐고까지 했다.

"최악의 경우 그렇게 되면 내가 길러 줄게."

그랬더니 친구는 조금은 안심이 되는 듯싶었다.

"그래. 너라면 난 마음놓을 수 있어. 나보다 더 잘 기를 텐데 뭐. 그럼 너는 자식이 다섯 명이나 되겠구나."

나는 친구에게 이제는 "산일이 다가와 다른 병원에 가서 진찰했더니 딸이라고 하니 어쩌냐"고 남편에게 말하라고 했다. 그랬더니 남편의 반응은 "먼저 진찰한 병원이 우리나라 최고의 산부인과이니 걱정 말고 있어야지 그렇게 걱정하면 아기에게 안 좋다"며 내일은 다른 병원엘 가보라"고 했다는 것이다. 그 날 검사 결과는 "다시 아들이라"고 하게 했다. 친구는 15일 동안 병원에서 오락가락 딸, 아들, 딸, 아들 검사 결과를 내는 것이 되었다.

산일 전날 친구의 남편은 아들이든 딸이든 이제 낳아야 하는데 어쩔 수 없다고 했다고 한다. 우리는 이렇게 해서 남편의 실망에 작은 완충이라도 만들어야 했다.

내 친구는 남편의 마음에 씻을 수 없는 실망을 주며 야속하게도 딸

아이를 분만했다. 그날 병원에 가 있던 내 앞에서 이 세상 모든 것이 무너지는 듯이 비참한 얼굴로 병원 문을 박차고 나가 버렸던 그 친구의 남편의 뒷모습을 보며 나는 "아기의 생명이 가장 최우선이야"라고 혼자 수없이 되뇌었다. 그렇지 않으면 나도 주저앉을 것 같았다. 씻을 수 없는 큰 죄를 지은 사람처럼 친구는 식음을 전폐했다. 나는 "괜찮아. 자기 자식 버리는 부모는 없어. 조금 있으면 아빠도 아기를 사랑하게 될 거야"라고 하며 친구를 위로했다.

"아빠가 아기에게 눈길 한 번 안 주고 나하고 말 한마디도 안 해." 이런 냉전의 중간 보고가 계속 들어오는 기간은 보름뿐이었다. 20일쯤 지났을 때 "아빠가 드디어 아기 얼굴을 들여다봤어"라고 하는 친구는 흥분했고 기뻐서 어쩔 줄을 모르는 목소리였다. 여자는 왜 이렇게 죄가 많은가? 산고의 고통을 말하지도 못하고 왜 남편에게 자식을 낳아 주었는데 그렇게 미안해해야 하는가?

한 달이 지났을 무렵. 친구는 "아빠가 딸 넷 중에 연민이가 제일 미인이래"라고 하며 이젠 아기가 울면 우유통을 찾아 다닌다는 것이었다. 나 역시 기뻐서 "딸아이 하나 공짜로 데려오긴 다 틀렸네"라고 했다.

아기가 백일이 될 때쯤 친구는 그동안의 우리의 음모를 남편에게 이실직고했다고 한다. 그랬더니 남편은 그 날로 정관 수술을 하고 "만약 막내로 아들을 주셨다면 내가 우리 이쁜 딸들에게 얼마나 소홀히 하고 아들만 편애했을까. 아들 하나 때문에 딸 넷을 잃을 뻔했잖아. 나는 이제 딸 넷을 정말 잘 기를 거야"라고 했다는 것이다.

연민이의 백일 날 나는 연민 아빠의 특별 초청을 받았고, 이번엔 내가 여왕 대우를 받았다. 연민 아빠는 자기의 우매함으로 하마터면 딸을 잃을 뻔했는데 고약한 음모로 구해 준 대가라고 하면서 나에게 큰 사례금을 주었다. 나는 그 돈을 중국에서 일하고 있는 선교사님에게 보냈는데, 그 돈으로 하얼빈, 장춘, 심양에 30개의 처소 교회가 세워졌다. 아들 하나를 포기한 그 아버지는 수많은 새로운 아들을 얻었다.

지금은 미국에서 사업을 하며 행복하게 살고 있는데 네 명의 딸들이 자라는 모습을 한 달 간격으로 사진을 찍어 나에게 보내 준다. 보내오는 사진마다 아빠 옆에 꼭 붙어 있는 아이는 막내 딸 연민이다. 그리고 아빠는 딸을 쳐다보느라 언제나 카메라와는 상관이 없는 모습이다.

그 사진을 내어놓고 볼 때마다 나는 친구만큼 행복하여 웃음이 터져 나온다.

"음~, 고약한 음모였어!" ●

아! 마침내 그 친구를 찾았다. 36년 만의 만남이었다. 우리 또래는 중학교도 입학 시험을 치러야 했던 고달픈 세대였다. 치열한 입시 전쟁 때문에 곳곳에서 과외가 성행했다. 내가 간 곳은 과외를 전문으로 하는 집이었다. 반에서 3등 이내의 성적표를 들고 가 그 곳에서 내놓은 시험을 치러 합격점을 얻어야 과외를 받을 수 있는 곳이었다. 인천 시내의 각 초등학교 수재들이 모여들었다.

나는 그 곳에서 그 아이를 만났다. 내가 다니는 초등학교에서 전교 회장인 아이였다. 귀공자 같은 그 아이는, 많은 아이들이 부러워했다. 선생님이 그 아이를 특별히 귀여워했기 때문에 다른 아이들은 샘이 나서 그 아이를 미워했다.

어느 날 우리들은 그의 신발을 감추었다. 그 아이가 신발을 찾느라 애쓰도록 혼을 내주자는 모의였었다. 수업이 끝나고 우리들은 숨어서 그 모양을 지켜보았다. 그런데 그 아이는 신발을 찾느라 고생하기는커녕 선생님이 그 아이를 등에 업고 집까지 데려다 주는 것이었다. 그것을 본 우리들은 다시는 신발을 감추지 말자고 하였다.

그러던 어느 날 그 아이는 수업이 끝났는데도 집에 가려 하지 않고 눈물만 흘리고 있는 것이었다. "남자애가 울긴 왜 울어." 내가 핀잔을 주자, 그 아이는 "정옥아, 우리 엄마가 돌아가셨어"하는 것이었다. 나는 어떻게 해야 그 아이의 슬픔을 달래 줄 수 있는지 알 수가 없었다.

그래서 그 날은 다른 아이들과 공모하지 않고 나 혼자 그 아이의 신발을 감췄다. 아니, 내 손에 들고 있었다. 밖에서 지켜보니 그 날도 선생님이 그 아이를 업고 그의 집으로 데려다 주었다. 울고 있던 그 아이에게 선생님의 등으로 엄마의 등에 업힌 것처럼 해주고 싶었던 것이다. 나는 그 아이의 신발을 그의 집 대문 밑으로 살며시 넣어 주고 집으로 돌아왔다. 그 후에도 나는 아무도 모르게 그 아이의 신발을 감춰 그 아이가 선생님의 등에 업히게 해주었다.

나는 6반 반장이고 그 아이는 2반 반장이었다. 그런데 우리 반에서 키가 가장 큰 여자 아이가 문제였다. 그 아이는 수업만 끝나면 2반으로 달려가서 남자 아이들을 때려 주는데 하필 그 아이만 때려 주는 것이었다. "그 아이는 엄마가 돌아가셨으니 때리지 말라"고 하며 아무리 말려도 듣지 않았다. 그 여자 아이는 인일여고 3학년 때 우리 반이 되었다. 어렸을 때처럼 공부를 잘했는데 서울대를 실패하고 후기 대학을 갔다.

졸업 후 4년이 지난 어느 날 그 두 사람이 결혼을 한다는 소식을 듣고 얼마나 웃음이 터졌는지. '아! 그 친구가 어려서부터 그 남자 아이를 좋아한 것이었구나!' 두 사람의 결혼 소식을 들으며 나는 참 기뻤다. 그의 신부는 똑똑하고 야무져서 이젠 남편이 울도록 하지 않을 수 있는 사람인 것을 내가 너무 잘 알고 있었기 때문이다.

'두 사람이 오손도손 행복하게 잘 살고 있겠지. 결혼식에 참석한 친구들의 말에 의하면 남자의 키가 훨씬 컸다고 하니 아내에게 매맞지는 않을 거야.' 이런 생각을 떠올리면 언제나 웃음을 주는 커플이었다.

그런데 2년 전 초등학교 동창생에게서 충격적인 소식을 들었다. 아내와 이혼했다고 찾아온 그의 모습이 너무나 초췌했다는 것이다. 거듭되는 사업의 실패로 인해 몹시 지친 모습이었다는 것이다. 구조조정이니 명퇴니 하여 압박받는 우리 또래의 남자들이 자기 자신도 서 있기 어려운 이 때에 오랜만에 불쑥 나타난 초등학교 동창생의 아픔을 세세히 돌아보기는 어려웠을 것이다.

동창생을 찾아왔다가 별다른 이야기 없이 돌아갔다는 말을 듣고 나는 왠지 어서 그 친구를 찾아 우리 동기들이 힘을 합하여 그의 고통을 돌아보아야 한다는 생각이 들었다. 그러나 마음에서 강하게 재촉하는데도 연락할 길이 없다는 구실로 접어두었다.

이제 학교마다 하나, 둘 홈페이지가 생겨나고 더듬더듬 그 곳에 들어가는 법을 익힌 나는 오늘에서야 그 친구의 연락처를 찾기 위해 그가 다니던 고등학교 홈페이지에 들어가 보았다. 그리고 아! 마침내 그 친구를 찾았다.

그러나 너무 늦었다. 내가 찾은 것은 그의 장례식 사진이었다. 꽃으로 장식된 상여와 그 뒤를 따르는 아들과 딸아이의 모습과 선영에 묻히는 그의 하관 사진이었다. 그 사진에 찍힌 날짜는 친구의 고통을 돌아보지 않았던 우리들의 무관심을 진하게 질책하고 있었다.

그 친구는 동창생을 만나 마지막 무언의 호소를 하고 스스로 이 세상을 떠난 것이었다. 엄마의 등이 아닌 선생님의 등이라도 업힐 곳을 찾아 헤매던 그의 외로움에 아무도 귀기울여 주지 않은 것이다.

'조금만 더 일찍 찾아 나섰더라면…….'

이 뼈아픈 후회로 나는 하루 종일 마음이 아팠다. 이런 후회는 다시는 있어서는 안 될 것이다. 내일은 그의 아내였던 키 큰 내 친구를 찾아나서야겠다. 차마 친구도 찾아오지 못하고 쓰리고 아프게 살아가고 있을 또 다른 나의 친구를……. ●

설날이 지나고 집에 돌아오자마자 현호가 중환자실로 옮겨졌다는 전화를 받았다. 서울대학 어린이 병동 중환자 대기실에서 초조하게 우리를 기다리는 현호 엄마는 금방이라도 실신할 것 같은 창백한 얼굴이다. 오늘을 넘기지 못할 것이니 대기하고 있는 상태란다.

오전 10시와 오후 8시, 하루에 두 번 15분 간 면회를 할 수 있다. 현호는 이미 혼수상태이고 인공호흡기에 의지하여 거친 숨을 몰아쉬고 있었다. 온몸에 거미줄처럼 호스가 연결되어 있다. 현호 엄마는 아들의 부어오른 배를 어루만지며 "현호야! 엄마 곁을 떠나지만 말아라. 평생을 이렇게 아파도 괜찮으니 떠나지만 말거라"라고 말하고 있었다. 어머니의 피를 토하는 오열을 어린 아들은 듣고 있을까?

현호는 올해로 열여섯 살이 되었다. 아장아장 걸음마를 할 때부터 우리 교회에 다녔으니 나에게는 내 아들과 조금도 다르지 않다. 초등학교 때는 튼튼하고 다른 애들에 비해 키도 훌쩍 컸었다. 중학교에 입학하고 나서 4월에 감기가 낫지 않는다고 병원에 갔다가 백혈병이라는 통보를 받았다. 그 때부터 14번이나 되는 항암 치료를 받았다. 그리고 독한 항암 치료제의 후유증으로 한창 성장할 나이에 성장이 멈췄다.

설날 무렵 병원에서는 최후의 항암 치료에 들어갔다. 부모님에게 아들의 죽음을 담보로 하는 동의서를 받은 후에 치료를 받다가 혼수상태에 들어갔는데 몸의 중요한 모든 기관이 이미 파손되고 있다는 것이다.

이럴 때 아이를 위해서 아무것도 해줄 수 없는 것이 가장 안타깝다. 나는 가슴이 저미는 아픔으로 아이의 손을 잡고 간절히 기도할 뿐이다. 현호 엄마는 현호가 혼수상태에 빠지기 전에 목사님과 사모님이 보고 싶다고 했단다. 그날 밤은 현호의 친척들까지도 병원 대기실에서 지새웠다.

하루가 지나고 이틀이 지나고 열흘이 지나는 동안 죽음의 문턱까지 갔던 현호는 병원에서까지 의아해하는 기적을 이루며 거미줄 같았던 호스를 하나씩 하나씩 빼어내고 있다. 현호가 죽음이 임박했다고 가족 전체의 면회를 허락했던 병원에서는 이제 면회를 통제하게 되었다.

비록 현호를 보지 못하지만 병원 대기실에서 서성거렸던 열흘 간의 밤처럼 나는 이 밤에 잠을 이루지 못한다. 신약 성경의 첫장은 아브라함이 이삭을 낳고 이삭은 야곱을 낳고 야곱은 유다와 그의 형제를 낳고…… 낳고…… 낳고…… 로 시작된다.

현호야! 더도 덜도 말고 현호는 아들을 낳고 현호의 아들은 현호의 손자를 낳고…… 낳고 하거라. 낳고…… 낳고 하거라. ●

울고있는 사람과
함께 울수 있어서
행복하다

나는 주일마다 친정집에 오는 딸들을 맞이하는
어머니이고 싶다. 성도들이 꼭 친정에 온 것같이
마음이 편하고 몸도 편하게 쉼을 얻고 집으로 돌아갈 때는,
일상이 바쁜 딸에게 조금이라도 도움이 될까 하여
정성스레 담근 김치를 손에 들려 주시던
나의 친정어머니처럼 무엇이라도
손에 들려 보내 주고 싶은 마음이다.
그래서 오이지도 몇 접씩 담그고,
깻잎도 한 바구니씩 양념하고,
멸치도 볶아 주고, 딸기가 싸면
딸기잼도 만들어 준다.

죽음은 끝이 아니고
영원한 삶의 한 과정

목회를 시작한 지 얼마 되지 않았을 때 우리 교회 성도님이 자신의 시누이라며 여자 한 분을 교회로 데리고 왔다. 그는 교회에서 기거하고 싶다고 했다. 처음 말할 때는 간단한 위 수술을 해서 신앙심을 갖고 싶기 때문이라는 것이었다.

동기가 어찌되었든지 병든 영혼이나 몸이 교회에 깃들기를 원한다면 조건 없이 받아들여야 하지 않겠는가. 나는 급히 그가 거처할 병상을 만들었다. 병이 아니면 이렇게 누추한 곳에 올 이유가 없다고 그의 눈과 행동이 말하고 있었다.

이제 자신을 받아들인다는 것을 알게 된 후 그는 병상에 누우며 교회가 처음이라고 말했다. 또 남편은 삼성전자의 간부이고 자신은 강남 초등학교 교사였다는 것도 말했다. 먹은 것이 자주 체해서 병원에 갔더니 위암 말기일 뿐 아니라 암세포가 임파와 간에까지 전이된 상태라는 것이었다. 위 절제 수술은 물론 했지만 병원에서 한 달을 더 살지 못한다고 사형선고를 받았단다.

자신이 죽음을 너무 두려워하니까 죽음이라도 평안히 맞으라고 그의 올케가 우리 교회로 데리고 온 것이었다. 이렇게 죽음을 앞에 둔 암 환자라고 하면 교회에서 거절할까 봐 병증을 속였다는 것이었다.

나는 "교회를 찾아오는 사람은 그 어떤 사람이라도 거절하지 않아요"라고 웃으면서 말했다. 그는 물 한 모금도 넘기지 못하는 정도였다.

이제 남부럽지 않게 살 만한 모든 것을 갖춘 37세의 여인, 그는 그동안 모아 놓은 것들을 다 두고 가기에는 너무 아까운 것이 많아 억울해하고 있었다. 자신이 병을 얻은 것도 남편 때문이라고 원망하며 죽음이 두려워 파르르 떨고 있었다.

성경 욥기에 보면 하나님이 허락지 아니하시면 입에 생긴 침조차 삼킬 수 없다는 말씀이 있다. 언제 어떻게 생기는지도 모르게 생기고 윤활유처럼 삼켜지는 침에 대한 고마움을 수십 억의 생명 중에 몇 명이나 느끼고 있을까?

나는 생수를 앞에 놓고 그와 함께 기도하였다. "하나님이 생명의 근원으로 물을 우리들에게 주셨음을 감사합니다. 하나님이 주신 최고의 음식인 물을 삼킬 수 있도록 허락해 주십시오."

그날 그는 300cc의 물을 마실 수 있었다. 그 이튿날엔 강판에 갈은 오이즙(2개 분량)을 먹었다. 하루, 이틀…… 시간이 거듭될수록 그의 식단은 시금치국까지 발전할 수 있었다. 두 달이 되니 그의 머리카락이 까맣게 나기 시작했다. 목욕도 갈 수 있게 되었고, 봄에는 복직을 하겠다고 준비중이었다.

그러던 중 그는 가발을 쓰고 병원에 다녀오더니 짐을 챙겨서 집으로 가겠다고 했다. 내가 몸을 더 추스르려면 한 달 정도 더 있는 게 좋을 것 같겠다고 권했다. 그랬더니 그동안 내가 준 음식이 암에 다 안 좋은 것들이었다고 짜증을 내는 것이었다. 의학을 모르는 무식한 사람에게 몸을 맡긴 것이 두 달이면 된다는 것이었다. 뒤도 돌아보지 않고 그는 떠났다. 나는 단 한 번에 병에서 일으켜 세우는 기적을 행할 능력이 없다. 다만 질병이 있으면 치료할 수 있는 무언가를 주셨을 것이라는 인생들을 향한 주님의 사랑을 믿을 뿐이다. 그래서 주님을 믿고 병든 영혼을 사랑하며 그 영혼에 맞는 정성을 다할 뿐이다.

그가 간 자리를 망연히 쳐다보고 있는 나에게 "그 정성을 돌에 쏟았으면 벌써 돌 위에 싹이 돋았을 거예요. 저렇게 가면 더 좋지 뭘 그래요. 그 고생 하면 돈이 나와요? 칭찬이 나와요? 오늘부터 잠이나 푹 주무세요"라고 나를 도와 더 정성을 쏟으며 밤마다 기도하고 그를 간호해 주던 성도님이 부아가 나서 말했다. 그분은 남편이 췌장암으로 돌아가신 후 암으로 앓는 사람들을 마음을 다해 돌보아 주고 있었다.

그가 떠난 지 두 달 후 강남 성모병원에서 연락이 왔다. 그의 임종 직전의 부름이었다. 분홍 한복으로 갈아입은 그는 의식이 없는 것 같았다. 남편은 그가 이 세상에서 가장 큰 사랑을 받아 병이 나을 수 있었는데 그 사랑을 자신이 버렸다며 뼈아픈 후회를 했다고 우리에게 돌아오고 싶어서 집 주변의 교회에 나가게 되었고, 마침내 주님의 사랑을 만났다는 것이다. 남편도 같이 교회에 나간다니 두 달 간호 대가로는 최고가 아니겠는가?

그는 우리가 불러 주는 찬송 소리를 들으며 영원한 하늘나라의 영접을 받았다. 그의 남편은 아내가 소중히 간직했던 종이 한 장을 나에게 주었다. 그것은 그가 우리 교회에 처음 온 날 내가 그에게 써 준 글이었다.

"죽음은 끝이 아니고 영원한 삶의 한 과정입니다."

그토록 죽음 앞에 파르르 떨던 그의 입술은 살며시 미소를 머금은 듯하여 영원한 삶을 소유한 평안을 나에게 소리 없이 전하고 있었다. ●

배추 욕심이 또 솟아올라서

나는 일주일에 한 번씩 김치를 담근다. 배추 열 포기 정도다.

우리 교회는 주일날 예배 후에 다 같이 점심을 먹는다. 매주 정해진 식사 당번이 있지만 밥과 국, 김치는 내가 맡았다. 그것은 성도들의 대부분이 생활이 넉넉지 못하고 맞벌이로 직장 생활을 하고 있기 때문이다. 더구나 어쩌다 한 번 많은 인원의 밥을 한다는 것이 서너 식구의 밥을 하는 성도들에게는 감이 잡히지 않아 어려울 것 같아서다. 그 어떤 것보다 가장 큰 이유는 일주일 내내 힘들게 일하는 성도들에게 주일날은 쉬게 해주고 싶어서다.

김치를 넉넉히 담그는 것은 맞벌이하는 성도들에게 한두 포기씩 나누어 주기 위해서다. 우리 시누이도 교회 사모인데 "사모가 부엌일에 참견하면 성도들 버릇이 없어진다"고 "절대 모른 척하라"고 나에게 핀잔이 대단하다. 그래도 나는 참견을 하지 않으면 직성이 안 풀린다. 나는 눈대중으로도, 손의 감각으로도 척척 할 수 있는데 성도들은 쩔쩔매고 있으니 나도 모르게 팔을 걷어붙이고 나서고 있다.

내가 신혼 초에 친정에 가면 어머니가 맛있게 담근 김치를 꾸려 주셨다. 그것을 가지고 올 때 며칠 간 반찬을 넉넉히 준비한 것 같아 온갖 시름이 없어졌었다. 나는 주일마다 친정집에 오는 딸들을 맞이하는 어머니이고 싶다. 성도들이 꼭 친정에 온 것같이 마음이 편하고 몸도 편하게 쉼을 얻고 집으로 돌아갈 때는, 일상이 바쁜 딸에게 조금이라도 도움이 될까 하여 정성스레 담근 김치를 손에 들려 주시던 나의 친정어머니처럼 무엇이라도 손에 들려 보내 주고 싶은 마음이다. 그래서 오이지도 몇 접씩 담그고, 깻잎도 한 바구니씩 양념하고, 멸치도 볶아 주고, 딸기가 싸면 딸기잼도 만들어 준다.

우리 아이들은 나를 '김치 담그는 사모'라며 놀려 댄다. 20년을 한결같이 했더니 그것 하나밖에 잘하는 것이 없는 것을 모르고 말이다.

교회도 대형 교회여야 성공한 교회라고들 하지만 우리 부부는 큰 교회를 하라고 해도 못할 것이다. 교회는 하나의 큰 가족이니 부모가 자식을 돌보듯 해야 하는데, 우리 부부는 100명 남짓한 현재의 식구도 제대로 못 돌보기 때문이다. 새벽에는 한 가정 한 가정씩 이름을 부르며 기도하고, 아침엔 등교 시간까지 자고 있을지도 모르는 엄마 없는 아이들 전화로 깨워 주고, 오늘은 다솜이 생일이고 내일은 건용이 졸업식이고……. 나는 항상 그들로 정신없이 바쁜 것을 기뻐한다. 성도들도 아이가 감기만 들어도, 치과에 갈 때도, 밖에 나가 놀다가 조금만 늦어도 나에게 전화를 한다.

이제는 하지 말아야지 결심해 봐야 소용없다. 시장만 가면 나는 또 배추를 열 포기 이상 고른다. 난감해하는 남편에게 "여보! 겨울에도 이렇게 배추가 싸고 좋으니 배추 욕심이 또 솟아오르네. 우와! 무우는 더 잘 생겼네"라고 한다. 그러면 결국 남편은 이번에도 차 트렁크 문을 줄로 묶어 반쯤만 닫는 작업을 해야만 한다. ●

갈림길에서의 이정표

나는 요즈음 중요한 갈림길에 서 있다. 그것은 우리가 목회 사역을 처음 시작할 때 남편과 주님 앞에서 약속한 것을 지켜야 할 때가 온 것 같아서이다.

남편이 신학을 처음 시작할 때 우리는 인격으로나 신학으로나 다른 사람들을 잘 인도할 자격이 없다는 것을 알았다. 그래서 다른 사람들이 하기 싫어하는 궂은 일은 할 수 있으니 그 일에 써 달라고 주님께 약속한 것이다.

남편이 신학대학원을 졸업하면서 첫 사역지가 나타났다. 하나는 충현교회 부교역자 자리였고, 하나는 경기도 광주 거여동(현재는 서울 소재로 바뀌었다)에 있는 장애자들의 교회였다.

남편은 충현교회에 제출한 서류 심사에서 합격된 것을 너무 기뻐했다. 사실 그것은 앞으로 남편의 목회 길에 빛나는 경력으로 자리매김될 것이고 남편의 실력을 어디서나 고스란히 인정받게 되는 것이기 때문이다. 모두가 부러워하는 소리를 들으며 우리 부부는 설레는 밤을 맞이했다. 그런데 문제는 매일 밤에 드리는 가정 예배에서 드러났다.

나는 기뻐서 어쩔 줄을 모르며 "우리나라에서 최고인 충현교회로 뽑히게 해주신 것을 감사합니다"라고 소리 높여 크게 기도했는데 커다란 망치로 얻어맞은 것 같은 느낌이었다. 남편도 나와 똑같았는지 기도를 중간에 마치고 "이게 아닌데……" 하며 내 얼굴을 쳐다보았다. 그 곳은 우리가 주님과 약속한 남이 가기 싫어하는 궂은 일자리가 아니잖은가? 오히려 그 자리는 수많은 사람이 서로 가고 싶어 하는 자리가 아닌가?

우리는 그날 밤의 갈림길에서 충현교회를 포기하고 거여동의 장애자 교회를 첫 사역지로 결정했다. 그 곳은 단 한 명도 지원자가 없는 사역지였기 때문이다.

우리가 선택한 거여동 교회는 성도들의 대부분이 중증 장애인들이었다. 그들은 발에 고무 튜브를 끼고 시장이나 길거리에서 눕거나 기어다니며 수세미 등을 팔아 살아가고 있었다. 비닐 하우스를 개조하여 교회 공간을 만들었고, 교회를 중심으로 닥지닥지 그들의 거처가 지어져 있었다. 그나마 남의 땅에 지어져 있어서 조만간 비닐 하우스가 철거될 것이라는 위기의 교회였다. 그들은 그런 교회에 자원해서 온다는 목회자니 뭐 볼 것이 있겠냐며 한 주간 버티면 잘 버틸 것이라고 빈정거리며 앉아 있었다. 우리는 우선 그들이 올바른 신앙인이 되는 것이 급선무여서 한 명씩 그들의 인생의 깊은 상처를 치유해 나갔다. 몸보다 더 중증을 앓고 있는 그들의 영혼은 작은 위로의 말 한 마디에도 한 번 터지면 몇 시간을 그칠 줄 모르고 엉엉 울어대는 것이었다.

나는 그들이 쏟아 놓는 아픔의 소리를 그들의 심정이 되어 글로 적었다. 또 얼마 안 있으면 갈 곳 없는 그들이 길가로 내몰릴 사정도 적었다. 그 내용을 선교회에서 발행하는 문서 선교지에 올렸는데 그것을 본 한 장로님이 그들을 불쌍히 여겨 3층으로 된 견고한 교회를 지어 주시게 되었다. 1, 2층은 그들의 숙소로, 3층은 예배당으로 지어 주신 것이다. 장애인 교회니 엘리베이터를 설치했음은 말할 것도 없다.

기적은 그것으로 끝난 것이 아니었다. 한 뇌성마비 중증 장애인 청년이 그의 삶을 실은 내용을 보고 건강하고 예쁜 아가씨가 나타나 결혼을 하게 되었다. 그 이듬해에 그들에게서 딸아이가 태어났다.

그 이후 외부로부터 어느 정도 교회 후원도 받을 수 있게 되어 이 교회에도 일하겠다는 지원자가 생겨나게 되었다. 그 곳이 더 이상 궂은 일 하는 곳이 아니라고 모든 이가 말할 수 있게 되었을 때 우리는 그 곳을 떠났다. 후에 우리는 그 장애인 청년이 목사님이 되었고, 그 교회를 잘 섬기고 있다는 기쁜 소식을 들을 수 있었다.

우리의 두 번째 목회지는 청계천 노점상들이 모이는 곳이었다. 그 곳이 종로 5가 로얄 빌딩 12층이다. 노점을 하는 상인들이 차가 무섭게 달리는 길가에 어린아이들과 물건을 그대로 펴놓고 장사를 한다. 혹시 단속이라도 나오면 물건을 빼앗기지 않으려고 정신없이 도망가는 부모에게서 아이들은 언제나 무방비로 버려진다.

그래서 우리가 제일 먼저 시작한 일은 무료 탁아소였다. 오전 8시부터 저녁 8시까지 12시간 동안 아이들을 돌보는 일이었다. 퇴근 시간은 정해져 있어도 8시가 넘어 10시가 되어도 아이들을 데리러 오지 않는 경우도 있었다. 노점상들은 쉬는 날도 없으니 우리 탁아소에는 주일 이외에는 휴일이 없었다.

60명의 아이들을 세 명의 선생님이 보살폈다. 나는 그 아이들의 점심과 저녁 간식을 마련했고, 한 번도 힘든 기색이 없이 진정으로 헌신하고 봉사하는 선생님들이 고마워서 무엇이든지 그들을 위해 일하고 싶어 했다.

　부모들의 고맙다는 인사 한 번 변변히 받는 적도 없이 선생님들의 꽃다운 시간이 그 곳에서 3년이 흘러갈 즈음, 서울에 있는 어떤 교회에서 운영하는 유치원에 불이 나서 아이들이 죽고 심한 화상을 입는 대형 사고가 일어났다. 그 사고로 정부에서는 2층 이상의 어린이 보육 시설을 모두 폐쇄시켰다. 강제적이었기 때문에 우리 무료 탁아소도 폐쇄되어 아무런 대책없이 또다시 아이들을 길가로 내몰게 되었다.

　또 사대문 안의 상가는 교회 같은 비영리 단체에게 임대할 수 없게 되었다. 건물 주인에게 과중한 세금이 책정된다는 것이었다. 우리 교회는 상가 건물을 임대했던 것이어서 부득이 그 곳을 떠나야만 했다.

　우리의 세 번째 목회지는 강제 이주 철거민들과 장애인들에게 시에서 분양한 아파트가 밀집되어 있는 노원구 중계동이다. 아파트가 밀림처럼 들어서자 길가에 상가마다 교회가 섰던 곳이다. 그러나 이제는 교회가 별로 없다. 영구 임대 아파트 지역인 바로 이 곳은 일하기 어려운 궂은 곳이기 때문이다.

　우리 교회는 시영 아파트 단지 내에 있는 상가 건물 지하에 있다. 중랑천이 범람하는 위험 수위는 우리 교회를 보면 더 잘 알 수 있다. 수해 때마다 거르지 않고 수영장처럼 물이 넘치기 때문이다.

　교회가 하나, 둘 떠나는 이 곳에서 우리는 14년째 목회를 하고 있다. 이들의 가난 속에 우리도 깊숙이 들어와서 이들과 똑같이 가난하게 살아간다.

　우리 교회는 항상 문을 열어 놓는다. 혹시 잘 곳 없는 사람도 마음 놓고 들어와 잘 수 있도록, 배고픈 사람은 식당에서 한 끼의 식사는 할 수 있도록…… 물론 어느 때든지 기도는 얼마든지 할 수 있다. 24

시간 문을 열어 놓는 이 작은 일 하나에도 시중이 만만치 않지만 가난한 교회에서도 할 수 있는 일이라니 이 좋은 일을 왜 못할 것인가?

14년이 지나가는 동안 이들은 우리를 정말 사랑하고 우리도 이들을 지극히 사랑하게 되었다. 그런데 왜 우리 부부에게 갈림길의 선택이 있어야 하는가? 그것은 어느새 이 곳이 내가 안주하고 싶은 편한 곳이 되었기 때문이다. 우리는 이 곳 사람들에게 좋은 목사님으로 대접받고 있다. 이젠 이 곳도 누구든지 오고 싶어하는 교회가 되었다.

요즈음 아무도 나서지 않는 궂은 일이 기다리고 있는 곳에 한 살이라도 더 늦기 전에 가야 하지 않을까 하는 물음 앞에 서 있는 것이다. 갈림길에서 올바른 이정표는 항상 우리 부부를 이렇게 지시했다.

"자기의 유익을 구치 아니하며."

교장 선생님의 딸

나와 그분의 만남은 인천의 작은 교회에서 이루어졌다. 신혼 초에 그 교회에 나가면 그분은 언제나 정갈하고 기품 있는 모습이었다. 양복의 정장은 겨울이 되면 격식에 잘 갖추어 입은 한복으로 변했었다.

그 교회에 다닌 지 반년이 지나서야 그분이 정년퇴임을 앞둔 교장 선생님이라는 것과 부인을 먼저 하나님께 보내고 혼자 살고 계시다는 것을 알았다.

본래 사귐성이 없는 나의 성품 때문에 가벼운 목례 이외엔 말 한마디도 나눈 적이 없었다. 그렇지만 어느새 내 마음은 그분을 나의 이상적인 아버지 상으로 존경하고 있었다.

그러던 어느 주일날, 예배를 마치고 집으로 돌아오는데 그분이 나에게 책 한 권을 주셨다.

그 책은 그분의 수필집이었다. 나는 작은 노트를 준비하여 수필 하나 하나에서 느낀 소감을 적어 나갔다. 때로는 그 수필 제목에 맞춰 시도 쓰고 수필도 써서 어느덧 그 노트는 그 책의 부록같이 되었다. 그리고 우리가 첫 목회 사역을 하기 위하여 그 교회를 떠나오던 날, 나는 그 노트를 그분께 선물했다.

목회 사역을 하면서 세월이 빠르게 흘렀고, 우리 교회에 왔던 말기 암환자를 속수무책으로 하늘나라에 보낸 후 나는 너무나 많은 사람들이 암으로 고통 받고 있는 것이 안타까워 견딜 수가 없었다. 그렇다고 전문적인 의학 공부를 한 일이 없는 나로서는 암환자를 치료하지는 못하지만 병원에서도 치료를 포기한 그들에게 믿음의 길을 알려 주고 싶었다.

성경은 생명의 근원이 피에 있다고 했다. 그렇다면 피의 근원은 물에 있지 않을까? 물이 맑고 공기가 신선하고 흙을 밟을 수 있는 자연 속에서 사람 역시 하나의 자연이 되면 그 중에 혹 몇 사람은 치유받을 수도 있지 않을까? 그 어떤 것보다 이 땅에서 갈 곳 없는 말기 암환자들이 마지막으로 편히 쉴 수 있는 요양소를 만들어야겠다.

나는 그 열정 때문에 밤마다 기도했고, 시간이 조금만 나면 그런 곳을 찾아 나섰다. 암 환자들을 간호해 본 나의 경험에 따라 소화기 환자는 칡물이 좋고 자궁암 환자는 재배되지 않은 산 속에서 자란 쑥이 좋다는 것을 알고 있었다. 그런데 드디어 이 모든 조건을 다 갖춘 자리를 찾았다. 그 곳은 가평군 외서면 대성리에 있었다.

그 때가 11월이었는데 잔금은 12월 27일까지로 약속했다. 내가 지불할 수 있는 돈은 계약금(7백만 원)이 전부였으나 무조건 계약을 한 것이다. 이 무모한 결정이 정말 하나님이 기뻐하시는 것이라면 이뤄주실 것이고, 그 확신이 있을 때만 나는 그 일에 내 인생을 기꺼이 헌신할 수 있을 것이다.

나의 생활은 단 한푼의 여유도 없어서 달포가 지나 잔금 치를 날이 다가오는데 잔금 6,300만 원 중에서 만 원도 준비되지 않았다. 밀리고 밀려 잔금 전날인 12월 26일이 되었다. 나는 나의 언니에게 전화를 했다. 그동안의 자초지종을 이야기했고, 내일이 잔금일이지만 하나님이 어디에 예비해 두셨는지 찾으면 된다고 했다.

그 말을 듣자 언니는 소리를 지르며 화를 냈다.

"너하고 나하고 한 부모 밑에 태어나 똑같이 신앙을 받았고 한 하나님을 믿어 오고 있는데 네가 믿는 하나님이 다르고 내가 믿는 하나님이 다르다더냐. 조용히 목회하면 됐지 꼭 일을 만들어 고생을 자초하니 난 모른다. 잘 됐어! 엄마가 네게 준 돈 700만 원이 우리들이 푼푼히 드리는 용돈을 3년이나 꼬박 모은 돈인 줄이나 알아라."

나는 화를 내는 언니의 진심을 잘 알고 있다. 웬만하면 언니가 해 주고 싶은데 언니의 능력으로 해줄 수 없는 엄청난 일이 벌어진 것이고, 그렇지 않아도 힘들게 살아가는 동생이 또 겪어야 하는 아픔 때문에 언니는 견딜 수 없었던 것이다.

저녁 6시쯤 전화 벨이 요란하게 울렸다. 받아 보니 언니였다. "정옥아! 정옥아!" 내 이름만 부르더니 엉엉 소리내어 우는 것이었다. 나는 "괜히 언니에게 전화를 해서 언니를 이토록 힘들게 했나 보다"하고 "언니, 괜찮아. 언니에게 해 달란 것이 절대 아니었어"라고 했다.

한참 말을 잇지 못하고 울기만 하던 언니는 이렇게 말했다.

"그래 맞아! 내가 믿는 하나님이 다르고 네가 믿는 하나님이 정말 다르더구나. 너의 전화를 받고 얼마나 화가 나고 속이 상하던지 한동안 울다가 저녁 반찬이나 사려고 시장에 갔다가 장 장로님을 만났지 뭐냐. 장로님이 동생 잘 있느냐고 안부를 묻길래 너의 엉뚱한 짓 때문에 한동안 울고 나왔다고 했더니 이번엔 장로님이 우시는 게 아니니? 왜 쓸데없는 말을 해서 이런 망극한 일을 만들었나 하고 쩔쩔매는데 장로님이 그 돈을 해주시겠다는 거야. 그러니 네 통장 번호나 어서 말해 봐."

언니의 울먹임은 계속되고 있었다. 그때 심장이 멎을 것 같은 감동을 나는 지금도 표현할 길이 없다.

그 이튿날 오전 10시에 잔금을 치를 돈이 내 통장으로 들어왔다. 혹시 수표로 입금하면 내가 돈을 찾는 데 어려움이 있을까 봐 끝까지 배려하신 그분의 사랑도 같이 들어와 있었다.

그분을 다시 만난 곳은 병원이었다. 그분은 말기 암 환자였다. 환자복을 입은 그분은 무척 야위어 있었다. 나는 그때 갚을 길 없는 큰 은혜를 입었을 때 어떤 말을 해야 하는지 도무지 생각이 나질 않았다. 아무 말도 못하고 있는 나에게 그분은 온유한 음성으로 "그 돈은 아버지가 딸에게 주는 유산이야. 내가 오래 전부터 너에게 주려고 마음먹었어. 그 돈으로 네가 무엇을 하든 상관이 없어. 나는 인생을 다 살고 나서야 인생을 어떻게 살아야 하는지 알게 되었는데, 이젠 그것을 실천할 시간이 없네. 그리고 이 노트는 내가 하늘나라 갈 때 가지고 갈게."

내 손에 쥐어 주는 작은 노트는 그동안 얼마나 많이 읽으셨는지 그분의 흔적을 곳곳에 남겨 두고 있었다. 오히려 나에게는 내가 쓴 글 같지 않게 생소하게 느껴지는 그 노트의 맨 뒷장에는 "사랑하는 내 딸에게서 받음"이라고 그분의 필체로 적혀 있었다.

그분에게는 자식이 없어 내가 유일한 자식이 된 셈이다. 자식은 재산만 상속받는 것이 아니고 부모님의 삶도, 기업도, 꿈도 상속받는 것이다. 인생을 어떻게 살아야 하는지 깨닫고 난 후에 그렇게 살고 싶었으나 시간이 없어 이루지 못한 그분의 삶을 승계하고 싶다. 나도 시간이 없어 할 수 없는 때가 이르기 전에…….

현재 그 곳에는 아무것도 준비되어 있지 않다. 오랜 세월을 목회하느라 여념이 없는 나를 묵묵히 기다리고 있는 물과 나무와 흙과 숲이 있을 뿐이다.

그러나 그분과 나의 꿈이 있고 그 일이 하나님이 보시기에 선하다고 인정하신 확실한 증표가 있다. 그리고 말기 암 환자들을 돌보고 있는 나에게 가끔씩 들러 같이 손을 걷어붙이고 봉사해 주려는 많은 동역자들이 있다.

나는 이 밤 내가 해야 할 새로운 궂은 일을 찾았다. 그 설레임으로 하얗게 밤을 새워 새벽을 맞는다. ●

남편 없는 하늘 아래

　　　　　　　　미국에 9.11 테러가 있은 후 온 세계가 술렁이더니 드디어 아프가니스탄 전쟁이 발발했다.

　'그 테러와 전쟁이 우리나라 경제에 타격을 입힐 것이고, 나에게는 좀더 어려워진 생활을 감내하게 할 테지' 생각하며 이렇게 먼 나라의 이야기로 뉴스를 듣고 있었다.

　그러던 어느 날, 총회 본부라면서 남편을 찾는 전화가 왔다. 그 내용은 아프가니스탄 전쟁 때문에 그 나라와 인접 국가에서 일하던 선교사들이 대거 귀국 중이라는 것이었다. 그 인접 국가들은 대부분 이슬람교를 믿고 있어서 선교사들의 신변이 위험했던 것이다. 그것과 우리 남편이 무슨 관계가 있는 것인가?

　문득 요즈음 남편이 혼자서 이곳 저곳을 다니고 온 것 같은 느낌이 들었다. 저녁 때 집에 들어온 남편에게 그 이유를 묻자 총회에서 그 곳에 급파할 러시아어를 할 수 있는 선교사를 찾는 것을 보고 지원을 했다는 것이다. 이미 카자흐스탄으로 배정이 되었고 일주일 후에 떠나게 되었는데 지금 그 곳 주변이 전쟁 중이어서 혼자 들어가게 되었단다.

　순간 20년이 넘는 시간을 힘든 길, 어려운 길을 같이 걸어왔는데 왜 나에게는 이렇게 중대한 결정을 의논하지 않았을까 하는 생각이

들어 그것이 나를 더 힘들게 했다.

남편은 당신이 떠난 후 교회에 빈 자리를 이미 준비해 놓은 상태였다. 이 일을 꾸미는(?) 동안 내가 감쪽같이 몰랐던 것은 우리가 서로를 너무 믿은 탓일 것이다.

남편 나름대로의 더 깊은 사랑의 배려가 있었을 테지…….

여기까지 마음을 추스르는 데는 사흘이 걸렸다.

교회에는 전에 우리 교회에 기거하면서 죽기까지 공부하여 신학박사가 되신 김 목사님이 오셔서 섬기게 되었다. 그러나 나 혼자 남겨진 교회에서 나의 일할 몫은 더 커진 셈이었다.

"어려운 곳으로 파송되는 선교사는 가장 유능하고 경험이 많은 목사가 가야만 합니다. 초대교회 때도 바울과 바나바를 파송하지 않았습니까? 여러분은 전쟁 속에서 폐허가 되어 가는 그 곳에 여러분이 사랑하고 아끼는 담임 목사를 보내 주는 헌신을 하는 것입니다. 제가 가면 기도해 줄 분들이 이렇게 많지 않습니까! 전쟁이 끝나고 그 곳에도 정부가 인정하는 교회가 설 수 있는 날, 저는 여러분에게 다시 돌아올 것입니다."

성도들은 남편의 마지막 설교를 듣고 오히려 감동을 받아 "역시 우리 목사님이야" 하면서 기쁨으로 보내 드리자는 것이었다. 내가 말릴 수는 없고, 성도들의 만류를 은근히 기대했던 꿈은 사라지고 말았다.

아프가니스탄 전쟁 소식이 연일 뉴스에서 불붙고 있던 어느 날, 카자흐스탄으로 떠나는 남편을 배웅하러 많은 성도들과 함께 인천 공항에 나갔다. 떠나려고 나간 남편은 아프가니스탄 인접 국가에서 마침 귀국하는 친구 선교사들을 속속 만나게 되었다. 그들은 왜 이렇게 위험할 때 하필 그 곳으로 떠나느냐며 한결같이 만류했다. 남편은 나에게 다가와 조그만 목소리로 소근거렸다.

"너희들이 다 나오니 들어갈 사람이 필요하잖아."

남편의 짐이 떠나고 남편이 떠나기 위해서 나를 안아 주며 이렇게 말했다.

"나는 다 좋은데 이렇게 조그만 당신에게 크고 무거운 짐을 지우고 떠나니 그것이 제일 가슴 아파. 당신에게 의논하지 않은 것은 당신이 힘들어 '아니오' 하면 내가 포기하게 될 것 같아서였어."

그날 뒤돌아선 남편의 등이 한없이 크고 넓어 보였다.

성도들은 "목사님 떠나시고 우리 사모님 어떻게 해"하면서 내 눈치를 살폈다. 나는 눈물이 금방이라도 봇물처럼 터져 나올 것 같았다. 그러나 그러면 성도들도 참았던 눈물을 쏟아낼 것이 아닌가! 돌아오는 차 안에서 나는 조용히 찬송을 불렀다. 성도들도 따라 불러 카자흐스탄으로 떠나는 남편을 찬송으로 배웅했다.

그날 밤 결국 참았던 눈물을 쏟았다. 내 몸 속에 그렇게 많은 눈물이 고여 있었을 줄이야!

"여보! 쌓인 눈 위에 또 눈이 쌓이오. 밖은 영하 30도의 혹한이오" 라는 내용이 연일 계속되는 곳, 바다는 없고 건조한 내륙의 광대한 땅. 물이 나빠 2년만 지내면 풍토병이 드는 곳, 러시아에서 1991년에 독립했으나 아직도 공산주의 체제의 나라, 대통령이 이슬람교도이기 때문에 다른 곳보다 종교 탄압이 심한 나라, 전 국민이 가난해서 도둑과 강도가 많은 위험한 나라, 아무도 아는 이가 없는 그 곳에서 남편이 밤낮으로 일하고 있었다.

그리고 그 나라에서는 역사상 처음으로 국가에서 운영하는 탁아소가 아닌 민간 유치원을 건립했다는 소식, 300명이 넘는 성도들이 유치원 강당에 모여 앉을 자리가 없었다는 성탄절 예배 소식. 카자흐스탄 대학에서 한국어와 한국 역사 강의를 하고 있다는 소식, 그리고 어쩌면 남편이 카자흐스탄에 끼친 공로에 대한 상으로 국가가 공식적으로 인정한 교회를 세울 수 있을 것 같다는 기적 같은 소식이 계속 전해졌다. 그 곳은 예배를 숨어서 드리고 건물 밖에 공공연히 십자가를 세울 수 없다.

1년이 지난 후 남편은 나에게 카자흐스탄에 잠깐 다녀가라고 했다. 그 곳에 와야만 줄 수 있는 선물이 있단다. 인천 공항에서 알마티까지 5시간 30분을, 알마티에서 남편이 있는 꾸스타나이까지 또 4시간 30분을 비행기를 타고 날았다. 낯설고 먼 이 길을, 전쟁의 포화에 휩싸였던 이 길을 가족을 두고 십수 년을 목회하던 교회와 성도들을 두고 1년 전 이 곳에 오던 남편도 꼬박 하루쯤은 울었을 것 같았다.

내가 도착하기 오래 전부터 공항에 나와 있던 남편의 인도를 받아 남편이 일하고 있는 곳에 다다르니 십자가를 세운 하얀 교회가 오후의 빛을 받아 빛나고 있었다. '사랑 교회'라는 푯말과 함께……

눈물이 하염없이 쏟아졌다. "당신에게 주는 선물로는 이것이 가장 클걸. 한 손으로는 절대 들 수 없으니까." 어린애처럼 웃고 있는 남편이 정말 자랑스러웠다.

그 곳에 간 지 두 해가 지나서 유치원에 150명이 입학하고 그 곳에서 공부한 원생들이 국가 명문 초등학교에 대거 합격하여 국가에서 공인하는 유치원이 되었다. 그리고 교회에서 운영하는 가난한 사람들을 위한 무료 병원이 세워졌다. 한 주일에 300가정에 일주일 양식을 나눠 주고 있으며, 카자흐스탄인들이 300명이나 예수를 영접하여 기독교 신자가 되었다는 소식도 있었다.

남편이 가기 전 전임 선교사를 강제 추방한 꾸스타나이 시에서는 그 곳에 정부의 공식 인정서를 받아 전무후무하게 세워진 사랑교회를 약탈자들로부터 보호하기 위해 교회 옆에 방범 초소를 세웠다. 이런 안전한 선교지에는 누구나 가고 싶어 했다. 많은 선교사들이 앞다투어 그 곳을 지원할 무렵 남편은 2년 전 떠났던 먼 길을 다시 밟아 나와 교회와 기다리는 성도들 곁으로 돌아왔다.

남편은 영하 30도의 추운 날씨에 적응을 못하고 계속 감기를 앓았다. 그리고 고열로 인한 중이염으로 왼쪽 청각을 잃었다. 병원에서 "조금만 더 있었으면 오른쪽 청각도 위험했다"는 말을 듣고 나의 걱정스런 얼굴을 보더니 남편은 "귀 하나에 교회 하나! 어때! 가 볼 만 했지?" 하며 오히려 익살을 떤다. "남편 없는 하늘 아래 두 해만 살면 교회 하나! 어때! 나도 살 만했지?" 하며 나도 익살로 응수했다. ●

유리창

유리창

정지용

유리에 차고 슬픈 것이 어른거린다
열 없이 붙어서서 입김을 흐리우니
길들은 양 언 날개를 파닥거린다
지우고 보고 지우고 보아도
새까만 밤이 밀려 나가고 밀려와 부딪히고
물 먹은 별이
반짝, 보석처럼 박힌다
밤에 홀로 유리를 닦는 것은
외로운 황홀한 심사이어니
고운 폐혈관이 찢어진 채로
아아, 너는 산새처럼 날아갔구나

유리창 1

현호는 그 곳에 있었다.
방음으로 된 교회 모자실 유리창 너머에서
예배 시간 내내 얼마나 뛰고 노는지
다른 아이들도 현호처럼 덩달아 유리창을 부서져라 두드린다.
예배가 끝난 후
다른 아이 어머니 앞에
손을 비비며 미안해하는
현호 엄마는 사과하는 모습이 항상 얌전하다.
제 또래의 다른 아이들보다
한 뼘이나 큰 현호는
오늘도 모자실 유리창 너머에서 또 사고를 쳤나 보다.
초등학교에 들어간 현호는
공부도 잘했고
연약한 다른 아이들을 보호해 주며
무럭무럭 잘 자라났다.
얌전한 현호 엄마가 다른 사람에게
입을 떼는 것은
아들 자랑할 때뿐이었다.

현호는 지금 교회 모자실 유리창 너머에 있다.

유리창 2

현호는 그 곳에 있었다.
통통하던 얼굴이 핼쑥해졌지만
눈빛만은 맑게 빛나고 있다.

중학교 1학년에 입학하자마자
감기를 계속 앓는다는 현호 엄마의 말은
"사모님! 어떡해요.
현호가 백혈병이래요."
하늘이 무너지는 선고를 받은 후
수없는 항암 치료는
현호의 탐스런 머리카락을 빠지게 하더니
잘생긴 얼굴은 반쪽을 만들고
쑥쑥 자라나던
현호의 성장을 멈추게 했다.
현호는 엄마와 우리를 조금 더 가까이 보기 위해서
유리창 문 가까이로 왔다.
아직도 장난기가 여전한 현호를
우리는 외로이 그 곳에 홀로 둘 수밖에 없다.

현호는 지금 무균실 유리창 너머에 있다.

유리창 3

현호는 그 곳에 있었다.
얼굴과 손과 발엔
거미줄처럼 고무 호스가 끼어져 있다.
"엄마! 나 예수님을 만났어."
현호가 혼수상태에 들어가기 전
마지막으로 한 말이었다.
병원에서는 오늘 밤이 어려우니
마지막 임종 예배를 드리라고
목사님과 친지들을 면회시킨 날로부터
21일 낮과 밤을
혼자 있는 것을 가장 싫어하고 무서워하는
현호를 우리는 외로이 그 곳에 홀로 둘 수밖에 없다.

현호는 지금 중환자실 유리창 너머에 있다.

유리창 4

현호는 그 곳에 있다.

마치 잘 길들여진 것처럼
그들이 하는 대로 자기의 몸을 맡기운 채로.
현호가 그토록 입고 싶어 하던 교복이 아닌
깔깔한 베옷으로 갈아 입고 있다.
옷을 갈아 입히는 것은
엄마의 손길뿐이어야 했던 현호는
왜 낯선 저들이 옷을 벗기고
옷을 입히는데도 소리지르지 않을까
현호의 아픈 몸을 아랑곳하지 않고
꽁꽁 묶어 대는 저 곳에 현호는 홀로 있다.
얼굴을 돌이켜 이 곳을 쳐다보지도 못하고
말 잘 듣는 아이가 되어 조용하다.
이 유리창은 자꾸 흐려져 현호의 모습이 잘 보이지 않는다.

현호는 지금 입관실 유리창 너머에 있다.

유리창 5

현호는 그 곳에 있다.
친구들과 작별하는 해맑은 웃음은
이젠 현호의 사진 속에만 있다.
"사모님! 새벽녘에 현호가

천사들과 뛰어 노는 모습을 보았어요.
내가 현호야! 현호야! 불렀지만
천사들과 뛰노느라 정신이 없는지
대답도 안 해요.
그래 그 곳이 그렇게 좋으면 거기서 뛰놀거라
이러면서 현호를 보냈어요.
그런데 그렇게 현호를 보내고 나니
마음이 날아갈 것같이 기쁘네요."
열여섯 살 꽃봉오리 같은 아들을
저 하늘로 보내는 어머니!
하나님의 크신 위로가 아니면
누가 그를 위로할 수 있겠는가!

현호 아빠의 참았던 슬픔이
한꺼번에 터졌다.
눈물의 온기로 유리창은 또다시 희뿌옇게 흐려졌다.

현호는 저 곳에서 하늘을 향해
힘차게 날갯짓을 하고 있다.
현호는 이제 혼자가 아니다.
이미 천사들이 그를 영접하러
내려와 있기 때문이다.

현호는 이 땅에서의 마지막 땅인 벽제 화장터에 와 있다.

현호는 지금

저 곳에서 육신의 옷을 훌훌 벗고 있다.

다시는 질병의 고통이 없고

다시는 눈물이 없는 곳

다시는 이별이 없는 영원한 천국으로 들어가기 위하여

현호는 지금 천국의 유리창 너머에 있다. ●

나의 식모살이

식모라는 말은 가정부로서, 요즈음은 도우미 아줌마라는 멋진 말로 바뀌었지만 내가 그 집을 갈 때는 식모라는 말이 맞는다.

나와 함께 장애인들을 돕는 일을 하던 한 성도님이 남편 때문에 괴로워하고 있었다. 남편은 교회 이야기라고는 한마디도 못하게 할 뿐 아니라 요즈음엔 자신도 교회에 나가지 못하게 한다는 것이다. 그 할머니는 만약 남편의 반대로 교회에 나가지 못하게 되면 자신은 차라리 죽어 버리겠다고 할 정도로 사태가 심각했다. 남편에게 누군가 예수님을 믿게 전도해 주어야 하는데 절대로 들으려고 하지 않는 남편에게 누가 감히 전할 수 있겠느냐는 것이다. 유명한 목사님을 집으로 모시고 간 적도 여러 번 있었지만 목사님들을 난처하게 할 만큼 단번에 거절했다는 것이다.

"할아버지가 나와서 들으려 하지 않으면 들어가서 전하면 되잖아요."

할머니는 나의 의견에 눈이 둥그레지면서 "그런데 어떻게 들어가지?" 하고 물으신다.

"집사님 댁에 식모 아줌마 구한다고 했잖아요. 제가 식모로 들어갈게요."

"아유 사모님이 식모살이라니 웬 말이야."

"한 달만 해볼게요. 한 달 동안 최선을 다해 전도해 볼게요."

나는 남편에게 어렵게 허락을 받고 그 집사님 댁으로 들어갔다. 내가 그 일에 몰두할 수 있도록 남편에게 한 달 동안 전화도 하지 말라고 했다.

그 할아버지는 자수성가한 분으로 많은 재산을 가지고 있었고 아들 둘은 학위를 받기 위해 미국에 유학 가 있었다.

한강이 내려다보이는 그들의 아파트는 두 분만 살기에는 너무 넓어 운동장 같았다. 젊은 시절을 온통 돈을 벌기 위해 다 쓰고 보니 이젠 건강의 노예가 되어 건강에 좋다는 것은 무엇이든지 다 사다 놓아야 했고 다 먹어야 했다. 그래도 혹시 죽을까 봐 전전긍긍하는 생활이었다.

사람이라고는 할아버지, 할머니, 나까지 셋인데 방은 네 개였다. 내가 할 일은 신문을 읽어 드리는 일과 식단에 적혀 있는 대로 음식을 만드는 일, 청소, 빨래 등 그야말로 평범한 집안일이었으나 마시는 물의 온도까지 재어보는 할아버지의 까다로운 시중은 밤마다 코피가 터지는 고된 일이었다.

나는 새벽에 일찍 일어나 먼저 신문을 읽고 신문에 나오는 전문을 숙지했다. 잘 모르는 전문용어는 사전을 찾아 미리 알아 놓았다. 할아버지께 신문을 읽어 드리다가 대화가 시작되면 내가 미리 준비한 것을 알 길 없는 그분은 무릎을 치면서 나의 지식에 감탄하시기 시작했다. 할아버지의 구두를 반짝반짝 닦아 놓고, 현관에 나오시면 나는 앞치마에 다시 한 번 닦아 내려 놓았다.

그리고 나는 매일 새벽 3시에 일어나 두 시간씩 그분이 믿음을 가질 수 있도록 주님이 은혜를 베풀어 달라고 기도했다.

그렇게 일주일이 지나자 할아버지는 나에게 식모살이를 그만두라고 하셨다. 할아버지 친구분 회사에 좋은 자리를 마련해 놓았으니 그 회사에 다니라는 것이었다. 나는 할아버지 시중들면서 이 곳에 있는 것이 더 좋다고 한사코 거절했다. 그러나 할아버지는 친구들에게 나를 자랑하고 칭찬하고…… 나를 진정으로 아끼고 계신 것이었다.

하루는 그분의 시집간 딸이 친정에 왔다. 딸은 나를 방으로 불러들이더니 이렇게 말했다.

"우리 아버지 재산 보고 우리 집에 들어온 것 아녜요? 아버지가 요즘 아줌마에게 푹 빠진 것 같아요. 아버지 말씀대로 이런 일 할 사람 같지 않은데 젊고 똑똑한 여자가 왜 아버지가 마련해 준 그 좋은 회사도 마다하고 우리 아버지 옆에 꼭 붙어 있는 거냐 말예요. 우리 아버지는 외동딸인 나에게도 전혀 관심이 없는 분이셨어요!"

그 딸은 나에게 식탁에서 밥도 먹지 못하게 하며 나를 마치 더러운 벌레같이 취급했다.

나는 처음에는 그 할아버지를 구원하기 위해 주님께서 나를 그분의 집으로 들어가게 하셨다고 생각했다. 그러나 시간이 흐를수록 주님께서 나를 철저히 회개시키기 위해 그분의 집으로 들여보내셨다는 것을 알게 되었다.

나는 전혀 몰랐다. 전에 우리 집에 와 있던 식모 아줌마가 아무에게도 말하지 못하고 하루의 고된 노동에 밤마다 코피를 쏟았다는 것을…… 집에 두고 온 아이들이 보고 싶어서 밤마다 베개가 젖도록 울었다는 것을, 내가 돈 몇 푼 주는 것으로 그의 인생을 송두리째 산 것처럼 거만을 떨었다는 것을…… 그를 멸시하고 그에게 모멸감을 주며 그를 비참하게 만들었다는 것을…….

나는 어떻게 살아왔는가? 심지어 구두를 닦을 때도 나의 더러운 구두를 깨끗이 닦아 주는 분의 수고에 고마워하기는커녕 돈 천 원에 그의 주인이 된 것처럼 그를 내려다보며 온갖 투정을 다 하지 않았는가. 택시 기사는 내가 걸어야 할 곳을 차로 데려다 주는 것에 대한 대가를 받을 뿐인데 돈 천 원에 그 사람을 하인으로 산 것처럼 군림하려 했다니…….

종업원이 일하면 주인은 그가 한 일에 대한 대가를 주는 것이지 종업원 자체를 산 것이 아닌데 나는 항상 그 사람들 위에 있었다. 나는 밤마다 가슴을 찢으며 나의 교만과 무례함과 무자비함과 무정함을 용서해 달라고 주님께 간구했다.

두 주일이 지난 뒤 밤에 나는 상서로운 꿈을 꾸었다. 그것은 할아버지의 어린 시절부터 소년 시절, 청년 시절, 장년 시절 등 할아버지의 일생을 꿈으로 꾼 것이다. 마침 꿈을 꾸고 난 다음날 아침에 할아버지는 나를 방으로 불러들여 왜 우리 집에 들어왔는지 정직하게 실토하라고 하셨다. 나는 이렇게 말했다.

"하나님이 할아버지를 너무 사랑하셔서 구원하고 싶은데 할아버지가 하나님에 대해서 들으려 하지 않으시기 때문에 제가 들어왔어요."

"뭐라구! 그럼 나를 예수 믿게 하려고 우리 집사람하고 짜고 들어왔단 말이야. 착하고 지혜로워서 내가 아껴 주었더니 이런 못된 것! 당장 나가!"

할아버지는 몸을 부르르 떨면서 분을 내셨다.

나는 할아버지에게 믿음을 주시도록 5년 동안 하루도 빠짐없이 기도하신 할머니의 사랑을 말씀드렸다. 그리고 할아버지를 가장 구원하고 싶어 하시는 분은 바로 하나님이심을 말씀드렸다. 이 집에 들어온 첫날부터 보름 동안 내 심정의 변화도 말씀드렸다.

그리고 어젯밤에 꾼 꿈 이야기를 시작했다.

"이것은 할아버지의 어린 시절이었어요. 이것은 할아버지의 소년 시절이었어요. 이것은 할아버지의 청년 시절이었어요……." 내가 잔잔히 말하고 있는데 할아버지가 탁자에 머리를 숙이고 울고 계시지 않은가! 이분은 절대 우실 분이 아니다. 더구나 딸 같은 젊은 여자 앞에서는 도저히 있을 수 없는 일이다.

한참 흐느껴 우시던 할아버지는 "그것은 아무도 모르는, 하늘만 아는 비밀이었어. 그러니까 정말 하나님이 계시는 거야. 나 때문에 보름이나 식모살이를 하다니 고마워! 고마워! 이번 주부터 집사람하고 교회에 나갈게."

할아버지의 멋진 승용차를 타고 나는 집으로 돌아왔다. 한 달을 해 보겠다고 작정했는데 주님이 반으로 줄여 주셨다. 할아버지는 약속대로 할머니가 다니시는 동숭교회에 함께 나가시게 되었다.

4개월 후인 그 해 5월 23일! 할아버지는 종로 5가에 100평의 교회를, 70평의 무료 탁아소 교육관을 마련해 놓고 우리에게 목회를 하라고 하셨다. 이것이 우리 교회의 첫 시작이었다. 그리고 그 할아버지와 할머니가 우리 교회의 첫 성도였음은 말할 것도 없다.

나는 그 날부터 더 많은 사람들을 시중드는 영원한 식모살이로 들어간 것이다. 가난한 자나 부자나 높은 자나 낮은 자나 건강한 자나 연약한 자나 어떤 사람을 만나든지 처음 그 할아버지에게 시중들던 때와 같은 식모의 모습으로……. ●

울고있는 사람과
함께 울 수 있어서
행복하다

내가 앞만 보고 달려갈 때
"그렇게 앞만 보고 달려가지 말고
너의 눈길을 받고 싶어하는 사람이 있나
너의 도움이 필요한 사람이 있나
주변을 둘러보라"고 나의 분주한 걸음을
멈추게 한다. 그는 우리 인생의 길이
언제나 달려야만 전진하는 것이 아니고
때로는 그 자리에 멈추어 서는 것이
곧 전진하는 것임을
나에게 알려주고 있다.

이른 새벽 전화 벨이 울린다.

"애기냐? 오늘 아침 일찍 큰애를 이 곳에 올려 보내거라. 자동차 가지고 오라고 해라."

"저…… 아버님!"

내 대답이 시작되기도 전에 전화가 끊겼다. 아버님에게서 온 전화는 항상 두 마디로 이어지지 않는다. 전화 요금이 많이 나올까 봐 극심한 절약을 하시기 때문이다. 그래서 다시 전화를 해서 자초지종을 말씀드릴 중요한 사항이 있기 전에는 전화 확인 없이 말씀하신 대로 따르는 편이 아버님 마음에 맞는다.

"할아버지께서 일찍 청평에 오라고 하니 어서 가 보거라."

아들이 혹시 "왜요?"라고 물으면 아무것도 아는 것이 없어 대답할 말이 없는데 아들도 이유라고는 한마디도 묻지 않고 서둘러 떠났다.

청평에 다녀온 아들은 쌀 20킬로그램 한 부대와 갖가지 생선이 들어 있는 플라스틱 통을 내려 놓았다. 또 낯익은 봉투에 30만 원도 들어 있었다. 나는 깜짝 놀라서 곧바로 아버님께 전화를 했다.

"아가! 그 쌀은 오래된 쌀이라 우린 못 먹겠다. 너희는 식구 많아 괜찮을 테니 너희가 먹거라. 그리고 우리는 고기는 먹지만 생선은 안 먹으니 너희가 먹거라. 돈 30만 원은 구정에 너희들이 세뱃돈을 너무 많이 주어서 남았는데 내가 요즘 정신이 없어서 돈을 자꾸 잃어버리니 간수하는 것이 더 힘들어서 보냈다. 나도 이젠 치매에 걸렸나 보다."

"저…… 아버님."

내 말은 한마디도 못했는데 또 전화가 끊겼다.

아버님이 우리에게 보낸 쌀은 남편이 무공해 쌀이라고 올 가을에 특별히 골라 사다 드린 햅쌀이었다. 아버님은 옛날에는 이삼 년 지난 쌀을 먹고 햅쌀로는 밥을 지어 먹지 못했는데 햅쌀로 밥을 지으면 얼마나 맛있겠느냐며 무척 기뻐하셨었다. 그리고 지난번에 우리에게 고기를 잔뜩 보내실 때는 "우리는 생선만 먹지 고기는 안 먹으니 너희가 먹거라"고 하며 이번과 정반대의 구실을 붙이셨었다. 어머님이 주신 정보로는 아버님이 손수건 하나도 잃어버리지 않고 잘 챙기신다고 했다.

그러니까 전화 한 통화도 절약하는 아버님은 아버님이 가지고 계신 돈 전체를 봉투에 넣어 보내신 것이다. 아버님의 사랑에 뜨거운 눈물이 흘렀다.

"아버님! 치매에 걸리신 것이 맞아요. 사랑을 주고 또 주고도 준 것을 모르는 최고의 치매에 걸리셨어요. 저도 아버님께 드리고 또 드려도 드린 것을 기억조차 못하는 아버님이 걸리신 그 치매에 걸리고 싶어요."

나는 전화기를 바라다 보면서 아버님께 그렇게 대답하고 있었다.

"아버님! 아버님이 진짜로 최악의 치매에 걸리셔도 저는 아버님을 진실로 사랑할 거예요." ●

그 곳에 서 있던 그 학생

인일여고 2학년 때이니 31년 전의 아련한 일이다.

아직 어둠이 채 가시지 않은 새벽녘, 어머니는 새벽 기도에 가기 전에 나를 학교에 바래다 주고 교회로 가시곤 했다.

그날 학교 교문에 거의 다다랐을 무렵 나는 한 남학생이 전봇대 밑에 서 있는 것을 보았다. 무심코 교문을 들어왔지만 하루 종일 그 소년이 누군가를 기다리고 있다는 느낌이 들었고, 그 생각의 끝은 혹시 나를 기다린 것이 아니었을까 하는 추측으로 진전이 되었다.

그 이튿날은 내가 먼저 그 곳을 유심히 보았다. 키가 큰 그 학생은 그 날도 여전히 그 곳에 서 있었다.

3일째 되는 날엔 어머니와 같이 가지 않고 나 혼자 등교하였다. 조금 더 멀리서도 그 학생의 모습이 눈에 들어왔다. 왜 그렇게 심장이 뛰는지 '쿵쿵!' 소리가 새벽 길을 울리고 있었다. 심장의 박동은 빨랐지만 그 곳에 가까이 갈수록 나의 발걸음은 점점 느려졌다. 그가 그 곳에 서 있는 이유를 나에게 말하라고 재촉하는 것처럼…….

무심한 듯 그 곳을 지날 때 "저, 저 좀 보세요"하고 그 학생이 드디어 말을 건넸다. 나는 전혀 눈치채지 못한 것처럼 뒤돌아보았다.

"저 여기서 여러 날 기다렸어요. 그렇게 앞만 보고 다니시네요. 눈길 한 번 받는 데 보름이 다 되어 가요. 그렇게 앞만 보고 다니지 말고 가끔은 눈길을 받고 싶어 주변에 서성이는 사람이 있나 둘러도 보세요. 시 낭송하는 것을 듣고 나서부터 만나고 싶어 이름도 집 전화번호도 알아보았어요. 많이 당혹스럽겠지만 이렇게라도 안 하면 난 요즈음 공부를 전혀 할 수 없어요."

띄엄띄엄 말을 이어 가는 그는 불량해 보이지 않고 진실되어 보였다. 어쩌면 그가 제고 교복을 입고 있어서 나에게 믿음을 더 주었는지도 모른다. 이럴 땐 어떻게 해야 하나 아무 말도 생각나지 않았다. 다만 이 학생이 3학년이라는 것과 공부를 할 수 있게 해주어야 한다는 생각이 들었을 뿐이다. 나는 모기만한 목소리로 "그럼 내일 다시 한 번 만나서 말씀드릴게요"하고는 황급히 교문으로 들어섰다.

큰 바위 덩어리가 가슴을 누르는 것 같았다. 하루 종일 안절부절 못하면서 고민을 했다. 아무런 방법이 떠오르지 않았다. 할 수 없이 담임선생님께 상담을 했다. 선생님은 그 학생도 나도 학업에 열중하려면 내일 그 학생을 만나 대학에 붙으면 만나 준다고 하라는 것이었다.

그 이튿날 나는 그 학생에게 선생님이 일러 주신 대로 말했다. 그는 너무나 기뻐하며 단숨에 학교 앞 언덕길을 내려갔다. 그 학생은 더 이상 그 곳에 서 있지 않았다.

여름이 가고 가을이 가고 겨울이 깊어지던 날, 까맣게 잊고 있던 그 학생에게서 전화가 왔다. 대학에 붙었으니 만나 달라는 것이었다.

그러나 그 때는 내가 예비 3학년이었고 입시 준비에 대한 무거운 부담을 안고 있을 때였다. 그렇지만 약속을 해 놓았으니 약속은 지켜야 하지 않겠는가! 나는 그를 만나서 대학에 합격한 것을 축하해 주었다. 그는 자신이 대학에 합격할 수 있게 약속해 주어서 고맙다고 했다.

　나는 이번엔 내가 대학에 합격해야 만날 수 있겠다고 말했다. 그는 내 말에 선뜻 공감했다. 그는 봄부터 대학 생활을 시작하게 될 것이고 그러면 여학생들과 만나는 기회도 많아질 것이니 저절로 나를 잊을 수 있을 것이다. 그러나 혹시 1년을 더 기다리고 있다면 그 때는 그를 만나도 좋을 것 같았다.

　나는 3학년이 되었다. 그때 우리 학교는 무감독 시험과 복도 끝에서 학용품 무인 판매를 실시했다. 인일이 아니면 절대 불가능한 자랑스런 제도였다. 아침 6시 40분에 수업을 시작하여 밤 9시 30분에 수업이 끝났다. 통금이 있었던 그 때도 우리는 밤 11시가 넘도록 도서실에서 공부를 했다. 그리고 월요일마다 전과목 시험이 있었다.

　봄부터 시작된 강훈련의 입시 공부 속에서 지치고 지쳐 가던 6월의 어느 날, 그 학생의 어머니가 나를 찾아왔다. 그는 2월 말부터 급성 장암으로 세브란스 병원에 있다는 것이었다. 이제 죽음을 눈앞에 둔 아들의 마지막 소원이니 지금 병원엘 가자는 것이었다. 고운 얼굴에 눈물을 하염없이 흘리면서 부탁하셨다. 나는 담임선생님이었던 임순구 선생님께 말씀을 드렸다. 선생님의 조퇴 허락을 받고 그 학생의 어머니를 따라 기차를 탔다.

　그의 창백한 얼굴에 수많은 호스들이 얽혀 있었다. 그가 어머니에게 무어라고 얘기하더니 간호사가 오고 의사가 오고 무언가 급한 의논이 있는 듯하였다. 그러더니 얽혀 있던 호스들을 다 제거하는 것이었다. 그 일을 하는 동안 나는 병실로 들어가지 못했다.

　"나, 어때? 이젠 하나도 안 무섭지? 네가 나를 보고 무서워 겁먹을까 봐 간호사 누나에게 호스를 다 빼달라고 했어."

"나 조금도 겁나지 않았어요."

나 때문에 호스를 빼서 이 학생에게 무슨 일이 생길까 봐 사실은 더 겁이 나 있었다.

"공부 열심히 했니? 나하고 약속한 것 지킬 수 있겠어?"

나는 대답 없이 고개만 끄덕였다.

"나 너에게 한 가지만 물어 볼게. 나하고 약속한 것 너의 진심이었니? 혹시 그때 나를 거절하기 위한 핑계는 아니었니?"

그의 진지한 물음에 나도 모르게 "진심이었어요"라고 대답했다.

"그럼 너도 나 보고 싶으면서도 공부하느라 꾹꾹 참았겠네?"

이 물음엔 대답 없이 고개를 끄덕였다.

"나 이제 죽음이 두렵지 않아. 행복하게 죽을 수 있을 것 같애. 단 한 가지 너에게 약속한 걸 내가 못 지키게 되어 미안할 뿐이야. 이건 불가항력적이었으니 용서해라. 대학에 꼭 합격해라. 너와 약속한 날짜는 안 되었지만 죽기 전에 꼭 한 번 보고 싶었어."

내가 대학에 붙으면 만나 주겠다고 약속한 그 첫날처럼 밝게 웃으며 나를 보내는 그에게 무언가 해주고 싶은 말이 있었는데 입 안에서만 뱅뱅 돌았다.

며칠 후 그의 어머니의 오열하는 목소리가 들리는 가운데 그의 동생이 오빠가 죽음을 행복하게 맞이했다고 전화해 주었다.

그 학생은 그 날부터 내 인생의 그 곳에 서 있다. 영원히 늙지 않는 제고 3학년의 모습으로……. 내가 앞만 보고 달려갈 때 "그렇게 앞만 보고 달려가지 말고 너의 눈길을 받고 싶어 하는 사람이 있는지, 너의 도움이 필요한 사람이 있는지 주변을 둘러보라"고 하며 나의 분주한 걸음을 멈추게 한다. 그는 우리 인생의 길이 언제나 달려야만 전진하는 것이 아니고, 때로는 그 자리에 멈추어 서는 것이 곧 전진하는 것임을 나에게 알려주고 있다.

그날 그 병실에서 얼떨결에 한 나의 대답이 그를 행복하게 할 수 있었다면 그와의 약속은 지켜진 것으로 믿고 싶다. 그 후에 나는 다른 사람들과의 약속은 진지하고 대답은 항상 진실하게 했다.

그 학생과의 짧은 만남은, 그 학생과의 긴 이별은 나로 하여금 성공하는 삶이 아닌 가장 가치 있는 삶을 살고 싶어 하게 했고, 그것은 내가 신학의 길을 걷게 된 가장 큰 이유가 되었다. ●

나의 누이! 나의 어머니!

남편은 교회 부교역자 지원자 중에서 다른 사람에 비해 서류상으로 미흡한 그를 선정했다. 다른 전도사들과 같이 서 있는 그는 키가 유난히 작았다. 반듯한 얼굴에 빛나는 눈은 깊은 슬픔이 흐르고 있음을 보여 주었다. 그는 우리 교회 중·고등부를 맡아 지도하게 되었다.

우리 교회에서 일하기 시작한 지 한 달도 못 되어 그의 신실한 신앙과 순전하고 정직한 인격 때문인지 곳곳에서 중매가 들어왔다. 그런데 그 전도사는 결혼 이야기만 나오면 새파랗게 질리고 밥도 먹지 못하는 것이었다.

그러던 어느 날 그는 아무런 이유도 없이 우리 아들의 얼굴을 시퍼렇게 멍이 들도록 때려 주었다. 사직서를 들고 들어온 그에게 "우리 아이 때린 것은 정말 잘했어요. 다른 전도사들은 우리 애가 잘못해도 목사님 아들이라는 것 때문에 야단을 못 치는데 김 전도사님은 우리 아이의 진정한 교사이세요"라고 했다.

그러자 그는 아무 말도 못하고 눈물만 뚝뚝 흘리더니 "아니에요. 내가 성일이를 때린 것은 잘못을 고쳐 주려는 것이 아니었어요. 저, 저는 성일이가 너무 부러웠어요. 목사님이신 훌륭한 아버지 그리고 좋은 어머니, 착한 동생들과 살고 있는 이 단란한 가정……. 저에게는 하나도 없는데 성일이는 나에게 없는 것을 갖고 다 누리고 있는 것이 너무 질투가 나고 화가 났어요"라고 하는 것이었다.

그는 핏덩이인 채로 부모에게서 버려져 고아원에서 자랐다. 그의 부모는 아이를 버릴 때 이름도 출생일도 써 놓지 않았다. 그래서 그가 이 세상에 버려진 날이 그의 출생일이 되어 생일로 지켜지고 있었다.

그의 이름은 그 당시 비슷한 또래의 남자 아이 4명이 고아원에 들어왔는데 우리나라 성 중에 가장 많은 김씨로 하고, 동수, 서수, 남수, 북수로 이름을 짓다가 북수가 이상하다 하여 북수는 문수로 바꿔 그 중 하나를 받은 것이었다.

배고픈 어린 시절, 고아원 형을 따라 숲 속에 갔는데 길에 먹음직스러운 빵이 여러 개 널려 있었단다. 같이 갔던 고아원 형은 그 많은 빵을 혼자 다 먹고 옆에서 부스러기라도 얻어 먹으려는 그에게는 빵 반쪽을 주었는데 그날 밤 그 형은 죽고 빵 반쪽을 얻어 먹은 그는 고열로 신음하며 밤새 앓고 살아났다고 한다.

고아원에 누군가 손님이 나타나면 이번에 자신이 입양아로 뽑힐까 가슴이 두근거렸는데 피부병을 앓고 있던 그는 그 사람들로 인하여 그 때마다 오히려 친구만 하나 잃을 뿐이었다고 한다.

미움과 원망이 그의 가슴속에 돌덩이처럼 맺혀져 가면서 그는 분노와 한을 오직 공부로만 풀 수 있었다. 그래서 그의 성적은 언제나 1등이었으나 고아원에서는 고 3이 되기 전에 무작정 사회로 내보낸다는 것이다. 실상은 고 3이 될 때까지 고아원에 남아 있는 아이가 없다고 한다. 중학교 나이만 되면 거의 배고픈 고아원을 가출하기 때문이다. 그는 고 3이 되면서 이 넓은 세상에 또다시 혼자 버려졌다. 그리고 그는 장애자 재활원 일을 하면서 대학에 합격했다. 아무도 축하해 주지 않는 합격의 기쁨은 그에게 그대로 아픔이 되었다. 고아의 슬픔은 자신의 기쁨을 자신과 똑같이 기뻐해 줄 사람이 없다는 것일 것이다.

안해 본 일이 없이 닥치는 대로 일하면서 대학을 졸업하고 회사에 취직이 되었으나 그는 직장 생활에 적응하기가 어려웠다. 결국 직장을 그만두고 어렸을 때부터 지녀온 신앙의 길을 찾아 다시 신학 공부를 하여 전도사가 된 것이었다.

그는 사회 생활에 적응하지 못했듯이 가정 생활에도 공포증을 앓고 있었다. 자신은 가정을 이루지 못한다는 심한 강박관념에 사로잡혀 있었던 것이다. 그래서 29살이 되도록 여자를 사귀어 본 일이 없었다. 여자를 사귀면 결혼하게 될까 봐 두려웠던 것이다.

나는 그 날로 그의 짐을 우리 집으로 옮기게 했다. 그를 극진히 보살펴 주려고 오게 한 것이 아니었다. 나는 그에게 우리 식구 전체의 밥을 하게 했다. 우리는 밥상에 둘러앉아 밥을 먹기 전에 이 음식이 우리에게 오기까지 수고한 손길에 감사하는 기도를 드렸다.

그는 음식을 만들고 청소를 하고 빨래를 하고 우리 아이들과 부대끼면서 점차 가정이라는 것에 적응하고 있었다. 음식 하나가 우리에게 공급되기까지 얼마나 많은 사람의 수고가 이어지는지를 깨닫는 것이었다. 가정은 저절로 이루어지는 것이 아니라 가족 서로의 책임과 사랑의 노력과 대가 없는 헌신으로 이루어지는 것임을 배워 가고 있었다.

그 해 추석 날, 그에게 쌀을 빻고 송편 속을 만들고 송편을 빚게 하였다. 그는 이 세상에 태어나 처음으로 송편을 빚어 보았다고 했다. 그리고 그는 가장 잘 빚어진 송편을 부모님께 드리고 싶다고 했다.

자신을 버려야만 했던 절박한 이유가 있었을 거라며, 자신의 아버지는 자기처럼 키가 작았을 거라며……. 어느덧 그의 부모에 대한 미움은 그리움과 연민으로 변해 있었다.

나는 그를 데리고 그가 자라난 춘천의 고아원엘 갔다. 그의 뿌리에 대한 미미한 흔적이라도 찾아 주려고. 그 곳 기록에는 "성내동 파출소 앞에 버려짐"이라고 적혀 있었다. 하루 종일 찾아보았으나 더 이상의 진전이 없었다.

그는 이 세상에서 부르고 싶은 두 단어가 있는데 하나는 아버지고 하나는 어머니라고 했다. 그래서 그는 하나님을 부를 때 "아버지! 아버지!"하고 꼭 두 번 이상을 부른다고 했다.

그 해 겨울, 그는 신랑보다 키가 10cm나 크고 인하대학교에서 동양화를 공부한 아름다운 자매와 결혼을 하게 되었다. 신부의 집에서는 어머니 같은 누님이 있어서 마음놓고 딸을 준다고 했단다. 신랑을 보고 단번에 마음을 뺏긴 신부는 신랑이 고아라면 집에서 반대할 것이 뻔하니 나를 그의 누님이라고 말한 것이다. 나에게 남동생이 생긴 것이다. 하나밖에 없는 남동생이니 누님 노릇 잘해야 하지 않겠는가!

"고모님! 올해 모세가 2학년이 되었어요. 은혜는 유치원엘 들어갔고요. 모세(아들)와 은혜(딸)가 아빠보다 영어를 더 잘해요."

지금 뉴질랜드에서 한인 목회를 하고 유학생 미션 홈을 하고 있는 동생 댁의 전화 목소리다.

"나의 누이! 나의 어머니! 나의 누이! 나의 어머니!" 그 동생이 꼭 두 번씩 부르는 나의 호칭이다. ●

고아원으로 끌려간 아이들

큰아이가 중학교 3학년이 되었다. 그런데 요즈음 이 아이의 행동이 미심쩍다. 나는 사춘기여서 예민해진 탓으로 생각하고 각별히 마음을 썼다.

그 아이가 저녁 반찬 투정을 했다. 전에 없던 행동이다. 이삼 일은 투정으로 끝나더니 이젠 아예 밥을 먹지 않는다. 내가 걱정을 하고 있으려니 막내아들이 "엄마! 형아하고 누나하고 식당에서 밥 사먹었어. 형아는 배고프지 않으니 엄마 속상해 하지 마"한다.

식당에서 밥을 사먹다니?

늦은 시간 동생과 들어온 큰애에게 "누가 너에게 돈을 주었니?"하고 물었다.

"외삼촌이요."

"외삼촌이 우리 집에 왔었니?"

"아니요. 학교에…… 그리고 저어…… 외삼촌이 저보고 상업계 고등학교에 가래요. 그리고 우리들 이젠 외삼촌 집으로 갈래요."

"외삼촌 집으로 오라고 하던?"

대답 없이 고개만 끄덕이는 큰애는 무언가 비장한 각오를 한 눈빛이다.

무엇부터 생각해야 하는지, 이럴 땐 무슨 말을 해야 하는지 머릿

속이 까맣게 타는 것 같았다. 아이들이 우리 집에 온 지 몇 년이 되어도 전화 한 통 없던 외삼촌이 왜 갑자기 나타난 것일까? 외삼촌 전화번호를 알려 달라고 하니 아이는 모른다고 딱 잡아뗀다.

그 이튿날, 교회 일을 하고 집으로 돌아와 보니 큰애와 딸아이가 짐을 싸서 집을 나가 버리고 없었다. 어디로 갔을까? 나는 울며불며 아이들을 찾아 다녔다. 애타는 나의 마음처럼 밤이 깊어지고 새벽이 올 때까지 나는 한숨도 자지 못했다.

하루가 꼬박 지난 오후에 큰애가 전화를 해서 "사모님! 잘못했어요"라고 한마디 하고는 엉엉 울기만 한다.

"어떻게 된 거니 어서 말해 봐."

"여기 영락교회 고아원인데요. 빨리 와서 우리들 좀 데리고 가 주세요."

나는 급히 영락교회 보린원으로 갔다. 고아원 밖에서 초조히 나를 기다리던 큰애가 달려와 내 가슴에 와락 안겨 흐느껴 운다.

아이들에게 유일한 친척인 외삼촌은 아이들이 우리 집에서 자라고 있는 것이 항상 불안했던 것이다. 친척인 자신도 누이 동생의 아이들을 기르지 않는데 아무 관계도 없는 우리가 아이들을 끝까지 책임진다는 것은 있을 수 없는 일이라고 판단되었다. 그렇다면 언젠가 우리 집에서 아이들을 내놓는 날이 자신의 짐이 되는 날인 것이다.

외삼촌은 들어가기 힘든 영락 보린원에 조카들을 넣기 위해 미리 서류를 제출하고 준비를 했다. 큰아이에게 상업계 고등학교를 가라고 한 것은 고아들이 인문계를 가면 국가로부터 한푼도 학비를 못 받는데 상업계나 공업계 고등학교를 가면 극빈자 장학금이 있기 때문이었다. 보린원에서 승락이 나자 조카들을 자기 집으로 오게 하여 자기 집 대문 안에 한 발짝 들여보내지도 않고 그 시간으로 아이들을 돌이켜 고아원으로 데리고 간 것이다.

나는 보린원 총무과에 가서 자초지종을 이야기했으나 법적인 보호자로 증명될 수 없어서 아이들을 내줄 수 없다고 했다. 아이의 외삼촌에게만 아이들을 데려갈 권한이 있다는 것이었다.

큰애는 사태의 심각함을 알아차렸는지 계속 울기만 했다. 또다시 밤은 되어 오고 발을 동동 구르는 나에게 그 아이는 주머니에서 외삼촌 전화번호를 꺼내어 내밀었다.

전화를 받은 외삼촌은 조금도 굽힐 줄을 몰랐다. 오히려 자신은 어젯밤 처음으로 발 뻗고 편안히 잠을 잤다고 했다. 우리 집에 가 있는 조카들이 언젠가 갑자기 자기 집으로 몰려오면 자기는 부인과 이혼해야 된다면서……. 영락 보린원은 시설도 좋고 대우도 좋아서 한 번 들어가기가 어려우니 절대로 아이들을 내주는 데 동의하지 않겠다고 강경했다. 사정도 해보고 애원도 해보고 이 곳에 오지 말고 내가 서류를 가지고 그 곳으로 갈 테니 도장만 찍어 달라고 해도 단번에 거절이었다. 그 자리에 주저앉아 울고 싶었다.

나는 왜 이런 일이 일어났는지, 누가 이 아이들을 고아원으로 끌고 왔는지 곰곰이 생각해 보았다.

아! 이 모든 잘못은 나에게 있었다. 내가 아이들을 고아원으로 끌려가게 한 것이었다. 하나님이 나를 믿고 이 아이들을 나에게 맡기셨는데 정작 이 아이들은 나와 같이 있는 것이 고통이었던 것이다. 아이들은 그동안 맛없는 것도 맛있다고 하면서 음식도 먹었고 나에게 불평할 것도 많았으나 한 번도 못하고 지냈던 것이다.

이 아이들의 속사정을 알지 못하는 사람들에게 그동안 나는 온갖 칭찬을 들었다. 어떻게 남의 아이들을 기를 수 있겠느냐, 하늘이 낸 사람이라느니, 심지어 천사라는 말까지 들었던 것이다. 그런데 나의 실체의 모습은 전혀 다른 것이었다. 아이들이 우리 집을 떠나고 싶을 만큼 엉망이었다는 것이다. 하나님이 보실 때 아이들을 고아원에 맡기는 편이 나을 정도로……. 몇 년 동안 내가 이 아이들을 사랑한 점수는 0점이었던 것이다.

나는 집으로 돌아와 그동안 아이들이 받았을 상처와 아픔을 주님께서 치료해 주시기를 간구했다. 그리고 나의 잘못을 낱낱이 회개했다. "주님! 다시 한 번 아이들을 저에게 돌려 보내 주셔서 그동안 잘못한 것을 용서받을 수 있는 기회를 주시옵소서."

그 즈음 고아원에서 아이들을 입양하여 서커스단에서 일하게 했던 사건이 뉴스 때마다 떠들썩했다. 입양한 어린아이들에게 혹독한 훈련을 시키며 학대하고 폭행했던 사람들이 붙잡혀 가고, 세상 사람들은 비정한 인심에 가슴을 치며 분개했다. 그래서 고아원마다 모든 절차가 까다로워졌다.

그 날부터 나는 매일 영락 보린원에 갔다. 큰애는 유리창으로 내다보며 나를 기다리고 있다가 내가 나타나면 계단을 두 개, 세 개 한꺼번에 마구 뛰어내려 왔다.

"오늘은 집에 갈 수 있는 거죠?" 아이들은 가방까지 싸 놓고 기다리고 있었다. 그러나 번번이 나의 등 뒤에서 훌쩍거리며 울고 있는 두 아이를 놓고 나 혼자 집으로 돌아와야 했다. 그 곳에서는 남매가 따로 떨어져 있어야 했다. 오빠가 동생을 보려고 해도 동생이 생활하는 아래층 복도에 가서 따로 불러내야 한다.

한 달 동안 하루도 빠짐없이 보린원에 가서 사정사정 했더니 그 곳에서 예외 규정을 적용해 주었다. 또 그 곳에서 일하는 직원 몇 명이 이 부족한 사람을 믿고 감사하게도 연대 보증을 서 주었다.

　나는 연대 보증을 서 준 그 곳 직원들에게 진심으로 허리를 깊이 굽혀 감사했다. 그리고 다시 한 번 이 아이들을 잘 기르라고 나의 품으로 돌려보내 주신 주님께 감사 또 감사했다.

　큰아이는 "사모님! 다시는 다시는……"하며 울먹이고 나는 "주님! 다시는 다시는 이 아이들을 잃어버리지 않을게요"하면서 울었다.

　그 해에 큰애는 인문계 고등학교에 입학했다. 물론 아이의 외삼촌이 염려했던 대로 정부에서의 학비 지원은 한푼도 없었다. 그러나 주님께서 아이에게 지혜를 주시고 열심히 공부할 수 있는 마음과 건강을 주셔서 큰애는 3년 간 학비 전액 장학금을 받았다. ●

혼 빼는 여자

남편이 40일 금식에 들어간 후 38일째 되는 날이다. 이틀만 있으면 집으로 돌아오게 된다. 그러나 몸무게가 25킬로그램이나 빠진 남편을 보면 시부모님들께서 기절하실 텐데 이를 어쩌나 하고 걱정하던 저녁 무렵, 시부모님께서 내 방으로 들어오셨다. 드디어 어머니 눈에 불이 난 것이다.

"사람들 혼 빼는 년! 어서 내 집에서 나가라! 내 아들 어디다 갖다 놓았니? 너희들 사업하다 망했다더니 내 아들 형무소에 가 있냐? 형무소에 가 있어도 먹을 것은 갖다 주어야지 왜 일주일에 한 번씩 서방 보러 간다면서 먹을 것도 안 들고 네 몸만 달랑 갔다 오는 거냐? 오늘 밤 너 죽이고 나 죽을란다. 나는 살 만큼 살았지만 너 안 죽이면 우리 집 망한다. 사람 혼 빼는 년아! 내 아들 혼 빼서 한창 돈 벌 나이에 신학교인지 뭔지 다니게 해서 깡통 차게 했으면 됐지 막내 시누이 혼 빼서 실업자 만들어 놓다니! 당장 저년도 데리고 나가!"

그날 밤 막내 시누이와 나는 거리로 쫓겨났다. 도저히 집에 있을 수 없는 위험한 상황이었다. 어머니께서 거의 실성하신 것 같은 상태였다. 미신을 섬기던 우리 시댁에 예수 믿는 며느리가 들어오더니 어느 날 아들이 하던 사업을 그만두고 신학교를 간 것이다. 이것까지는 억지로 참으셨다. 그런데 이번엔 막내딸이 또 예수를 믿더니 교사 임용 시험을 보아야 하는 날이 주일이라고 임용고사 시험장엔 안 가고 같은 시간에 교회를 간 것이다. 여기에서 시부모님들의 분노는 하늘을 찌르게 된 것이다.

임용 고사를 치르는 날이 주일인 것을 알게 된 시누이는 며칠 동안 깊이 기도하고 나에게도 기도 부탁을 했었다. 그 때는 예수 믿은 지 얼마 되지 않았기 때문에 교회 예배에 봉사하는 분야도 없었다. 그러나 시누이는 교회에 가서 예배드리는 것을 선택했다. 실업자의 길을 선택한 것이다.

우리는 다급하게 쫓겨 나왔기 때문에 차비도 없었다. 어쩔 수 없이 걷고 또 걸어서 친정어머니에게 갔다. 아들이 없는 친정어머니는 큰 언니와 같이 살고 계셨다. '오빠도 아닌 형부네 집에 시누이까지 데리고 들어 갈 수는 없지 않은가. 40일 금식을 마치고 돌아오는 남편을 어디로 모셔야 하는가.' 이런저런 생각 때문에 잠을 이루지 못하고 뒤척이는데 어머니는 "하나님이 좋은 곳을 예비했을 테니 믿고 푹 자거라"고 하신다.

그 이튿날 우리는 이 넓은 하늘 아래서 막연히 하나님이 예비하셨을 것이라는 곳을 찾아야 했다.

무조건 택시를 타고 가다가 어디쯤에선가 내렸다. 마침 부동산 아저씨가 가게에서 나왔다.

"저, 아저씨 우리 방 좀 얻으려고요."

"예에, 방 좋은 것 많지요. 얼마쯤 예산을 하시는데요?"

"방이 두 개는 있어야 하는데……."

"방 두 개라. 천만 원이면 그런대로 살 만해요."

"그런데 돈이 없어요. 십만 원밖에……."

"젊은 여자가 돌았나? 십만 원으로 어떻게 방을 얻어요? 내 참! 이상한 여자도 다 봤네!"

재수 없다는 표시인지 신발을 툭툭 털면서 저쪽으로 가 버렸다.

시누이와 나는 이 곳은 아닌가 봐 하는 표시를 웃음으로 나누었다. 그런데 길 모퉁이를 돌던 부동산 아저씨가 우리에게 잠깐 서 있으라고 소리를 지르셨다. 다시 돌아온 아저씨는 이렇게 말했다.

"십만 원 가지고 들어갈 수 있는 집이 딱 하나 있는데 귀신 나오는 집이야. 그런데 안 되겠어. 그 집에 들어가서 죽기에는 당신들이 너무 젊어."

"아니에요. 우리 그 집에 들어가게 해주세요."

"아, 글쎄 그 집은 귀신 나온다니까. 그럼 죽어도 나를 원망하지 마. 그 집은 그냥 들어가서 사는 사람도 없어. 그러나 십만 원은 나한테 내!"

그 아저씨의 안내로 찾아간 곳은 동암역 북부 광장에 있는 넓고 큰 단층집이었다. 전철이 수없이 와닿는 역전 광장에 이런 집이 있다니……. 넓은 마당에는 쓰레기가 썩어 대낮에도 귀신이 나올 것 같았다. 방이 3개나 되는 집안 내부 역시 쓰레기가 쌓여 한눈에 폐가임을 알 수 있었다. 친정어머니와 시누이와 꼬박 한나절을 쉬지 않고 치우고 닦았다. 그날 밤은 친정어머니 집에서 잤다.

그 이튿날 40일 금식이 끝나는 남편을 데리러 철원에 갔다. 집으로 오면서 남편에게 그동안 있었던 이야기를 했다. 금식하고 앙상하게 마른 남편이 집으로 돌아와 처음으로 자야 하는 곳이 귀신 나온다는 집이란 것을 미리 알려야 했기에…….

내가 철원에 간 사이 어머니께서 우리가 급히 써야 하는 간단한 물건들을 장만해 놓으셨다. 어머니는 그날 밤을 나와 함께 있어 주셨다.

드디어 우리 네 사람은 귀신 나온다는 집에서의 첫날밤을 맞이하게 되었다. 남편은 앉아 있을 힘도 없어 자리에 누웠고, 긴장한 우리는 저녁 9시쯤부터 크게 찬송을 불렀다.

찬송하고 기도하고…… 새벽 4시쯤 되었을 즈음 밀려오는 피곤함 때문에 우리도 모르게 잠이 들었다. 밖에서 웅성웅성 하는 소리가 들려왔다. 나는 '아! 이제야 귀신이 나타났나 보다' 하고 깜짝 놀라 일어났다. 그랬더니 밖에 와 있는 사람은 귀신이 아니라 부동산 아저씨와 몇몇 동네 사람들이었다.

"죽었나 살았나 보러 왔구먼. 살아 있어서 다행이야. 그렇지만 하루 가지고 그것을 어찌 알겠나?"

우리는 오늘 죽었나 내일 죽었나 하며 동네 사람들이 매일 들여다보는 가운데 1년을 건강하게 잘 살았다.

1년째 되는 날 집 주인은 동암역 앞에 새로 지은 다세대 주택 중에 방 2개 짜리를 전세 얻어 우리에게 이사하라고 했다. 그 집 전세금 천만 원은 우리 것이란다. 십만 원 내고 넓은 집에서 1년 잘살고 천만 원짜리 전세 얻어 공짜로 주다니! 세상에는 이렇게 고마운 사람도 있다.

우리는 새 집으로 이사를 했고 우리가 살던 귀신 나온다는 집은 큰 대문을 세운 숯불구이 불고기 집이 되었다. 우리가 새 집으로 이사한 날 시어머님이 오셨다. 반갑게 뛰어나가 어머니를 맞으니

"너는 혼 빼는 재주는 여전하구나! 이번엔 귀신 혼을 뺐구나!" 하신다.

내가 처음 시집갔을 때 시댁 식구들은 예수 믿는 며느리가 종가집

종부가 되었기 때문에 조상들이 노한다고 하기도 하시고 혹 사업이 안 되면 그것도 예수 믿는 며느리 탓으로 돌렸다. 그들은 남편에게 나하고 이혼하라고 이구동성으로 목청을 돋우었다. 이렇게 예수라면 이를 갈던 시댁 식구들 중 무려 40명의 혼이 빠졌다.

  첫째는 나의 남편(목사), 둘째는 시누이(서울 중앙교회 목사 사모), 노할머니, 아버님(청평교회 집사), 어머님(청평교회 권사) 숙부님(할렐루야교회 집사), 숙모님(할렐루야교회 권사), 고모님(인천제이교회 권사), 시동생(푸른교회 집사) 등등의 혼이 빠졌다.

  종가집에 제사가 없어지고 제삿날에는 40명이 넘는 식구가 모여 다 같이 우리 주님을 힘차게 찬양한다. 어머님의 말씀대로 나는 정말 혼 빼는 여자인가 보다. ●

그분이 주신 최고의 보석

내가 시집갔을 때 막내 시누이는 중학교 1학년이었다. 나를 얼마나 따르는지 혹시 오빠가 지방에라도 가면 베개를 들고 내 방으로 건너와서 너무 좋아 잠도 못 자고 나를 껴안고 내 손을 만지곤 했다.

"언니! 언니는 다 좋은데 그 예수 좀 안 믿으면 안 돼. 예수 믿는 것 때문에 언니가 식구들에게 구박 받는 것이 나는 정말 싫어."

그러던 시누이가 예수님을 믿게 되었다. 집에서 기도하면 부모님의 불호령이 떨어지니까 우리 둘은 한 사람은 망을 보고 한 사람은 방에서 소리가 나지 않게 몇 겹의 이불을 뒤집어쓰고 기도했다.

주일 날 교회에 가려고 방에서 나오면 문 앞에 지키고 있던 아버님이 양동이에 물을 담아 와 우리에게 퍼부으셨다. 그래서 주일 아침이면 문을 열기 전 시누이와 나는 서로 먼저 나가겠다고 실랑이를 벌인다. 먼저 나간 사람이 양동이 물을 뒤집어쓰면 그 뒤에 나오는 사람은 괜찮기 때문이다.

시누이는 교사 임용고사 보는 날이 주일이어서 임용고사를 포기했고, 우리 교회 무료 탁아소에서 교사로 봉사했다. 무료 탁아소 아이들을 돌보며 쉬는 날도 없이 일하다 보니 어느덧 스물여덟 살이 되었다. 하늘을 봐야 별을 따지. 데이트 한 번 안 해보았으니 결혼은 어떻게 하나? 스물일곱은 가볍고 상큼하게 들리는데 한 살 차이인 스물여덟은 왜 그렇게도 무겁고 우울하게 들려오는지……. 시누이도 내색은 안 해도 얼굴이 점점 어두워지는 것 같아 보였다.

"여보! 오늘은 학교에서 고모 신랑감 좀 물색해 와요." 내가 아무리 졸라도 남편은 시큰둥하다. 이래서는 안 되겠다 싶어서 3일 동안 단식을 하기로 했다. 단식 기도 제목은 단순히 하나님이 보시기에 가장 신실하고 충성된 종을 우리 고모의 신랑감으로 찾아 달라는 것이었다.

단식 첫날, 남편이 무슨 맘이 들었는지 시누이 사진 중에 가장 예쁘고 잘 나온 것으로 두 장을 달라고 했다.

단식 둘째날, 남편이 학교에서 전화를 했다.

"여보! 신랑감이 나타났으니 우리 순이 미장원도 보내고 좋은 옷도 한 벌 사 입혀."

"예, 알았어요."

나는 있는 돈, 없는 돈 다 털어서 유명 의류점에 가서 고모에게 멋진 옷을 사 입혔다.

저녁 때 우리 집에 남편과 함께 한 젊은이가 들어섰다. 그 청년은 다 낡은 신발에 남루한 옷을 입고 있었다.

"하나님! 우리 서로가 사람을 외모로 보지 않고 마음의 중심을 보게 해주십시오."

그 청년은 비록 외모는 호화롭게 치장되어 있지 않았지만 꼭 살아 있는 예수 같아 보였다. 우리는 그 청년에게 저녁을 융숭히 대접했다. 청년이 집으로 돌아가고 난 후 남편은 "만일 동생이 마음에 들면 내일 그 청년이 전화를 할 거야"라고 했다.

단식 3일째인 그 이튿날, 나는 전화기 옆에서 한 발짝도 움직이지 못했다. 저녁 때가 되자 시누이는 나에게 "더 이상 기다리지 말라"며 화를 냈다. 잘못 오는 전화도 한 통 없이 그날 하루가 다 가고 말았다. 시누이의 신경이 날카로워졌다. 나는 그 청년에게 전화를 했다.

"저어 엊그제는 제대로 음식을 마련치 못해서 대접이 소홀했어요. 그래서 식사 대접을 다시 하고 싶은데요."

그렇게 말하면 우리 고모의 자존심을 다치지 않고 고모가 왜 싫은지 뭔가 실마리가 나올 것 같았다.

"저어 사모님! 동생은 제가 맘에 안 든다고 하는가 보군요. 제가 마음에 들면 어제 전화 주신다고 해서 하루 종일 전화기 옆에서 꼼짝 못하고 지켰어요."

"그럼 전도사님은 우리 고모가 마음에 드세요?"

"예."

와! 나는 너무 좋아서 하마터면 환호성을 지를 뻔했지만 우아하게 내숭을 떨었다. "그러셨어요. 그럼 고모에게 다시 잘 말해 볼게요."

하나님은 이렇게 우리로 하여금 엇갈리게 생각하도록 해서 고모에게는 그 청년을, 그 청년에게는 고모를 하루 종일 전화기 앞에서 기다리게 만들어 서로를 더욱 간절하게 하신 것이다. 이 놀라운 하나님의 중매 실력을 누가 당할 것인가? 하나님이 중매를 서신 것이니 이 결혼은 무조건 성사되는 것이야!

다시 만나게 된 자리에서 나는 결혼 날짜를 결정하게 하라고 남편에게 종용했다. 남편은 "아무리 빨라도 6개월은 사귀어 보고 데이트도 해보고 해야지"라고 했다.

"여보 안 돼요. 그 청년 놓치면 고모는 그런 사람 다시는 못 만나요. 결혼할 마음만 있다고 하면 무조건 결혼시키는 거예요."

결혼할 마음이 있다고 하면서 그 청년이 우리 방으로 들어와서 말했다.

"저~ 그런데 사모님! 저는 준비된 것이 아무것도 없어요. 결혼은 마음뿐이고 현재는 할 형편이 아니에요."

"전도사님! 결혼 준비가 따로 있나요. 결혼할 몸이 있으면 됐지요. 전도사님은 아무 걱정 마세요. 내가 다 알아서 준비할게요."

첫 선을 본 날짜는 6월 4일이었으니 선본 지 19일 만의 결혼이었다. 나는 친정 언니에게 얼마의 빚을 얻어 달라고 해서 바쁘게 준비하기 시작했다.

먼저 석계역 근처에 10평짜리 아파트를 얻고 살림 장만을 했다. 결혼식장은 우리 교회에 꾸몄는데 인천에서 꽃꽂이 사범을 하고 있는 소꿉 친구가 예식장 전체를 꽃으로 장식해 주었다.

결혼식에 필요한 웨딩드레스, 폐백복, 신부 화장도 주님은 오래 전부터 아는 사람들을 통하여 준비해 놓으신 것이다.

결혼식 피로연 음식은 우리 교회 여전도회에서 즐거워하며 부지런히 발품을 팔아 풍성하게 준비를 했다.

"고모! 그 전도사님이 부자가 아니어서 우리랑 결혼할 수 있어 다행이야. 그 멋진 전도사님에게 돈까지 있어 봐. 우리는 쳐다보지도 않아."

"그 사람이 뭐가 대단하다고 그렇게 서두르면서 야단이야. 내 의견은 아무것도 아니란 말이지. 나를 쫓아 보내는 것 같아서 자존심 상해."

고모는 몹시 마음이 상해 있었다.

"글쎄 나만 믿으라니까. 그 사람은 두고 볼 것도 없어. 나중에 나에게 고마워하게 될 걸."

결혼 준비 기간 19일 중 청년의 학기말 고사 기간이 일주일이 끼어 있었으니 두 사람의 만남은 거의 없었다. 결혼식 일주일 전 어렵게 두 사람이 데이트에 나섰다. 나는 두 쑥맥끼리 어떻게 데이트를 하려나 걱정이 되었다. 아니나다를까 밖에 나간 지 1시간도 안 되어 고모가 얼굴이 토라져서 집으로 되돌아왔다. 나의 놀라는 얼굴을 보면서 "그 사람이 건널목에서 내 손을 잡자나!" 그래서 뿌리치고 되돌아왔다는 것이다.

이 일을 어쩌면 좋아! 조금 있으려니까 어색하고 쑥스러워서 제대로 들어오지도 못하는 그 청년이 따라 들어왔다.

"저 사모님! 건널목에서……."

그의 어쩔 줄 모르는 변명을 막으며 나는 "손만 잡으니까 화난 거예요. 꽉 끌어안아 주어야지 화나지 않았을 텐데요! 우리 고모가 토라지기도 잘하죠?"

걱정이 되어 말하는 나에게 그는 빙그레 웃으며 "저는 토라지는 모습이 예뻐요" 란다.

"이그 벌써 팔불출 다 됐네. 천생 연분이니 걱정도 말자."

이런 웃기는 헤프닝 속에 드디어 결혼식 날이 되었다. 그날 양복을 잘 차려 입은 그 신랑은 우리 모두의 입을 딱 벌어지게 했다. 그 준수함이, 그 고결함이 결혼식장 전체에 번져 갔다.

부부가 된 두 사람이 손을 잡고 함께 찬양을 부를 때는 결혼 예식에 와 있는 모든 사람이 찬사를 아끼지 않았다. 고모는 총신대학 신학대학원생으로 구성된 야웨 찬양단의 축가를 받았다. 성스러움과 웅장함이 부부로 합쳐지는 아름다운 한 쌍을 축복하였다.

고모는 시집간 지 일주일도 안 되서 "언니! 고마워. 이렇게 좋은 남편과 결혼하게 해주어서. 언니! 이 사람은 살아 있는 예수야!"라고 했다.

주님은 그 때의 그 청년을 돈이 없는 가난한 전도사로 위장해 놓으셨던 것이다. 가난이라는, 사람들이 혐오하는 것으로 덮여 있어서 그의 준수함도 그의 성실함도 꼭꼭 숨겨 놓았다가 믿음이 신실한 우리 고모에게 최고의 선물로 주신 것이다.

어떤 사람은 나에게 이렇게 말한다. "그 고모는 얼굴이 뛰어나게 예쁜 것도 아니고 몸매가 늘씬한 것도 아니고 탐나는 것이라고는 하나도 없는데 어떻게 그토록 훌륭한 목사님 부인이 되어 호강하고 존귀함을 받으며 사는 걸까요?"

"모르는 말씀 마세요. 우리 고모의 믿음은 이 세상 여인 중 최고라니까요."

고모는 생활이 어려워도 목회자의 삶에서 단 1분도 이탈하는 일 없이 충실하게 주의 종의 길을 걸어가고 있다. 청운동 낡은 빈민 아파트가 부교역자의 사택으로 주어질 때는 자신들의 신혼집이었던 아파트 보증금을 다 교회에 헌금하고 들어가기도 했다. 주님이 집을 주셨는데 살고 있는 집값은 주님께 드려야 한다는 신앙이었다.

지금은 서울 중앙교회에서 담임 목사인 남편과 함께 충실하고 성결하게 일하고 있다.

주님은 믿음이 신실한 우리 고모를 위해 감추어 놓은 이 세상 최고의 보석을 발견하게 하셨던 것이다. 우리는 그 보석을 발견하고 혹시 누가 그 보석을 캐내어 갈까 봐 마음 졸이며 아주 빠르게 뛰어다녔다.

주님이 우리에게 주신 그 보석은 날이 갈수록 더 밝은 빛을 비추고 있다. ●

"세 마리의 쥐가 있었단다. 한 마리는 하수구에서 살기로 했어. 하수구로 떠내려오는 밥알이랑 음식물 찌꺼기를 건져 먹으며 살았지. 추운 겨울에 그것들을 더러운 물에서 건져 먹으려니 쥐의 털은 물에 젖어 꽁꽁 얼어붙었지. 그래도 그 쥐는 매일 달달달 떨면서 그 곳에서만 살다가 죽었지.

다른 한 쥐는 똥통에 살았어. 온몸에 똥을 뒤집어쓰고 냄새나는 그 곳에서 똥 냄새 풍기며 살았지.

또 다른 한 쥐는 쌀 곳간에 살았어. 사시사철 넘쳐나는 하얀 쌀을 마음껏 먹고 졸음이 오면 따뜻하고 깨끗한 쌀 가마니 위에서 쿨쿨 늘어지게 잠을 잤단다.

얘야, 쥐가 다니는 길이 따로 정해져 있니?"

"아니요."

"그래. 하수구에 살던 쥐가 곳간에 가면 절 대로 안 된다고 길이 정해져 있는 것이 아니다. 그래도 하수구에 사는 쥐는 일평생 그 하수구를 떠나지 못한단다. 더러운 물에 떠내려오는 밥 알갱이를 주워 먹지 못하면 배고파 죽을까 봐 그 곳을 못 떠나고 달달달 떨면서 살다가 죽는 거야. 똥통에 있는 쥐도 마찬가지야. 더럽고 냄새나는 것을 견딜 수 없으면서도 그 곳을 떠나지 못하지. 왜 못 떠나니?"

"그 쥐도 그 곳을 떠나면 죽을까 봐 겁나서요."

"그래. 언제라도 네가 있는 곳이 하수구 같거나 똥통같이 더럽고 냄새나는 곳이거든 다른 곳으로 가거라. 사람에게도 가는 길이 정해져 있는 것이 아니다. 그 곳을 떠나면 금방 죽을 것 같아도 떠나라. 깨끗한 길을 계속 찾아 살거라. 깨끗한 길에서도 절대로 죽지 않는단다."

이 이야기는 내가 어렸을 때 친정어머니가 들려주셨던 이야기다. 여러 번 거듭해서 이 이야기를 해주신 뜻을 나는 이제야 알 것 같다.

내가 어디에서 살고 있는가? 어머니의 이 이야기는 내가 서 있는 자리를 항상 살펴보는 습관을 갖게 했고, 서 있을 곳이 못 되는 곳에서 얼른 떠날 수 있는 용기를 주었다. 눈앞에 커다란 밥덩이가 둥둥 떠내려오고 있어도……●

그들을 위하여

그때 주님을 위해서 내가 할 수 있는 일이라고는 아무것도 없었다. 사업을 하다가 실패한 후여서 물질도 없었다. 남편이 신학 공부를 하는 중이어서 내가 생계의 모든 짐을 지고 있었기 때문에 시간도 없었다. 그래서 나는 낮에는 일하고 밤에는 편지를 쓰기 시작했다.

하루에 5명씩 선정하여 주님을 믿고 사는 기쁨과 평안을, 나의 진솔한 생활 이야기를 써 보냈다. 그랬더니 편지를 받아 본 사람들에게서 답장이 왔다. 삶을 포기했던 사람들이 새로운 용기와 힘을 얻었다는 기쁜 소식과 함께 그 편지를 복사해서 주변에 나누어 주고 있다고 했다.

복사한 글을 우연히 얻어 읽게 된 사람이 나에게 문서 선교를 해보라는 제의를 해 왔다. 이렇게 시작된 문서 선교는 어느 특정한 선교회를 알리는 발행물이 아니었다. 주님을 만났는데 그 기쁨을, 그 사랑을 표현할 줄 모르는 사람들, 그들의 입이 되고 그들의 찬양이 되는 선교편지였다.

날 때부터 뇌성마비여서 온몸이 뒤틀린 청년은 다리에 고무 튜브를 끼고 시장에서 수세미를 팔며 기어다닌다. 여름엔 고무 튜브를 낀 다리가 뜨거운 아스팔트의 열기에 짓물러 피고름이 고인다. 하지만 사람 대우를 받지 못하고 벌레 취급을 당해도 주님을 만난 그의 입술엔 찬양이 넘친다. 주님께 감사하다고 한마디 하고 싶은데 일그러진 그의 입술에서는 애꿎은 침만 흐른다. 남편에게 버림 받고 길거리에서 사과 장사를 하는 여인은 집으로 돌아가면 기다리는 사람 없는 싸늘한 방에서 아이들이 보고 싶어 울고 또 울고 그 흐느낌으로 목이 쉬곤 한다. 지하철에서 소매치기 하던 소년이 주님을 만나고 뙤약볕에서 수박 장사 해서 번 돈으로 맹인들에게 옷과 음식을 제공한다.

이렇게 따뜻한 이야기들을 써 내려간 문서 선교지가 많은 사람들에게 감동을 주기 시작하자 인쇄비를 내주던 후원자가 광고를 실어 돈을 받자고 했다. 또 인물 선정도 큰 교회의 장로님이나 높은 지위에 있는 성공한(?) 기독교인을 선정할 것을 종용했다. 광고비를 받으면 더 많은 부수를 인쇄할 수 있다는 합리적인 발상임을 강조하였다. 모든 사람들이 부러워할 인물 선정은 선교지의 질을 높이고 문서 선교의 생명을 길게 할 것이라고 했다. 또 자신의 의견을 듣지 않으면 그 달부터 인쇄비를 주지 않겠다고 으름장을 놓기도 했다.

나는 알고 있다. 무엇이든 자신의 유익을 찾으려는 곳에는 주님의 도우심이 없어진다는 것을……. 결국 인쇄비를 받지 못한 그 달에 나는 먹지를 대고 글을 쓰기 시작했다. 인쇄를 못하면 직접 쓰리라! 인쇄한 것처럼 깨알같이 써 내려갔다. 어느 재벌 장로의 이야기가 아니라 청송 감호소에서 복역 중이지만 그 마음에 강같이 흐르는 평안과 기쁨을 소유하고 피를 토하듯 진하게 참회의 외침을 토설하는 한 무기징역수의 이야기를.

주님을 위하여 소외 받은 사람들을 위하여 시작한 작은 시도는 월간 30,000부가 책으로 인쇄되었다. 자원하여 번역해 주는 봉사의 손에 힘입어 영문으로도 번역되었다. 미국으로도 100여 곳에 보내졌는데 인쇄비와 우편 발송비 등 막대한 비용은 내가 퇴근한 후 사과 장사 아줌마, 수박 장사 청년, 전신 마비 청년 등이 선교 사무실 셔터 밑으로 넣어 주고 간 돈이 쌓여 3년 간 모자람 없이 충분했다.

20년 전 그 날처럼 곳곳에서 내 글을 복사해서 나누어 주고 있는 사랑의 손길이 있다는 소식을 들었다. 어떤 이는 내 글의 쟝르가 어디에 속하냐고 묻기도 한다. 나는 그 대답에 언제나 궁색하다. 그저 주님의 위로를 기다리는 사람들을 위하여 쓸 뿐이다.

나는 아침 일찍 경찰 병원에 갔다. 그 곳에는 폐가 굳어지는 희귀병으로 3년 간 병상에서 투병 생활을 하는 전직 경찰이었던 한 성도가 있었다. 죽음을 눈앞에 둔 그를 위하여 나는 1,000일 동안 매일 글을 쓰겠다고 약속했다. 그는 내 약속을 받으며 최소한 1,000일 간은 사랑하는 그의 가족 곁에, 내 곁에, 견딜 수 없는 병의 고통을 참으면서 살아 줄 것을 다짐한 셈이다.

그들에게 조금이라도 희망을 줄 수 있다면 나는 글을 쓰다가 쓰다가 죽어도 좋으리라.

내가 글을 써서 혹여 그의 생명이 단 하루라도 연장될 수 있다면 1,000일이 아니라 내 삶을 다하는 그 순간까지 나는 쓰고 또 쓸 것이다. 그들을 위해서라면, 인생의 어두운 응달에서 많이 아픈 그들이 조금 덜 아플 수만 있다면……. ●

울고있는사람과
함께울수있어서
행복하다

아들은 컴퓨터를 켜면 곧바로
인일 홈페이지로 들어갈 수 있게 해주었다.
'엄마 컴퓨터'라고 종이에 써서 붙여 주었다.
                    …

아! 당신은 누구입니까? 나에게 갚을 수 없는
큰 사랑을 보내어 이 깊은 밤 잠들지 못하게 하는
당신은 누구입니까? 나에게 마음껏 글을 쓸 수 있는
크나큰 행복을 주시는 당신은 누구입니까?
사랑의 이름으로 당신을 지명 수배합니다.

12층으로 올라오세요

5월 23일 교회사역이 처음 시작되었다. 종로 5가 로얄빌딩 12층 상가에 교회들이 세워지기는 했으나 대부분 2, 3층이지 12층에 세워지는 교회는 별로 없었다. 더구나 이 곳은 평일에는 수만 명이 북적거리나 주일에는 한 명도 거주하지 않는 상가 지역이다.

우리 부부는 교회 주변을 살피러 나갔다. 이 곳에는 노점상을 하는 빈곤층과 점포를 가지고 웬만한 중소기업만큼 매출을 올리는 큰 부자들이 공존하고 있었다. 그래서 교회 창립과 동시에 우리 교회에서 중점적으로 시도한 것은 노점 상인의 아이들을 위한 무료 탁아소였다.

노점상을 하는 부모를 따라 길거리로 나온 아이들! 중구청에서 길거리 단속을 나오면 노점 상인들은 물건을 빼앗길까 봐 물건만 챙겨 가지고 필사적으로 도망을 간다. 이때 아이들은 차들이 쌩쌩 달리는 길거리에 무방비로 방치된다. 그 아이들의 놀이터는 길가에 설치된 중앙선 분리대다. 그 곳에 올라가고 뛰어내리고……. 그 아이들에게 안전하게 놀이할 곳이라도 마련해 주려고, 자동차 매연에 시꺼멓게 더럽혀진 얼굴이라도 씻어 주려고 무료 탁아소를 시작한 것이다.

하루, 이틀 사이에 60명의 아이들이 들어왔다. 아침 8시부터 저녁

8시까지 12시간을 보육해 주지만 저녁 8시가 넘어도 부모님이 찾으러 오지 않는 아이도 더러 있었다. 교사 3명이 자원 봉사 하겠다고 왔지만 경희대, 이대 나온 교사들을 자원 봉사로 일하게 할 수 없어서 적지만 사례비를 주었다. 60명의 점심·저녁 식사비, 간식비, 교육 교재비, 의료비, 비품비 등으로 최소한 한 달에 500만 원이 넘게 들어갔다. 교회가 세워진 지 20일 만에 탁아소가 운영되었기 때문에 10명 정도 되는 성도들의 헌금으로는 무료 탁아소를 운영하기가 역부족이었다.

그렇지만 하나님이 이 아이들을 불쌍히 여기시니까 우리가 이 일을 계속 감당하게 하실 것이라고 믿으며 우리는 열심히 일해 나갔다. 탁아소 아이들과 교사들의 밥과 간식, 청소, 빨래, 아이들 씻기기, 오줌, 똥 뉘는 일 등 자질구레한 모든 일들이 내 몫이었다.

그러던 어느 날 교회 건물 6층에 있는 목욕탕에 가게 되었는데, 거기서 노점 상인의 아이들처럼 내 마음에 측은하게 보이는 사람들이 눈에 띄었다. 그들은 평화시장에서 큰 점포를 경영하는 부자들이었다. 그들은 밤 10시에 점포에 나와서 올빼미처럼 밤을 꼬박 새우며 장사를 한다. 긴긴 밤과 새벽을 손님의 비위를 맞추기 위해 수없이 마시는 커피가 그들을 중독시킨다. 도매업이 주춤해질 때인 아침 9시 정도에 시장 주변 어느 음식점에서 밥을 시켜 먹는다. 보통이 10년 이상이고 어떤 사람은 대를 이어 장사하기도 하니 사서 먹는 밥이 이젠 신물이 난다.

아침 10시가 넘으면 종업원에게 가게를 맡겨 놓고 목욕탕이나 이발소, 미장원에 가는 것이 그들의 일과다. 돈 버는 노예나 다름이 없다. 나와 같이 목욕을 하던 한 여자가 눌은밥에 구수한 숭늉을 먹고 싶다고 했다. 또 따뜻하게 덥혀 놓은 방에서 편안히 잠을 자고 싶다고 했다.

나는 그 여자의 말을 듣고 목욕탕 내실과 엘리베이터에 이렇게 써 붙였다. "12층으로 올라오세요. 구수한 눌은밥과 숭늉을 드실 수 있어요. 12층을 누르세요. 편안히 주무실 수 있어요. 하나로교회는 당신을 늘 기다리고 있습니다."

60명 아이들 밥을 두 번이나 하니 누룽지가 넘쳐났다. 그 누룽지를 끓여 구수한 눌은밥과 숭늉을 만들 수 있었다. 또 된장국을 물처럼 마실 수 있게 끓여 놓았다. 그들의 잠자리로는 교회 모자실(방음이 된 20평의 넓은 방)을 따끈하게 덥혀 제공해 주었다.

참 아이러니한 것은 만약 노점상 아이들에게 눌은밥을 먹이면 그들이 우리를 얼마나 비난하겠는가? 그런데 이 부잣집 부인들은 탁아소 아이들 밥 하다가 눌은 누룽지가 최고의 음식이라는 것이다.

처음에는 몇 사람이 12층까지 올라왔다. 그들이 모자실에서 잠자는 동안 눌은밥을 만들어 놓으면 편안히 자고 일어나서 눌은밥과 숭늉을 먹고는 너무 좋아하는 것이었다. 입소문이 꼬리를 타고 번져서 하루하루 12층으로 올라오는 여자들이 많아졌다. 그들은 얼마를 내야겠냐고 물었다. 우리가 "무료예요"하면 이렇게 맛있는 것이 어찌 무료냐고 되물었다.

그들 중에는 그렇게 교회에 오가면서 예수를 믿게 된 사람도 있었고 또 어떤 사람은 무료 탁아소 하고 있는 것을 알아내고는 칭찬까지 했다. 목회자가 봉사하는 일로 칭찬을 받는 것은 부끄러운 일이다. 간호사가 간호했다고, 교사가 아이들을 가르쳤다고 칭찬을 받는다면 얼마나 우스운 일인가. 마찬가지로 목회자가 봉사하는 것은 너무나 당연한 일이다.

그런데 탁아소 아이들 밥 하느라고 생긴 누룽지가 평화시장 사장 부인들 눌은밥으로 다 없어지면서 무료 탁아소에서 필요한 500만 원이 언제나 부족함 없이 충당되는 것이었다. 분명히 탁아소도 무료였고 눌은밥도 무료였는데 말이다. 그 비밀은 노점 상인 아이들을 사랑하시는 하나님의 계산법에 있고, 돈버는 것 때문에 밥도 제대로 못 먹고 잠도 제대로 못 자는 사장 부인들을 사랑하시는 하나님의 계산법인 것 같다.

그 때의 탁아소 아이들은 대학생이 되어 전화가 오고 눌은밥을 먹던 부인들은 교회의 권사가 되어 전화가 온다. 하나님은 '악어와 악어새' 같이 공존하며 살아가던 그들 모두를 지극히 사랑하셨다. 지금도 그들 때문에 내가 이토록 행복한 것을 보면 "12층으로 올라 오세요"라고 써 붙이던 나의 작은 손도 그들만큼 사랑하셨나 보다. ●

나의 심부름을 마음에 들어 할까?

어젯밤 교회의 중·고등부 예배실 청소를 하다가 가방 하나를 발견했다. 누군가 공부하다가 잠깐 자리를 비운 듯하다. 놓여 있는 노트의 이름을 보니 관용이 것이다.

관용이의 아버지는 병으로 일찍 돌아가셨다. 그의 어머니는 혼자 몸으로 두 아들을 신실한 믿음과 반듯한 인격으로 잘 길러 내셨다. 그녀는 모 교회의 여전도사로 일하고 있었는데 작년부터 병이 나셨다. 할 수 없이 교회를 사임하셨다가 어려운 생활 형편 때문에 다 낫지도 않은 몸으로 복직하셨다. 관용이의 형은 신학교에 다니고 있다.

공부를 잘하는 관용이는 병든 어머니와 형을 돕기 위해서 자신의 꿈을 접고 공업고등학교에 입학했다. 관용이는 방학이 되면 추우나 더우나 쉬지 않고 아르바이트를 해서 집안의 어려운 생계를 돕는다. 그리고 주일이면 우리 교회 심부름을 도맡아 한다.

우리 교회는 지하에 있어서 교회 식당에서 밥을 하면 냄새가 빠지지 않는다. 그래서 우리 집에서 음식을 만들고 그 음식을 교회 식당까지 운반해야 한다. 이 일은 매주 중·고등부 학생들이 맡아서 한다. 다른 아이들에게는 작은 것, 가벼운 것을 들고 가게 배려해 주고 관용이는 항상 무겁고 뜨거운 국을 운반한다. 나는 못내 안타까워서 국을 여러 그릇에 나누어 놓는다. 그러면 관용이는 여러 그릇에 나누려면 내가 힘들다고 큰 그릇에 담아 놓으라고 한다.

　어떤 심부름 앞에서도 "아니오"라고 거부할 줄 모르는 아이, 교회의 궂은 일을 말 없이 하는 아이, 관용이는 이름만 떠올려도 나의 가슴을 뭉클하게 하는 아이다.

　나는 그 아이의 기특함을 떠올리면서 노트를 가지런히 해주려다가 노트 속에 끼워져 있는 종이 하나를 발견하게 되었다.

독 촉 장

학부모님께

　귀 자녀의 2003년 공납금이 아래와 같이 미납되어 학교 행정에 많은 어려움이 있사오니 2004년 2월 12일까지 납부하여 주시기 바랍니다. 공납금은 학교 수업료 및 입학금에 관한 규칙 제7조(징벌) 1항의 규정에 따라 체납이 2월 이상인 자는 출석정지 처분할 수 있습니다.

　그 독촉장을 보는 나의 눈에서 뜨거운 눈물이 흘렀다. 관용이는 이것을 차마 병든 어머니에게 보여 주지 못하고 교회에 와서 기도만 하고 있었던 것이다.

　오늘 아침 관용이의 학교에 전화를 했다. 아직 납부금이 납부되지 않아서 조만간 출석정지 처분이 될 거라고 직원은 냉정하게 말했다. 나는 관용이의 학교까지 걸어서 갔다. 우리 집에서 세 정거장 거리인데 차비를 아끼려고 매일 걸어다니는 관용이의 걸음 걸음을 똑같이 느끼고 싶어서였다.

지난번 인일 동문들은 얼마의 돈을 모아 나에게 맡겼다. 선한 일에 써 달라고. 나는 그동안 그 돈이 정말 하나님이 기뻐하시고 동문들 전체가 흐뭇해할 만한 곳에 쓰이게 해달라고 기도해 왔다.

그런데 어제 기숙사로 들어가는 두 아들에게 그 돈에서 2만 원을 꺼내어 만 원씩을 더 주었다. 평소에는 월요일부터 금요일까지 5일 간 식비(한 끼당 1,700원)와 교통비로 한 아이에게 25,000원을 주고 있는데 새 학기이니 강의안도 구입해야 하고 노트도 필요할 것 같아서였다. 또 25,000원으로는 커피 한 잔 사 먹을 여유도 없는 것을 알기 때문이었다. 나는 아이들에게 2만 원을 빼 주고 동문들의 글이 쓰여져 있는 그 봉투에 죄스러운 마음으로 "20,000원을 지출했음"이라고 써넣었다. 그런데 아이들이 학교로 떠나고 난 뒤 책상에 가 보니 "어머니! 우리는 25,000원으로 충분해요"라고 아들이 써놓은 메모지와 돈 2만 원이 그대로 놓여져 있었다. 결국 동문들이 준 돈이 한푼도 흩어짐 없이 고스란히 있었던 것이다.

그 돈을 가지고 관용이의 학교를 찾았다. 남학교에 들어서니 내가 꼭 이 남학생들과 같은 또래의 여학생인 것처럼 가슴이 설레었다. 행정과에 찾아가 그 아이의 밀린 납부금을 냈다. 여직원에게 "관용이에게 알리지 마세요. 그렇다고 관용이에게 두 번 받는 것은 아니지요?"라고 물었다.

여직원은 "그럼요. 이렇게 아름다운 일이 또 어디에 있겠어요"라고 하며 맑은 눈물이 고이는 눈으로 대답했다.

나는 밝게 웃으며

"나는 그저 심부름하는 거예요"라고 말했다.

내가 대학교 4학년 때 마지막 학기 등록금을 못 냈을 때 누군가가 나에게 알리지도 않고 내 학비를 내준 일이 있었다. 나는 그 일로 인해 보이지 않는 하나님의 큰 사랑을 알게 되었다. 또 고마운 그 사람이 누군지 알지 못하니 혹시 이 사람이 아닐까 하면서 고마운 그 사람으로 간주하게 되었다. 아마 하나님은 관용이에게도 하나님이 관용이를 얼마나 사랑하시는가를 알려 주고 싶으셨나 보다.

그 사랑을 알게 되는 관용이는 어떤 일도 힘들지 않고, 어떤 어려움도 이겨 나가게 될 것이다. 관용이는 보이지 않는 이 사랑을 누구를 만나든지 갚아 가는 사람이 될 것이다.

집으로 돌아오는 나의 발걸음은 하늘까지 날아갈 것처럼 가벼웠다. 나는 "주님! 이런 심부름은 매일 했으면 정말 좋겠어요"하고 기도했다. 그리고 집으로 돌아오는 길에 왕복 여섯 정거장을 걸어서 아낀 교통비로 관용이에게 줄 노트 몇 권을 샀다. 관용이가 이 노트를 마음에 들어할까? 우리 인일 동문들이 나의 이 심부름을 마음에 들어 할까? ●

울고 있는 사람과
함께 울 수 있어서 행복하다

저녁이 되고 밤이 되면 두어 시간 간격으로 교회를 돌아본다. 우리 교회는 항상 문을 열어 놓기 때문이다. 문을 열어 놓는 대가를 톡톡히 치르지만 교회가 처음 설립되고 지금까지 한 번도 문을 잠그지 않았다. 그것은 인생의 후미진 어둠의 길에서 어렵게 교회를 찾아온 영혼이 교회의 닫힌 문 앞에서 혹시 뒤돌아서면 어쩌나, 해서다. 그들을 간절히 기다리는 주님이 얼마나 안타까워하실까, 해서다.

24시간 문을 열어 놓으면 대소변을 실례해 놓는 경우가 비일비재하다. 겨울엔 대성전 전체에 온풍기를 틀어 놓아 기름을 바닥내기도 한다. 마이크 등 교회 비품을 훔쳐 가기도 하고 담배 연기로 자욱하게 해 놓을 때도 있다.

그러나 우리는 교회 문을 항상 활짝 열어 놓는다. 그것은 대소변이야 치우면 되고 물질적인 손해라는 작은 대가를 치르는 것에 비교할 수 없는 노다지의 횡재가 있기 때문이다.

하루는 밤 2시쯤에 교회를 돌아보러 갔더니 한 젊은 새댁이 울고 있었다. 사연을 들어보니 남편과 부부 싸움을 한 여인이었다. 큰소리를 꽝꽝 치고 집을 나오긴 했는데 마땅히 갈 곳이 없어서 교회로 들어온 것이란다. 잠시 쉬려고 의자에 앉았는데 어렸을 적에 믿음 생활 하던 것을 버리고 자기 마음대로 인생을 살아온 것이 회개가 되어 이렇게 통회하며 울고 있다는 것이다. 이것이 바로 노다지 횡재가 아니고 무엇이겠는가?

주님 앞에 돌아온 여인은 시키지 않아도 남편을 사랑하고 존경하게 되는 것이다. 왜냐하면 여자의 머리는 남자요 남자의 머리는 그리스도라는 것을 알게 되기 때문이다. 그 여인은 그 시간으로 집으로 돌아가 남편에게 자신의 잘못을 용서해 달라고 했다. 그 주일에는 두 부부가 교회에 나란히 나왔다. 이 일로 얻은 한 번의 기쁨은 나에게 10년 동안 얼마든지 콧노래를 부르며 대소변을 치우는 대가를 치를 수 있게 해주었다.

또 어느 날 밤에는 교회 바닥에 지갑이 떨어져 있었다. 누군가가 기도하다가 놓고 간 것이 분명했다. 지갑에는 돈이며 신용카드가 가득 들어 있었다. 신분증을 보니 우리 교회 성도가 아니었다. 이것을 잃어버린 사람은 얼마나 당황하고 마음 졸이고 있을까? 늦은 밤이었지만 신분증에 있는 주소지로 찾아가기로 했다. 나는 길을 걸으면서 계속 기도했다.

"주님! 이 사람이 지갑을 잃어버린 것을 모르게 해주세요. 알게 되면 얼마나 걱정하고 찾아 헤매겠어요."

그 집에 찾아가니 얌전한 아가씨가 나왔다. 이 깊은 밤에 웬 낯선 사람인가 하는 눈치였다.

"교회에 지갑을 떨어뜨렸더라구요."

지갑을 내밀자 그제서야 놀라서 "어머머머……"라고 한다.

"참 다행이에요. 지갑 잃어버린 것을 모르고 계셔서요."

그 아가씨는 나의 대답이 이상하게 들렸는지 왜 몰라야 하느냐고 되묻는다.

"잃어버린 것을 알았다면 얼마나 놀라고 찾느라고 애썼겠어요. 그래서 모르게 해 달라고 기도했거든요."

아가씨는 그제서야 내 마음을 알게 되었는지 진정으로 고마워하는 웃음을 나에게 보낸다. 그 주일에는 지갑 찾은 아가씨 동생, 언니, 어머니, 아버지까지 도합 5명이 교회에 나왔다. 이 정도면 노다지가 아니라 금광을 캤다고 해도 과언이 아닐 것이다.

지난 수요일에는 남루한 옷에 흙이 잔뜩 묻은 채로 한 사나이가 왔다. 그는 하루하루 막일을 하는 노동자였다. 그는 며칠 일한 품삯을 봉투에 넣어 가지고 왔다. 자신은 삶이 너무 힘들고 버거워 때로 울면서 집으로 돌아오는데 우리 교회 십자가를 보면 마음이 밝아지고 다시 일할 마음이 생긴다는 것이다. 그런데 우리 교회 십자가의 불이 고장나서 불꺼진 채로 있은 지가 여러 날인 것이 가슴 아팠다는 것이었다. 그래서 그 불을 자기가 다시 켜고 싶어 열심히 일해 번 돈을 가지고 온 것이라고 했다.

"울고 있는 우리들 곁에 항상 함께 있어 주세요."

그는 아마 노동자로 가장한 천사였을 것이다.

어젯밤에도 천사가 다녀갔다. 인일여고 홈페이지에 실린 나의 글 전체를 복사해서 제본한 책 50권을 우리 교회 성가대 자리에 놓고 갔다. 책 맨 위의 흰 봉투에는 50,000원이 들어 있었다. 나는 더 이상 이렇게 아름다운 일을, 이렇게 고마운 일을 누가 했을까? 이리저리 찾지 않기로 했다. 요즈음 우리 교회엔 천사가 너무 자주 오기 때문이다.

나는 그 책을 인일 동문들에게 한 권씩 발송해 주려고 포장을 했다. 천사의 선물이니 나누어 가져야 하지 않겠는가? 내가 가장 사랑하는 사람들에게 주었으니, 그들도 다른 사람들에게 전하면 천사의 사랑이 한없이 번져 갈 것이다.

나는 울고 있는 사람들 곁에서 그들과 함께 울 수 있어서 행복하다. 나는 오늘도 교회 문을 활짝 열어 놓는다. 천사도 오고, 주님이 간절히 기다리고 계시는 잃어버린 영혼들도 얼마든지 돌아올 수 있도록……●

그 사람을 진정 사랑하기 때문에

　　　　　　소리를 지르는 여인이 있었다. 마사지하는 아줌마의 발걸음이 바쁘다. 여기저기서 "저 여자 또 시작이야" 하며 수근거린다. 목욕탕에 김이 서려서 얼굴은 잘 안 보이지만 그는 당당하고 교만하고 떠들썩하다. 마사지하는 아줌마는 시녀 중의 시녀처럼 그의 비위를 맞추고 있다. 침대 위에 누웠다가 앉았다가 조금만 마음에 안 맞으면 목욕탕이 떠나가도록 소리를 지른다. 안하무인이 여자를 향하여 나는 "너 나에게 딱 걸렸어!"

　나는 전도를 하러 목욕탕에 갔다. 너도 나도 바빠서 숨돌릴 틈도 없이 살아가는데 도대체 한마디라도 들어줘야 뭐라도 전하지 않겠는가? 그런 면에서 목욕탕은 최고의 전도 장소다. 등을 밀어 주면서 이야기를 하면 귀에 가장 가까이에서 들려줄 수 있다.

　몸을 씻어 주거나 건강 지압을 해주거나 여자들이 좋아하는 고급 샴푸를 나누어 주면 짧은 시간에 빨리 친해질 수 있다. 어느 정도 친해지면 우선 그의 말을 들어줘야 한다. 현대인들은 말하고 싶은데 들어주지 않아서 생긴 병들이 많기 때문이다. 그의 말을 진지하게, 끝까지 다 들어주어야 한다. 어떤 때는 내가 의도하는 말은 한마디도 못하더라도 조급해하지 말고, 손해보았다 생각 말고 기다려야 한다. 그날 못하면 다음날 그 사람은 분명히 나를 찾게 마련이다.

많은 사람들 앞에서 소리지르고 마사지해 주는 아줌마에게 분풀이 하는 저 여인은 돈으로도 채워지지 않는 가슴앓이를 하고 있는 여인이다. 남편에게 사랑 받지 못해 사랑의 갈증으로 목말라하는 여인이다. 무언가 허전하고 가슴의 빈 공간을 채워도 채울 길 없어 고독해 하는 여인이다.

나는 그 여인을 눈여겨보았다가 탈의실에서 기다렸다. 그 여자와의 첫 만남이었다. 이렇게 한 사람을 마음에 정하면 이름을 모를 때는 얼굴을 떠올리며 그 사람을 위해 매일 기도한다. 구원은 오직 하나님의 은혜로만 받을 수 있기 때문이다. 기도하면 구체적인 방법이 생긴다. 그 여자가 목욕하러 오는 시간은 매일 오전 10시쯤이다. 나는 시간을 맞추어 그 곳에 갔다.

그와 만나 내 말은 한마디도 못하고 그의 이야기를 들어주는 데 열흘이 걸렸다. 열흘 동안 가슴에 있는 말을 다 쏟아 놓더니 다시 반복하는 것을 보면 이젠 가슴에 쌓인 한이 없다는 증거다. 내가 그의 말을 잘 들어주면 상대도 내 말을 잘 들어준다.

그렇게 한 달이 되어 갈 즈음, 그는 우리 교회에 와서 밥을 먹고, 잠을 자고, 부부싸움한 이야기까지 털어놓았다. 그는 점차로 부부싸움에서 이기는 방법을 배우게 되었다. 소리지르지 않고 화내지 않으며 우아하게 이기는 방법을…… 남편에게 사랑받는 아내, 남편을 감동시키는 아내는 끝없는 숨은 노력이 필요하다는 것을 알게 되었다. 그러면서 우리는 어떤 것도 숨김없이 다 말할 수 있는 친구가 되었다.

그 친구가 눈물로 통회하며 하나님께 돌아오던 날! 나는 교회 복도에서 너무 좋아 울고 또 울었다.

"사모님! 내가 입던 옷인데 드라이해서 갖고 온 거야."

내가 새 옷을 사 주면 안 입으니까 그 친구는 새 옷을 사서 한 번도 입지 않은 옷을 일부러 드라이해서 가지고 오곤 했다.

"교회가 춥지? 오늘 온풍기 두 대 들어올 거야."

"우리 교회도 의자가 있어야겠어."

"교회 성도들 위해서 봉고차 하나 샀어."

그가 우리 교회에 나온 후로 우리 교회는 그야말로 "금 나와라 뚝딱! 은 나와라 뚝딱!"이었다.

나는 예전처럼 밤마다 애절하게 기도하지 않아도 되었다. 그 친구와 이야기만 나누면 기도보다 더 빨리 이루어졌다.

그러던 어느 날, 그 친구가 선물을 잔뜩 들고 왔는데 평소와는 다른 얼굴이었다. 목회자는 성도가 이렇게 정색을 하고 집으로 찾아오면 덜컥 겁이 난다. 그들의 대부분은 교회를 떠나게 되었다면서 작별을 고하러 오기 때문이다. 친구는 그동안 예수님 믿게 해 달라고 기도해 오던 남편이 드디어 교회에 나가게 되었다는 소식을 전했다. 그러나 우리 교회가 명일동에서 너무 멀어서 남편과 함께 집 근처 가까운 교회에 나가야 될 것 같다는 말을 어렵게 꺼냈다.

이 친구가 교회를 떠나면 우리 교회의 도깨비 방망이도 없어져서 나는 또다시 가난해질 것이다. 교회의 작은 비품 하나 장만하려면 밤마다 또 간절하게 주님께 울며 매달려야 할 것이다. 나는 친구를 얼마든지 붙잡을 수 있었다. 그러나 나의 머릿속에서 재빠르게 계산된 것은 그 어떤 것보다 친구 남편의 구원과 맞바꿀 수 있는 것은 이 세상에 아무것도 없다는 것이었다.

"우리 교회 걱정은 하지 말고 남편과 함께 믿음 생활 잘하는 것에만 마음을 둬. 집에서 가까운 교회로 결정해서 열심히 섬겨."

나는 친구의 마음을 가볍게 해주려고 밝게 웃었다.

"그래서 말인데 우리 집 근처의 교회는 엄청 크고 부자 교회야. 교회는 그리로 나가도 십일조와 헌금은 하나로교회에 낼게."

그때 우리 교회는 그 친구의 십일조와 헌금이 우리 교회 재정의 반이 넘는 금액을 차지하고 있었다. 나는 고개를 가로 저었다.

"아니야. 그 교회에 내야 해. 십일조는 우리들의 것이 아니니 우리 마음대로 정할 수 없는 것이잖아. 그리고 그 교회에 내야 친구가 그 교회 목사님의 기도와 사랑을 받을 수 있어!"

친구는 무거운 발걸음으로 왔다 가볍게 돌아갈 수 있었다.

6개월 후 친구의 남편이 그 교회에서 세례를 받는 날이었다. 나는 커다란 꽃다발을 준비해서 친구의 남편을 축하해 주었다. 큰 상을 타는 어린아이처럼 얼굴이 발갛게 상기된 친구의 남편은 그때 내가 친구를 편안히 보내 주어 오늘의 기쁨이 있게 되었고 싸움만 하던 가정에 행복이 왔다고 고마워했다.

우리는 때때로 내가 그 사람을 진정 사랑하기 때문에 그 사람의 행복을 위해서, 그 사람의 유익을 위해서 내게서 떠나 보내야 할 때가 있다. 우리는 때때로 내가 그 사람을 하나님보다 더 의지하고 있다면 내게서 떠나 보내야 한다. ●

네 소원이 무엇이냐?

　　　　　　　아이들이 처음 집에 왔을 때 남편은 딸아이가 생겼다고 기뻐서 어쩔 줄을 몰라했다.
　"어서 아빠라고 불러 보렴."
　남편이 그럴 때마다 아이는 말없이 입술만 지그시 깨물었다. 나는 딸아이가 잠든 밤에 자기 방 서랍장 속에 깊이 넣어 둔 일기장을 보았다. 딸아이에게는 일기장이 두 개 있다는 것을 알았기 때문이다. 하나는 학교 선생님에게 검사 받는 일기장이고, 하나는 밤마다 문을 잠그고 쓰는 일기장이다.
　"하늘나라에 가 계신 아빠 보세요. 아빠! 목사님이 나에게 자꾸만 아빠라고 불러 보래요. 그렇지만 나는 목사님을 아빠라고 부를 수 없어요. 왜냐하면 내가 만약 아빠 외에 다른 사람에게 아빠라고 부른다면 하늘나라에서 아빠가 너무 섭섭해할 것 같아서예요. 아빠! 아빠 외에는 난 그 누구에게도 아빠라고 부르지 않을 거예요!"
　나는 목사님에게 아이의 마음을 전했다. 그리고 아이들 모두에게 집에서도 목사님을 아빠라고 부르지 말고 목사님으로 부르도록 통일시켰다. 평소 딸아이가 "아빠! 아빠!" 부르는 것을 가장 부러워했던 남편은 아들들에게서까지 아빠라는 호칭을 듣지 못하게 되었다. 그러나 딸아이의 얼굴은 밝아졌다.

남편은 우리 막내아들과 딸아이에게 양쪽 팔을 팔 베개로 내주고 아이들에게 잠을 자라고 했다. 그랬더니 우리 아들 머리는 무거워서 한쪽 팔은 저려 오는데 딸아이가 베고 있는 팔은 전혀 머리 무게가 안 느껴진다고 했다. 어린 것이 무엇이 그토록 조심스러웠을까? 세월이 가도 그 아이들의 마음엔 없어지지 않는 조심스러움이 있었을 것이다.

아이들이 청년으로 성장하면서 나에게는 말 못할 짐이 있었다. 그것은 그 아이들만의 자유로운 집을 마련해 주어야겠다는 부담이었다. 그러나 우리 집도 19평짜리 시영아파트에서 전세를 살고 있었던 터라 그들에게 독립된 집을 마련해 준다는 것은 엄두도 내지 못할 일이었다. 그저 언제나 기도 속에만 있을 뿐이었다.

옷을 자유롭게 벗고 입는 것이 서로에게 눈치가 보여질 때쯤, 서울시에서 남편에게 서울 시민상 수상자로 선정되었다는 전갈이 왔다. 무료 탁아소 일을 3년 동안 한 것과 아이들을 기르고 있는 것이 공로로 인정되었다는 것이다. 목회자가 그 일로 상을 받다니 부끄러운 일이다. 우리 부부는 극구 거절했지만 노원구에서는 우리 구에서 자랑스런 서울 시민상 수상자가 나왔다고 좀처럼 철회할 눈치가 아니었다. 노원구에서는 목사님이 소원하는 것 두 가지를 들어줄 테니 상을 거절하지 말고 받으라고 했다. 남편은 아이들에게 줄 아파트 하나를 달라고 했다.

자랑스런 서울 시민상의 상품은 상금 100만 원과 두 가지 소원이었는데 그 한 가지 소원으로 아파트를 받았다. 그때 때를 맞추어 아이들의 먼 친척뻘 되는 할머니 한 분이 아이들을 의지해서 같이 살고 싶다고 하여 또 하나의 새로운 가족이 이루어졌다. 우리 집에서 마을 버스로 갈 수 있는 가까운 곳에 아이들의 독립된 집이 마련된 것이다. 이제 이 아이들은 마음놓고 옷을 벗을 수 있고 무엇보다 자기들만의 공간이 생긴 것이다. 이리저리 옮겨 다니지 않는 그들의 안식처가 생긴 것이다.

남편의 두 번째 소원은 도로변에 세운 교회 입식 간판을 철거하지 말아 달라는 것이었다. 성도들이 목사님에게 시시한 것을 구했다고 놀려대면 남편은 이 두 가지는 아내의 걱정거리였는데 자신은 아내의 걱정만 풀리면 더 이상 소원이 없으니 잘 구한 것이란다.

"네 소원이 무엇이냐?" 주님이 물으신다면 나는 "아이들이 우리 집에서 독립해서도 주님과 사람 앞에 성실하게 사는 것입니다!"라고 대답할 것이다.

나에게 컴퓨터를 보내준
당신은 누구입니까?

어제 저녁 아이들에게 가기 위하여 마을 버스를 탔다. 학생들이 하교하는 시간이어서 버스가 붐볐다. 한 학생이 내가 들고 있는 김치통과 밑반찬 통을 받아 주겠다고 했다.
"아니야. 냄새가 나는 것이니 괜찮아."
아이들 집 근처에서 딸기랑 오렌지를 샀다.
"딩동."
이젠 할머니의 귀가 어두워져서 벨 소리를 듣지 못하신다. 문을 열고 들어가 보니 TV를 켜 놓은 채로 잠이 드셨다. 생활비를 할머니 머리맡에 놓아 드리고 김치랑 과일은 냉장고에 넣어 놓고 집으로 돌아오는데 저번에 하신 할머니 소리가 귀에서 맴돈다.
"공부 더 하겠다고 또 타령 났어."
'더 공부하고 싶어 하는 이 아이의 꿈을 이루게 해주어야 할 텐데…….' 마음의 짐을 안고 집으로 돌아왔는데 우리 아이가 이렇게 말한다.
"엄마! 인천에서 누군지 엄마를 찾았어요. 삼성전자인데 엄마에게 새 컴퓨터를 보낸대요."
나는 깜짝 놀라서 전화기에 기재된 전화번호로 전화를 했다.

"저에게 컴퓨터를 보낸다니 무슨 말이세요?"

"예, 어떤 분이 그 댁에 컴퓨터를 갖다 드리라고 신청하고 가셨어요."

"그분이 누구인지 알려 주지 않으면 저는 컴퓨터를 받을 수 없어요."

"그분이 알려 드리지 말라고 했어요. 우린 돈을 다 받았으니 그 곳에 무조건 설치해 드리겠어요."

그래서 우리 집에서는 갑작스런 가족 회의가 벌어졌다.

큰아들은 "어머니, 제가 컴퓨터를 고쳐 놓았으니 새 컴퓨터를 받는 것은 옳지 않아요. 주님은 우리에게 두 벌 옷을 가지고 있으면 나누어 가지라고 하셨잖아요. 하나님은 잉여를 좋아하지 않으세요. 옷도 두 벌은 안 되는데 컴퓨터가 두 대라니요"라고 한다.

막내아들은 "우리 기도하고 결정하지요"라고 한다.

나는 "우선 우리 집 컴퓨터를 고쳤다고 게시판에 올리자"고 했다.

게시판에 글을 올리고 기도하러 가려 했으나 아들이 온종일 고친 컴퓨터는 또다시 작동이 되지 않았다. 밤 9시 금요일 기도회에 가서 자리에 앉자마자 기도를 했다.

"주님! 누군지 알 수도 없는 분이 저에게 새 컴퓨터를 보낸답니다. 요즘같이 어려운 때에 어찌 이런 마음이, 이런 헌신이 있을 수 있겠습니까! 저는 그 고마운 마음만 받으렵니다."

기도회 두 시간 내내 주님은 감사의 눈물을 흘리게 하셨다. 그리고 내 마음에 이렇게 정해 주셨다.

"진실로 감사한 마음으로 받겠습니다. 제가 감당할 길 없는 이 큰 선물을 왜 주는지 주님의 뜻과 고마운 그 사람의 뜻을 알아차리겠습니다. 그 뜻을 영원히 잊지 않고 제가 죽는 순간까지 아름답게 살고 그 삶을 글로 쓰겠습니다. 주님! 저는 그 손길에게 갚을 길이 없으니 주님의 크신 손으로 제 대신 후하게 갚아 주세요."

기도를 마치고 집으로 오는데 마치 주님이 "그래! 그래! 내가 대신 갚아 줄게"하시는 것 같았다.

나는 어린아이처럼 어젯밤부터 잠을 설쳤다. 아침부터 밖에 나가 기다렸던 컴퓨터가 드디어 왔다. 와! 이 컴퓨터는 우리 집에 있는 물건들과는 전혀 다른 세계에서 왔나 보다. 반짝반짝 빛나고 모양도 반세기는 앞선 것 같다. 이젠 담배 연기로 질식할 것 같은 PC방에 가지 않아도 글을 쓸 수 있게 되었다. 리포트 쓰는 아들 옆에서 몇 시간씩 순서를 기다리지 않아도 된다. 이 컴퓨터는 화면이 밝고 선명하여 눈이 쉬 피로해지지 않는다. 카메라도 있다. 아직 쓰는 법은 모르지만 내일부터 열심히 배우려고 한다. 한 번 클릭하면 오래 기다리지 않아도 되니 시간이 반으로 절약된다.

이 기쁨을, 이 감사를 빨리 전하고 싶은데 이렇게 성능이 좋은 컴퓨터를 혹시 잘못 만져서 탈이라도 낼까 봐 온종일 손도 못 댔다. 김포에 갔던 아들이 돌아올 때까지 기다렸다가 지금 쓰는 것이다. 아들들은 컴퓨터를 내 책상에다 놓아 주었다. 고장난 컴퓨터는 고쳐서 아들들이 쓰고 이 컴퓨터는 내 전용으로 쓰란다. 아들은 컴퓨터를 켜면 곧바로 인일 홈페이지로 들어갈 수 있게 해주었다. '엄마 컴퓨터'라고 종이에 써서 붙여 주었다.

컴퓨터를 설치하러 온 분이 준 익명의 편지 주인을 찾아 글씨체 검사를 해보니 허인애님 글씨가 가장 비슷한 것 같은데 잘 찾은 것인지 모르겠다. 아! 당신은 누구입니까? 나에게 갚을 수 없는 큰 사랑을 보내어 이 깊은 밤 잠들지 못하게 하는 당신은 누구입니까? 나에게 마음껏 글을 쓸 수 있는 크나큰 행복을 주시는 당신은 누구입니까? 사랑의 이름으로 당신을 지명 수배합니다. ●

혼기 놓친 맏아들, 맏딸

지난 주일엔 냉이국을, 이번 주일엔 쑥국을 끓였다. 그 흔한 바지락조차 넣지 못하고 된장만 넣었는데도 모두 너무 맛있다고 야단들이다. 우리 교회는 딱딱한 음식을 잘 드시지 못하는 노인들이 많다. 그래서 반드시 국이 있어야 한다. 지난 주일에는 성도님 한 분이 냉이를 한 아름 가져오시더니, 이번 주일에는 청년부 아가씨가 쑥을 갖고 와서는 마루 끝에 살며시 놓고 갔다. 나는 그들이 놓고 간 사랑의 음식 재료들을 다듬으며 최고로 맛있게 조리하도록 해 달라고 기도한다.

"사모님! 오늘 쑥국은 꼭 보약 같아요!"

나는 성도들의 칭찬에 신바람이 나서 두 그릇씩 담아다 주며

"이 냉이는 고미경 선생님이 가져온 것입니다. 이 쑥은 김지혜 자매가 가져온 것입니다"라고 말한다.

목사님도 이상한 광고를 하신다.

"그동안 전기가 나가서 예배드리기가 어려웠는데 이번 주에 전기 전문 기사가 와 전기를 고쳐서 이젠 불이 안 나갑니다. 두 달 동안 불 꺼졌던 십자가의 네온을 고쳐서 오늘 드디어 불이 들어오게 되었습니다. 십자가의 불이 들어오도록 하기 위해서 헌금하신 여러분께 이 기쁨을 전합니다. 여러분! 피아노 조율도 했습니다. 피아노 줄이 낡

아서 하나는 아주 끊어졌었답니다."

　다른 교회에서는 얼마든지 쉽게 할 수 있는 일들을 왜 저 목사님은 대단한 일을 한 것처럼 광고까지 하는 것일까? 우리 교회에서 한 달에 십만 원 이상 헌금하고 있는 가정은 두 가정뿐이다. 성도들 모두의 가정 형편이 어렵다. 어떤 성도는 돈이 없어서 병원에 못 간다며 병원비를, 또 어떤 성도는 쌀이 없다고 쌀을 빌리러 온다. 나는 오죽하면 목회자의 집에 찾아왔을까 생각하고 있는 것 없는 것 모두 다 꺼내 준다. 그러는 중에 덜컥 전기 공사니 십자가 종탑 공사니 하는 것은 대 공사여서 성도들이 개미같이 헌금을 모아서 해야만 하기 때문이다.

　이번 전기 공사가 마음놓고 진행된 데는 한 성도님의 헌신이 있었다. 그 역시 평범한 월급 생활자다. 그런데 교회에서 손 못 대고 있는 곳을 수리하라고 특별 헌금을 했다. 한 달 월급 전체를 갖고 온 것 같다. 그 성도 내외는 우리 교회에서 12년째 섬기고 있다. 그동안 여러 차례 이사하여 이젠 교회에서 집이 멀지만 언제나 한결같이 봉사하고 있다.

　또 다른 한 가정은 맞벌이를 하면서도 교회를 잊지 않고 일일이 챙긴다. 이들 두 가정을 보면 나는 마치 맏아들, 맏딸 같다는 생각이 든다. 무능력한 부모와 뒷바라지해 줘야 하는 어린 동생들 때문에 시집도 못 가고 장가도 못 가고 희생하는 맏이들 말이다. 그들도 다른 큰 교회로 가고 싶으련만 이런저런 걱정 안 해도 되는 곳으로 훌훌 다 털어버리고 가고 싶으련만.

　"난 ㅇㅇ교회 장로야! 우리 교회는 그 유명한 ㅇㅇ교회야!"라고 할 수 있는 교회에서 인정받고 싶으련만 그들은 떠나지 않고 이 곳을 지키고 있다.

"사모님! 이번 주엔 어떤 국을 끓일 건가요?"

냉이를 들고 오고, 김치찌개 재료를 들고 오고, 한 달 월급 전액을 들고 오고…… 그들이 예배를 마치고 집으로 돌아가는 것을 배웅하는 나는 가정과 동생들을 지키느라 혼기를 다 놓치도록 희생한 맏이를 쳐다보는 어미의 심정이 된다. 그래서 우리 교회에서는 "오늘 냉이는 맏딸이 들고 왔다." "오늘 전깃불이 들어온 것은 맏아들이 월급을 탔기 때문이다"라는 독특한 광고를 하는 것이다.

자신의 모든 것을 희생하며 교회를 지키고 있는 이들과 우리의 보살핌이 필요한 가난하고 병든 자들이 함께 더불어 살아가는 곳, 그것이 바로 우리 교회다. 그러나 부모의 심정은 똑똑하고 반듯한 자식보다 병들고 부족한 자식이 더 애틋하다고 했던가? 보살핌을 받아야 할 성도들을 배웅할 때는 나의 가슴이 더욱 아프게 저려 온다.

다른 성도들과 나누어 먹으려고 냉이, 쑥, 콩나물 등을 담는 손길에 따라 우리 교회의 식사 메뉴는 언제나 다양하다. 나에게는 다양한 그들 모두가 한없이 소중하다. 맏이는 맏이대로, 막내는 막내대로……. ●

우리 집 울타리 안에

회초리로 내 종아리를 때리던 어머니는 이젠 통곡을 하신다.

나는 고등학교 2학년 때까지 어머니에게 이렇게 심하게 매를 맞은 적이 없다. 내가 무언가 잘못하면 어머니는 그 잘못을 깨닫도록 잔잔히 물어 보셨고 그 대답에 반성한 것이 보이면 때리는 일 없이 용서해 주셨기 때문이다. 그런데 오늘은 자초지종도 묻지 않고 무조건 회초리를 들어 종아리를 심하게 치시는 것이다. 그것도 하복을 입은 고등학교 2학년짜리 딸아이의 종아리를…….

나는 평소 아버지가 못마땅했다. 우선 학교에서 내주는 신상명세서에 아버지의 학력을 쓸 때 부끄러웠다. 다른 친구들은 대졸, 대학원 졸업이라고 쓰는데 나는 국졸이라고 쓰는 것이 죽기보다 싫었다.

1.4후퇴 때 고향의 전답을 다 두고 황해도에서 피난 나오신 이후 어떤 일도 마다하지 않고 근면, 성실하게 일하셨지만 노동일 하는 나의 아버지는 내 이상적인 아버지가 아니었다. 아이들이 꿈꾸는 부자 아빠도 아니고, 돈이 없다면 차라리 교장 선생님이나 목사님이면 좋으련만……. 내가 아버지에 대한 이야기를 얼마나 안 하는지 다른 친구들은 나의 아버지가 돌아가셨는 줄 알았다고 한다.

그때 나와 친하게 지내던 한 친구의 아버지는 육사를 나온 군 장성이었고, 인명이의 아버지는 딸들의 이름을 따서 지은 황인의원 병원장이었고, 다른 아버지는 태평양 화장품 사장이었고, 다른 친구의 아버지는 고등학교 선생님이었다. 그 친구들은 "너의 아버지는 국가 고위 공무원이거나 교장 선생님이거나 목사님이지?"라면서 궁금해했고, 나는 웃기만 하며 아무 말도 하지 않음으로 무언의 거짓말을 해오고 있었다.

그날 바로 그 친구들과 하교를 하는 학교 정문에서였다. 재잘거리며 전교생이 쏟아져 나오는데 어디선가 탁한 목소리가 소리 높여 "정옥아! 정옥아!"하고 부르는 것이었다.

아버지였다!

하루 종일 일을 하여 지저분한 옷을 입고 아버지 옆에 더 남루한 옷을 입은 친구 분과 나를 기다리고 있는 것이었다. 순간 숨이 멎을 것 같은 수치심이 들었다. 못 들은 체하고 얼른 아이들 속에 숨었다. 친구들이 "정옥아! 저 아저씨가 네 이름을 부른다. 누군데? 너의 아버지시니?"하고 물었지만 뒤도 돌아보지 않고 마구 집으로 뛰었다.

"제가 내 딸이야! 내 딸이 정말 인일여고 다닌다니까!"

아버지는 친구 분에게 아버지를 보고 달아나는 딸의 뒷모습에 대고 그렇게 자랑하고 계셨다.

집에까지 단숨에 뛰어온 나는 울며불며 아버지가 학교 정문에 와서 나에게 망신을 주었다고 어머니에게 투정을 했다.

어머니는 그동안 우리들에게 으름장 용으로만 매달고 한 번도 사용한 일이 없는 회초리를 가지고 와 매를 치기 시작하셨다.

"네 아버지의 뭐가 그리 창피했느냐?"

"옷에 흙칠을 한 그대로 오셨잖아요. 게다가 아버지 친구 분은 술에 취하기까지 했었어요."

"아버지의 옷에 흙이 묻은 것이 뭐가 창피해! 네 아버지가 도둑질을 했냐? 사기 쳐서 다른 사람을 해하였느냐? 뇌물을 받아 부정한 짓을 했느냐?"

"내 친구의 아버지는 병원장이란 말예요! 내 친구의 아버지는 군장성이란 말예요!"

"네 아버지는 남에게 피해 안 주고 너희들 잘 기르려고 하루도 쉬지 않고 뼈가 부서지도록 일하시는 분이다. 병원장 아버지의 딸은 당연히 인일여고에 다니겠지만, 노동하는 네 아버지 딸이 인일여고에 다니니 아버지에게는 가장 큰 자랑거리야, 친구에게 자랑하고 싶을 만큼. 아버지는 너를 이 세상에서 가장 큰 자랑으로 여기시는데, 너는 그 아버지를 수치스럽게 생각하다니 이 몹쓸 것!"

어머니의 모진 매를 맞으며 나는 그동안 아버지를 부끄러워했던 나의 잘못을 얼마나 회개했는지 모른다.

밤늦게 술에 만취되어 들어오신 아버지는 어머니에게 회초리로 맞은 나의 다리를 얼음찜질 해주라고 하셨다. 여학생 다리를 시퍼렇게 멍들도록 해 놓았으니 학교도 못 다니겠다고 오히려 어머니를 나무라셨다.

나는 홑이불을 뒤집어쓰고 '아버지, 잘못했어요. 아버지, 잘못했어요'라고 마음속으로 계속 용서를 구했다.

나의 아버지는 3대 독자이셨다. 나의 친할아버지는 외할아버지와 같은 시대에 복음을 받고 독실한 기독교인이 되셨다. 두 분은 막역한 친구 사이였고 두 분 다 자신의 고향에 사재를 털어 예배당을 지으셨다. 일본 식민지 시대에 교회의 종을 떼러 온 일본 순사에게 대항하다가 지하 감옥에서 모진 매를 맞기도 하셨다. 1.4 후퇴 때는 교회를 지키느라 피난하지 못하셨다. 아마 그 곳에서 두 분 다 돌아가셨을 것이라고 어머니는 때때로 북녘 하늘을 보며 눈물 지으셨다.

어머니는 아버지 집안의 신실한 신앙이 마음에 들어 웃어른들의 권면에 따라 결혼을 하셨다. "아브라함의 하나님, 이삭의 하나님, 야곱의 하나님이듯이 할아버지의 하나님, 아버지의 하나님이 너의 하나님이 될 것이다"라고 나의 머리를 쓰다듬으며 어머니는 항상 즐거워하셨다.

조상 적부터 내려오는 순결한 신앙이 딸에게 유산이 되는 것을 삶의 가장 최고의 기쁨으로 여겼던 어머니는 그날 깊은 상처와 실망과 비애를 맛보셨을 것이다.

아버지는 한평생 이 세상 사람들이 자랑하는 부와 명예와 권세를 하나도 갖지 못하셨지만 아들도 아닌 딸들을 지극히 사랑하셨고 신실한 믿음을 상속하셨다.

아버지의 임종은 찬송 속에서 이루어졌다. 아버지의 마지막 유언은 언니에게 목걸이, 반지를 빼어 성경책 위에 놓게 하고 "금이나 은을 위하여 살지 말고 성경 말씀을 따라 살라"고 하신 것이었다.

"천사들이 꽃마차를 가지고 나를 영접하러 왔구나. 찬송을 계속 부르고 싶다."

찬송을 부를 수 없는 아버지를 대신해서 우리들이 찬송을 부르고 아버지는 마지막 숨을 거두는 순간까지 손가락으로 찬송에 박자를 맞추셨다.

나의 아버지의 유택(幽宅)은 시부모님이 사시는 청평 집 울타리 안 언덕에 있다. 고향을 두고 피난하셨고 아들이 없는 친정 아버지를 측

은히 여기셨던 시아버님이 당신을 위해 준비하셨던 가묘를 선뜻 내주셨던 것이다. 시아버님은 김포 선산에 묻히시겠다며…….

시부모님을 뵈러 가면 "어서 아버지에게 먼저 올라가서 인사 여쭙고 내려오너라. 너희를 얼마나 기다리시겠니? 어제 내가 너의 아버지 머리카락 새치를 뽑아 드렸다. 네 아버지가 시원해하셨을 거다. 허허허"라고 하신다. 그리고 아버지의 산소에 가 보면 잔디에 나 있는 잡초를 다 솎아 놓으셨다.

"아가! 내가 오늘 네 아버지 이발을 말짱히 해 드렸다. 동갑내기인 이 친구가 먼저 가서 나를 이렇게 부려먹는다. 허허허."

아버지의 산소에 가 보면 풀을 말끔히 깎아 놓으셨다.

"아가! 네 아버지가 궁금하지 않도록 내가 매일 아침마다 올라가서 너희들 소식을 전해 드린단다. 이번에 큰 손자 장학금 받은 얘기도 해 드리고 작은 손자 학사 장교에 합격한 얘기도 해 드렸다. 네 아버지가 심심해하지 않으실 거야. 나도 너의 아버지와 같이 있어 든든하다."

아버님은 수시로 친구를 만나러 가듯 내 아버지의 산소를 돌보신다.

장남에게 시집간 딸들이어서 같이 동거하며 살지 못했는데 돌아가신 아버지는 우리 집 울타리 안에 같이 살고 계신다.

4대가 같이 살고 있는 우리 시아버님을 그토록 부러워하셨던 아버지는 평생에 자식들과 얼마나 같이 살고 싶으셨을까? 매년 설날, 추석날 명절 아침을 두 분만이 지내고 이제나 오나, 저제나 오나 시집간 딸들을 기다리시던 쓸쓸한 베란다엔 이젠 허리 굽은 어머니 홀로 기다리고 계신다.

오늘이 식목일이라고 내일 시댁 선산에 가기 전에 먼저 친정 아버지에게 다녀가라는 시아버님의 고마운 전화를 받았다. 나는 아버지를 찾아 뵈오면 빼놓지 않고 이렇게 고백한다. "아버지! 나는 아버지가 자랑스러워요. 제 가슴에 순교자로 살아 계시는 할아버지도 자랑스러워요. 할아버지의 하나님이 저의 하나님이 되고 아버지의 하나님이 저의 하나님이 되셨어요. 또 저의 하나님이 제 아들의 하나님이 되신 것을 믿어요!"

나의 아버지 묘비에는 "내가 여호와의 집에 영원히 거하리로다"라고 적혀 있다.

나의 가슴엔 "내가 막내딸 가슴에 영원히 거하리로다"라고 적혀 있다.

울고있는사람과
함께울수있어서
행복하다

내일은 아침 일찍 병원에 가려고 한다.
인애가 수술실로 들어가기 전
그와 얼굴을 맞대어 보아야지. 그리고
인애가 수술받는 시간 동안 문밖에서
기도로 지켜줄 것을 약속해야지.
인애가 마취에서 깨어날 때
가장 먼저 그의 눈과 마주쳐야지.
잠자리 날개처럼 파르르 떠는 그의 두려움에
조금이라도 평안을 주는 일이라면
온밤을 비를 맞고 밖에 서 있어라 해도
나는 기꺼이 할 것이다.

웃고 있는 사람과 함께 웃을 수 있어서 행복하다

총신대학에서는 종교개혁 주간 기념 행사로 해마다 설교 대회를 한다. 학생들은 장래 목회자 후보생들이므로 설교 대회에서 입상하는 것을 다른 어떤 것보다 큰 자부심으로 삼는다.

먼저 설교 원고 심사를 거치고 원고가 합격된 학생들이 단상에서 설교를 하여 등위가 매겨진다. 1등을 한 학생에게는 장학금과 상품이 주어질 뿐만 아니라 앞으로 목회 사역을 하는 데 가장 좋은 경력으로 빛나게 된다.

먼저 우리 큰애가 며칠 동안 끙끙거리며 원고 작성에 들어갔다. 매일 밤을 밝히며 원고를 수없이 교정하는 고된 작업 끝에 접수를 했는데 그만 실패하고 말았다. 그때 큰애는 깊은 허탈감을 맛보았다. 이번엔 막내가 도전을 했다. 우리는 원고를 작성하는 것도 모르고 있었는데 1차 원고 심사 합격자 명단에 동생의 이름이 올랐다고 형이 전화를 했다.

"어머니! 성웅이가 설교 원고 심사에서 합격을 했어요!"

큰애는 자기가 합격한 것보다 기뻐하고 또 기뻐하였다. 형은 저녁마다 억양 속도 자세 리듬 시선 호소력 집중력 등 아우의 설교 연습을 도와 주었다. 드디어 설교 대회날이 왔다. 나도 그 곳에 가겠다고 하니 아들이 내가 가면 더 부담이 될지도 모른다고 하여 그냥 집에서 기도만 하기로 했다. 저녁 6시쯤 큰애로부터 전화가 왔다.

"어머니! 1등이에요. 성웅이가 설교 대회에서 1등을 했어요! 어머니! 저는 너무 좋아서 눈물이 나요."

형은 아우의 입상 소식을 전하며 너무 기뻐서 목소리가 떨리고 있었다. 이럴 때 나도 마음껏 좋아라 해도 되는 것인지…….

"그래! 잘했구나! 장하다. 이 모든 것이 네가 웅이를 잘 도와줘서 될 수 있었던 거야."

"아니에요. 웅이가 완벽했어요. 저는 웅이를 보면서 어떻게 저렇게 잘 할 수 있나 감탄하느라 정신이 없었는 걸요. 웅이보다 제가 더 긴장이 되어서 마음속으로 계속 기도했어요."

동생이 상 탄 것을 자기가 탄 것보다 더 기뻐하는 형의 마음! 나는 그것이 이 세상에서 가장 귀한 마음이므로 큰아들의 아우 사랑하는 마음을 막내 아들의 1등상보다 더 기뻐하였다.

다른 사람의 기쁨을 똑같이 기뻐할 수 있는 것은 부모의 마음이다. 우리는 울고 있는 사람과 같이 울 수는 있다. 그러나 그것보다 몇 배 더 힘든 것은 웃고 있는 사람과 같이 웃는 것이다. 다른 사람의 행복이 고스란히 나의 행복이 되고, 다른 사람의 성공이 고스란히 나의 성공이 되고, 다른 사람의 기쁨이 고스란히 나의 기쁨이 되는 것! 그것은 부모만이 할 수 있는 것이다. 형제 관계로는 그것이 어렵다.

"이번에 남편이 회사에서 승진했어요!"

성도가 기쁜 소식을 전할 때 그것은 조금도 가감없이 나의 기쁨이 된다.

"딸아이가 이화여대에 합격했어요!"

그 어머니의 기쁨이 똑같이 나에게도 전달되어 온다. 그러나 회사에서 퇴직당한 성도 앞에서 나는 다른 성도의 승진 소식을 마음껏 자랑하지 못한다. 자녀가 대학에 실패한 어머니 앞에서 다른 성도 자녀의 합격을 크게 축하하지 못한다. 왜냐하면 그들은 부모와 자식의 관계가 아니라 성도와 성도, 형제와 형제, 이웃과 이웃의 관계이기 때문이다. 다른 사람의 행복이 나의 불행을 더욱 크게 하고, 다른 사람의 성공이 나의 실패를 더욱 비참하게 하고, 다른 사람의 부유가 나의 가난을 더욱 곤핍하게 하는 관계다.

내 친구 중에 얼굴도 예쁘고 키도 크고 성품도 온유해서 교수님과 다른 학우들에게 사랑을 독차지하는 친구가 있었다. 내가 갖지 못한 모든 것을 갖고 있는 그 친구가 나에게 학기말 시험 범위를 묻는 것이었다. 그때 나는 아주 엉뚱한 시험 범위를 가르쳐 준 일이 있다. 그 친구가 시험까지 잘 보는 것을 용납할 수 없었기 때문이다. 그것이 나의 본연의 모습이었다.

그래서 주님은 "즐거워하는 자들로 함께 즐거워하고 우는 자들로 함께 울라"고 하셨다.

이것이 거짓 없는 사랑의 모습임을 가르쳐 주셨다. 인생의 반을 훨씬 넘게 살아온 지금, 우는 자들과 함께 우는 것은 할 수 있을 것 같은데 즐거워하는 자들과 같이 즐거워하는 것이 아직도 어려운 것은 왜일까?

그런 면에서 큰아들의 동생 사랑이 형제의 사랑을 넘어 부모의 사랑에까지 도달한 것을 보며 나는 숙연해질 수밖에 없다. 웃고 있는 사람과 같이 웃을 수 있어서 행복한 사랑이 가장 하기 힘든 사랑이기 때문이다. ●

삼성 제일 병원에 내가 사랑하는 사람이 있어서

여름비처럼 굵은 비가 내리는 저녁, 삼성 제일 병원을 향하여 가고 있다. 16년 전에 갔던 그 길이다. 그 때는 여느 동네 골목길 위에 제일 산부인과라는 작은 병원이었는데 지금은 그 위상이 엄청난 종합 병원으로 변해 있다. 차가운 비가 세찬 바람을 타고 우산 속까지 파고 든다. 이내 옷과 신발이 젖고 손은 차가워졌다. 305호실 두 번째 이름 명단에 '허인애'라고 쓰여 있다. 아! 이제야 찾았구나. 시골 사람 처음 올라온 서울에서 헤매듯 제일 산부인과에서 삼성 제일 병원으로 변한 이 곳을 어리보기 같은 나는 얼마나 헤맸는지……. 병실에 들어서자 인애 후배가 먼저 알아보고 깜짝 놀라 일어나 앉는다.

"이렇게 비 내리고 바람 부는 날 어떻게 오셨어요?"

"비 내리고 바람 불어서 왔지요. 내일 수술을 기다리는 오늘 밤에 두려워하지 말고 편안한 마음으로 잠 잘 자라고 기도해 주려고 왔지."

인애는 화장기 없는 얼굴이 더 고와 보인다. 얼굴도 예쁘고 마음은 더 예쁜 인애. 수술을 한다니 내 마음이 아파서 그대로 집에 있을 수 없었다.

"주님을 믿고 마음을 놓으려고 해도 수술이라니 조금 두려움이 있어요."

"그럼, 어찌 두려움이 없겠어. 그러나 인애님의 몸을 만드신 그분이, 인애님의 몸을 가장 잘 알고 있는 그분이 수술을 통하여 전보다 건강하게 만들어 놓으실 거야."

정선 숙암교회에 다녀온 이야기를 했더니 마음 착한 인애는 여지없이 눈물이 맺혔다. 이런! 내일 수술해야 할 사람을 울려 놓다니……. 인애와는 인천에서 단 한 번 만났었는데 매일 만나고 같이 생활한 친동생같이 느껴진다. 인애의 손을 잡고 나는 간절히 기도했다. 내일 인애의 몸을 수술할 의사 선생님을 위해서, 인애가 수술을 통하여 더욱 건강해지도록, 인애가 병상을 통하여 전에는 귀로 듣던 주님을 눈으로 보고 손으로 만지고 삶 속에서 체험할 수 있도록, 딸의 수술을 앞두고 마음 아파하는 인애 어머니와 손위 시누이님에게도 주님의 평안이 임하기를…….

내일은 아침 일찍 병원에 가려고 한다. 인애가 수술실로 들어가기 전 그와 얼굴을 맞대어 보아야지. 그리고 인애가 수술받는 시간 동안 문밖에서 기도로 지켜줄 것을 약속해야지. 인애가 마취에서 깨어날 때 가장 먼저 그의 눈과 마주쳐야지.

잠자리 날개처럼 파르르 떠는 그의 두려움에 조금이라도 평안을 주는 일이라면 온밤을 비를 맞고 밖에 서 있어라 해도 나는 기꺼이 할 것이다. 하물며 온밤을 교회에서 기도하는 일을 왜 못할 것인가? 그래서 나는 이 밤에 오직 기도하련다! ●

그 사람이 너의 두 아들을 죽이지는 않았지?

아들은 신앙서적을 읽고 독후감을 써야 한다더니 내일 제출할 독후감은 안 쓰고 계속 울기만 하고 있다. 너무 감동해서 그런가? 아니면 글도 쓰기 싫을 정도로 속상한 일이 생겼는가?

나는 아들의 심중을 알아보기 위해

"읽고 있는 책이 무슨 책인데?" 하며 책 표지를 보고는 내심 안심했다. 왜냐하면 그 책은 순교자 손양원 목사님의 삶을 그린 『사랑의 원자탄』이었기 때문이다. 나도 그 책을 읽을 때 얼마나 울었던지 아들의 울음이 아직 반도 못 운 것을 알 수 있었다.

책을 다 읽고 난 아들은 책상 앞에 이렇게 써 붙였다.

"그 사람이 너의 두 아들을 죽이지는 않았지?"

아들은 아마 손양원 목사님이 자신의 두 아들을 무참히 총살한 살인자를 양아들로 삼은 것에서 깊은 감동을 받은 모양이다. 그러나 책에서의 감동이 며칠이나 갈까 하며 나는 그 섬쩍지근한 글귀를 떼어버렸다. 그랬더니 아들은 한술 더 뜬다.

혹시 자신이 다른 사람의 권모술수에 모함을 받아 너무 억울해서 가슴을 치며 분노하고 있거든 "그 사람이 너의 두 아들을 죽이지는 않았지?"라고 크게 소리내어 외쳐 달라는 것이다.

  이 말은 우리 집의 표어가 되다시피 했다. 우리는 식구 중 한 사람이 화가 나고 억울해하고 있으면 얼른 그 잣대를 갖다가 대어 준다. 그러면 그 잣대는 모든 것을 용서할 수 있게 한다. 나에게 아무리 잘못하는 사람이라 한들 "그 사람이 너의 두 아들을 죽이지는 않았지?"에 대입하면 거기에 걸릴 사람이 누가 있겠는가? 오히려 나의 옹졸함이 드러날 수밖에 없는 것이다.

  그 독후감의 위력이 얼마나 큰지 그 말을 읊조리면 용서 못할 사람이 없고 더 이상 화나고 속상할 일이 없다. 나는 떼어냈던 아들의 명작품인 독후감을 다시 크게 써서 벽에 붙였다.

  "그 사람이 너의 두 아들을 죽이지는 않았지?"

  "맞아요. 그 사람이 나를 고통스럽게 하고 억울하게 하긴 해도 두 아들을 죽일 정도의 원수는 아니에요."

  나는 하루에도 수없이 내 삶에서 이 말이 반복되고 있는 것을 알았다. 그 때마다 이 말을 소리내어 스스로 물어 본다.

  "그 사람이 너의 두 아들을 죽이지는 않았지?"

  이 말은 그 사람이 아무리 나를 화나게 하고 분노하게 해도 그것은 내가 얼마든지 용서해야 하는 아주 작은 잘못이고 아주 작은 허물임을 금방 알게 해준다. ●

산 사태가 날을지라도

며칠 전부터 교회 분위기가 심상치 않았다. 몇 사람씩 짝을 지어 수군거린다. 그 중 한 성도님이 나에게 오더니 이렇게 말했다.

"사모님! 아무래도 교회가 분열될 것 같아요. 이미 송파에 교회를 세웠다는 소리도 들리고요. 저에게는 아무 소리를 안 하지만 최 집사님과 저의 집만 제외하고는 거의 모든 성도가 동조한 것 같아요."

목회를 시작한 지 1년을 겨우 넘긴 때여서 교회는 아직 서투른 걸음을 하고 있는 중이었다. 다같이 힘을 합해서 일을 해도 어려운 때에 분열이라니 발목에 힘이 다 빠져 금방이라도 주저앉을 것 같았다.

남편은 준비되어 온 목회자가 아니다. 인생의 중간에 주님을 영접하고 목회의 길에 들어섰으므로 목회에 대한 열정은 있었지만 많은 시행 착오를 거쳐야만 했다. 또한 성정이 불 같아서 성도들과 마찰이 잦았다.

그런 반면에 우리 교회의 부교역자는 성품이 온유하고 인간 관계가 너그러운 사람이었다. 남편은 그 부교역자를 신학 공부를 할 수 있도록 추천해 주었고, 그를 무조건 믿어 교회의 중요한 임무도 다 맡긴 터였다. 그런데 그 부교역자가 중심이 되어 교회가 나누어지게 된 것이다.

누가 어떤 마음을 갖고 있는지 모르는 터라 아무나 붙들고 이야기를 나눌 수도 없었다. 분명 남편은 이 위기 앞에서 더 이상 목회를 못한다고 포기할 것 같았다.

학교에서 돌아온 큰아들이 "엄마! 얼굴이 왜 그래요?"라고 했다. 딱히 의논 상대가 없던 나는 초등학생인 아들과 이 엄청난 이야기를 나누어야 했다. 아들은 "엄마! 우리 합심해서 기도해요. 두 사람이 땅에서 합심하여 무엇이든지 구하면 하늘에 계신 아버지께서 이루어 주신다고 했잖아요! 엄마하고 나하고 두 사람이잖아요?"라고 하는 게 아닌가. 너무나 확신에 찬 아들의 믿음에 나는 오히려 기가 막혔다.

마지못해 "그래 기도하자"하고는 나는 기도는 안 하고 머릿속에서 생각만 오락가락했다. 그러다가 눈을 떠 보니 아들은 눈물을 뚝뚝 흘리며 기도를 하여 눈물이 계속 목줄기를 타고 흘러내리고 있었다. 나는 그 광경을 보고 얼른 눈을 감았다. 그리고 그 때부터 정말 혼신의 힘을 다하여 간절히 기도했다. 한 시간이 넘도록 우리는 손을 붙잡고 기도했다.

기도는 우리에게 때로 기적을 일으키기도 하고 어떠한 시험과 환난이든지 감당할 능력을 주기도 한다. 금방 죽을 것 같았던 두려움과 근심이 사라지고 마음에 평화가 왔다. 나는 전일 예약한 치과에 갔다. 사랑니를 빼고 집으로 돌아오는데 머리에서 반짝 불이 들어왔다.

"썩은 사랑니를 왜 뽑았지? 그냥 두면 다른 이도 상하게 하니까요? 사랑니를 빼면 어떻게 되지? 당분간은 아프고 치열에도 문제가 있겠지만 점차 자리를 잡아 갈 거예요."

그래! 맞았어! 당분간은 아프고 혼란이 있겠지만 점차 더 좋아질 거야!

그날 밤 잠을 자는데 우리 집 동산에 산 사태가 난 꿈을 꾸었다. 우리가 기르던 농작물들이 다 흙더미에 깔렸다. 나는 울면서 흙들을 치웠는데 그 흙 속에서 다시금 파란 새싹이 움터 오고 있지 않은가!

새벽 기도를 마치고 나서 용기를 내어 남편에게 교회 분열의 조짐을 이야기했다. 그리고 그것이 배신을 당했다고 부르르 떨 일도 아니며 교회가 무너질 일도 아니고 오히려 주님께 유익된 일임을 이야기했다.

"여보! 분열로 인하여 어쨌든 교회가 하나 더 생기는 것이에요. 바울은 어떤 이들은 투기와 분쟁으로, 어떤 이들은 순전치 못하게 다툼으로 그리스도를 전파하더라도 무슨 방도로 하든지 전파되는 것은 그리스도니 그는 그것을 기뻐하고 기뻐한다고 했잖아요. 우리 교회에서 1년 만에 또 하나의 교회가 설 수 있다면 하나님 편에서 생각하면 큰 유익이거든요. 또 나누어진 그 교회로 열 가정이 가고 우리 교회엔 두 가정이 남는다는 것은 그 교회는 열 가정이 있어야 교회를 이루어 갈 텐데 우리 교회는 두 가정만 있어도 교회를 이루어 갈 수 있다고 하나님이 당신의 능력을 인정했다는 증거이거든요. 그리고 그들이 다 나가면 우리 부부가 주님을 더욱 간절히 의지하게 되니 우리가 연약할 때 주님이 더 강하게 도우실 거예요."

목회 초년생인 우리가 이 엄청난 사태 앞에 두려워 떨며 용기를 잃을까 봐 주님께서 새벽녘에 가르쳐 주신 산 사태의 꿈은 나에게 흔들리지 않는 믿음을 주었다.

그 이튿날 성도들이 폭도들처럼 몰려와 남편에게 교회를 떠나겠다고 통보할 때 남편은 진정으로 그들을 축복하는 기도를 하며 주님의 큰 뜻 안에서 담담히 보내 줄 수 있었다.

그들이 다 떠나고 두 가정만 덩그러니 남았던 우리 교회에는 다시금 새로운 성도들이 모여들었다. 우리는 산사태가 났던 폐허에 흙을 갈고 새로이 솟아나는 새싹에 물을 주고 돌을 골라내며 열심히 일구어 나갔다.

십수 년이 지난 지금도 내 기도의 한 자락에 그들의 이름이 있는 것은 그 날의 분열이 우리에게는 견디기 힘들게 아팠으나 주님에게는 유익했다는 기쁨이 있기 때문일 것이다.

남아 있는 두 가정과 함께 다시 일해 온 남편은 웬만한 어려움 앞에서 포기하거나 좌절하는 일이 없다. 비록 산사태가 났을지라도 다시 솟아오르는 새싹을 바라고 기다리는 인내를 그 날에 경험했기 때문이리라!

나는 롯데 월드를 지나 오른쪽에 세워져 있는 그 교회를 우리 교회와 형제 교회인 것처럼 사랑하고 있다. 그 교회를 세우신 분도 우리 주님이시기 때문에……. ●

할머니들이 많이 참석하는 구역 예배를 드리고 나오는 길에는 돗나물이 파릇파릇 솟아오르고 있었다.

"아! 돗나물이네! 내가 살던 안중에서는 봄이 오면 넓은 들판에 나가 봄나물을 캐곤 했는데 이젠 봄나물을 캐기는 다 틀렸어."

한 할머니가 너무 아쉬운 얼굴로 아파트 길가에 어렵게 비집고 나오고 있는 돗나물을 보면서 서글퍼하신다.

그분은 수십만 평의 논과 밭을 가지고 농사를 짓다가 남편이 암에 걸려 그 많은 논밭을 다 팔아 치료비로 썼지만 남편은 끝내 돌아가시고 말았다고 한다. 남아 있는 재산이라고는 시골 집 하나뿐이었는데 시골에서 논밭 없이 어떻게 살까 싶어 정든 시골 집을 정리하였다. 그 돈을 가지고 서울에 와서 들어올 수 있는 곳이 이 곳뿐이었다고 한다. 지금은 관절염으로 다리가 아파서 어디 먼 곳 나들이는 엄두도 못 내신다.

다른 할머니들도 이구동성으로 "이렇게 봄이 오는데 넓은 들에 나가 봄나물이나 한번 실컷 캐 보았으면 좋겠어"하신다.

"목사님께 가서 말씀드려서 봄나물 실컷 캐게 해 드릴게요."

아뿔싸! 나도 모르게 또 약속을 하고 말았다.

그동안 노인들을 위한 나들이는 엄청난 대가를 치렀다. 목사님은 노인들이 자식들의 나들이에 밀려 가 보고 싶은 곳에 가지 못하고 집 안에만 갇혀 있는 것을 안타깝게 여겼다. 그래서 봄철과 가을이면 노인들을 모시고 산과 들로 나들이를 갔었다.

노인들의 나들이는 너무 어렵다. 노인들은 우선 거동이 불편하여 일대일로 부축해 드려야 한다. 차가 설 수 없는 곳에서 화장실에 가겠다고 막무가내로 졸라대신다. 그 시간의 간격이 너무 잦아 차 운전에 어려움이 이만저만이 아니다.

그 중에 제일 큰 문제는 음식을 잡수시는 일인데 노인들에게는 음식이 남는 일이 없다. 음식을 무한정으로 상 위에 놓아야 하는 것은 다른 사람이 먹든 안 먹든 갖고 온 가방에 집어 넣으시느라 정신이 없기 때문이다. 그 자리에서 잡수셔야 하는 구운 고기는 양에 넘치게 잡수시다가 급체하거나 토하시기가 일쑤다. 몸이 허약하신 분은 멀미를 심하게 하신다.

어린아이들보다 더 어려운 것이 노인들 나들이다.

가을에 밤을 주우러 마석에 갔던 때였다. 산의 얕은 곳으로 경계를 알려 주고 세 명씩 한 조로 묶어 3시까지 점심을 먹은 자리로 돌아오시도록 하였다. 그런데 조에서 이탈한 한 노인이 한 시간이 지나도록 오시지 않는 것이었다. 다같이 목소리를 모아 이름을 부르고 호각을 불고 확성기로 불러 봐도 안 되어서 목사님과 전도사님들이 온 산을 헤매어 찾느라 녹초가 되었다. 초주검이 되어 겨우 찾았더니 하시는 말씀이 다른 사람들이 없을 때 밤을 주워야 더 줍는단다.

그것까지는 좋았는데 집에 돌아온 할머니가 음식을 토하셨다고 아들과 며느리가 교회로 항의를 하러 온 것이다. 어떤 음식을 잘못 드렸기에 할머니가 병이 난 것이냐며 병원비뿐만 아니라 앞으로도 모든 책임을 지라고 비난이 빗발쳤다. 노인들 나들이 후에 이렇게 난감한 일은 그 이전에도 종종 있었다. 그것을 감수할 각오가 되어 있어야 할 수 있는 일이다.

그런데 기세가 등등하던 아들과 며느리의 항의가 웬일인지 조용해졌다. 알고 보니 병원에 가서 진찰한 그 할머니의 병명은 말기 암이었기 때문이다.

그 할머니는 우리가 병원에 심방을 가면 밤 줍던 그 날의 나들이를 잊지 못하고 그리워하고 또 그리워하셨다.

"얘, 아범아! 목사님이 아니었으면 어떻게 그 산에 갈 수 있었겠니? 밤을 줍고 돌아서면 또 뻘건 밤이 툭툭 떨어졌단다. 내가 가장 많이 주웠을 걸. 내가 시골을 떠나 아파트로 이사 와서 처음 나갔던 나들이란다."

그 할머니에게 밤 주우러 갔던 그 날의 마석 나들이는 첫 나들이이자 마지막 나들이였다.

할머니는 돌아가시면서 당신의 장례를 목사님에게 맡겨 달라고 유언을 하셨다. 전라도 순창 선산에 어머니를 묻고 서울로 돌아오는 차 안에서 할머니의 아들은 이렇게 말했다.

"목사님! 어머니가 그토록 밖에 나들이하고 싶으셨다는 것을 까맣게 모르고 우리들끼리만 돌아다녔어요. 어머니는 밤 주우러 갔다 온 이야기를 매일 수없이 하시면서 그렇게 행복해하셨어요. 목사님! 우리들의 무례를 용서해 주세요. 제 어머니 가슴의 한을 목사님이 풀어 주신 거예요."

아들은 울며불며 어머니에게 무심했던 불효를 뉘우쳤다.

이렇듯 노인 나들이는 항상 조심스러운 것인데 그 돗나물 때문에 덜컥 약속을 했으니 어쩐담! 나는 무슨 일이든 너무 뚜렷하게 기억을 해서 탈인데 왜 이럴 땐 아무 생각이 안 나고 할머니들을 기쁘게 해 드리고 싶은 생각만 나는 것일까? 아마 주님은 나들이 가고 싶어 하는 할머니들의 소리만 들으시나 보다. 혹시 그분들 중에 이번 나들이가 마지막일지도 모르는 분이 있는 것은 아닐까?

 이번 나들이에 준비해야 할 것들이 머리에 활처럼 획획 날아와 박힌다. 전날의 어려웠던 기억들을, 난감했던 처지들을 어느새 다 잊어버리고 또 나의 지병이 도지고 말았다. 봄이 왔기 때문에, 돗나물 때문에······. ●

등기 우편물 겉장에 빨간 줄이 그어져 있다. 예감이 불길하더니 "귀하에게 양도세 추징금 7,800만원이 부과되었습니다. 이의가 있으시면 이의 신청을 하시기 바랍니다"라는 내용의 서신이었다.

이런 짤막한 사유가 우리 삶 속에 올무가 되면 그것은 두 줄로 써 내린 글처럼 그렇게 짧고 간단하지가 않다.

우리 교회가 종로 5가에서 지금의 중계동으로 이전하기 위해서 장소를 물색하던 중 현재의 건물이 지어지고 있는 곳에 차려진 분양 사무실을 찾았다. 그날 만난 분양 총 책임자는 한눈에 보기에도 건물주와 동업자였고 그들은 사소한 일까지 서로 이마를 맞대고 의논하는 관계였다.

우리는 교회 성도 몇 명과 함께 가서 건물주와 분양 사무장이 있는 자리에서 계약을 했고, 그 후 1차, 2차 중도금까지 3억을 지불했다.

그런데 이 두 사람 사이에 어떤 밀약이 있었는지 알 수 없으나 어느 날 분양 책임자는 미국으로 도주를 했다. 법적 건물주는 우리가 그 사람과 계약을 하고 그 사람에게 돈을 주었을 뿐 자신과는 계약된 것이 없는 상태이며 자신은 우리에게 단 한푼도 돈을 받은 사실이 없다는 것이었다. 평소 세상 물정에 어두운 우리는 분양 사기에 걸려든 것이다.

이 사실을 알게 된 자리에서 목사님은 눈의 혈압이 터졌다. 성도들은 크게 실망했고 마음과 몸이 뿔뿔이 흩어졌다. 3억을 사기당한 우리 교회는 무언가를 다시 시도할 만한 힘이 남아 있지 않았다.

왜 이런 일이 생겼을까? 3년을 기도하고 이제야 옮기게 되었는데, 그렇다면 기도가 부족해서도 아닐 텐데, 과연 이 태산 같은 장애를 어떻게 뚫고 나갈 수 있단 말인가?

나는 곰곰이 생각해 보았다. 그 돈은 우리에게 남겨진 돈의 전부였다. 남편이 신학대학원을 졸업하던 날 나는 사업하던 모든 것을 끝냈다. 사업터, 기계, 물건 등을 다 팔아 정리하니 3억이었다. 그 돈에서 단 1원도 남기지 않고 교회 건물을 구입하는 데 다 내놓은 것이다. 그런데 그 돈을 분양 사기에 다 빼앗기다니! 나도 더 이상 지탱할 수 없을 정도로 탈진해 있었다.

그날 밤 나는 절망의 끝에서 마지막 기도를 했다.

"주님! 왜 이런 일이 일어났습니까? 우리는 단 1원도 없습니다. 어떻게 다시 교회를 세울 수 있단 말입니까? 보십시오. 주님! 1원도 없는 빈손입니다. 다 도둑맞았습니다. 다 사기당했습니다."

나는 두 손을 펴며 빈손임을 처절하게 절규하였다.

"교회는 누가 세우느냐?"

"주님이 세우십니다."

"너희가 세우는 것 아니고?"

"아닙니다. 주님이 세우십니다."

"아니야! 너희 교회는 아마 네가 세우나 보구나. 그러니까 네 빈손이 문제가 되지 않니? 교회를 주님이 세우는 것이 맞다면 오히려 네 손은 빈손이어야 한다. 그래야 네 돈 눈꼽만큼 넣어 놓고 매일 계산하는 배은망덕한 짓을 안 하지."

불방망이가 가슴을 탕탕 때리며 나를 계속 질책했다.

"그래요 주님! 우리 교회는 할 수 있어요. 그러고 보니 우리 교회는 지금까지 아무것도 시도된 것이 아니에요. 주님은 시작도 안 하셨는데 우리는 다 끝났다고 울고불고 한 거예요. 우리가 빈손이기 때문에 오히려 주님이 온전히 다 맡아서 하실 것을 믿어요!"

나는 이것을 깨닫고 너무 기뻐서 펄펄 날아서 집으로 뛰어갔다.

"여보! 주님이 교회를 세우실 거예요. 우리 돈이 단 몇 푼이라도 들어가면 우리는 어쩌면 주님의 철저한 종이 되지 못할지도 몰라요. 괜히 우쭐거리고 가끔 주인 행세도 할까 봐 그 돈을 다 없애신 거예요. 주님이 우리 교회를 세우시는 기발한 방법이 있을 거예요."

모든 힘과 용기를 잃고 누워 있던 남편은 어리둥절해서 자리에서 일어났지만, 그날 밤 우리 부부는 우리의 눈앞에서 시퍼렇게 넘실거리는 홍해가 둘로 쫙 갈라지는 광경을 믿음의 눈으로 보게 된 것이다.

내가 성경을 읽다가 놀라고 또 놀란 것은 이스라엘 백성들이 출애굽할 때이다. 뒤에서는 강성한 애굽 군대의 창과 마병이 쫓아오고 앞에는 시퍼런 홍해의 물이 넘실거릴 때 오합지졸 이스라엘 백성은 죽음의 공포로 떨고 있었다.

아! 그때 하나님은 홍해를 둘로 갈라 바닷물을 벽처럼 서게 해서 이스라엘 백성들로 하여금 바닷길을 육지처럼 건너게 하시는 장면이다.

누구나 다 알고 있는 이야기이고 어려서부터 귀가 아프도록 들은 이야기이지만 나는 성경의 그 장면 앞에 설 때마다 그 장엄한 하나님의 능력에 전율한다.

"주님! 어떻게 그토록 기발한 아이디어가 있을 수 있으세요. 제 생각으로는 어디선가 많은 배를 몰아 오시던가, 애굽 사람들이 추격하지 못하도록 말들이 탈이 나던가, 사막에 가시덤불이 길을 막던가 하는 정도뿐이지 바다를 둘로 가르는 방법은 상상도 못했어요. 바닷물 앞에서 구원하는 방법이 수많은 어선이 아니고 바닷물을 둘로 가르는 것이라니요! 그것은 오직 주님만이 생각해 내실 수 있는 방법이에요."

나는 내가 감당할 길이 전혀 없는 어려운 일을 당하면 "주님! 이번엔 주님의 기발한 아이디어가 무엇인가요? 이번에도 바닷물을 둘로 가르십시오! 우리 하나님은 홍해를 둘로 가르시는 하나님이야!"라는 기도가 입버릇처럼 나왔다.

우리는 빈손이었지만 주님은 그 곳에 교회를 우뚝 세우셨다.

그런데 건물주와의 4년 재판이 엎치락뒤치락하는 동안 등기가 엎치락뒤치락하더니, 이젠 국세청에서 양도세 추징금이라는 홍해의 바닷물이 또 우리 앞에 넘실거리고 있는 것이다.

나는 그 추징금 고지서를 들고 무작정 서초동 법원 앞에 갔다. 변호사 이름표를 달고 있는 건물마다 기웃기웃해 보았다. 나의 촌티가 물씬 나는 모양새에 아무도 말을 걸지 않았다. 변호사를 수임할 돈도 없으니 아무 곳이나 변호사 사무실에 들어가서 당당히 상담할 수도 없었다. 알고 있는 변호사도 한 명도 없고 해서 막연히 변호사 사무실 앞에서 두 시간을 서성였다.

말끔한 신사 한 분이 내 옆을 지나가다가 "무슨 어려운 일이 있으세요?"하고 처음으로 말을 건넨다. 상담 한마디도 못하고 애간장만 태우고 있던 나는 그분에게 불쑥 추징금 고지서를 내밀었다.

그분의 사무실은 그의 모습과 똑같이 정갈하고 확실하고 체계적으로 정돈되어 있었다. 그분은 나를 사무장과 상담하게 하지 않고 끝까지 인내하며 나의 장황한 사연을 들어 주었다.

"이 일은 국세청을 상대로 행정 소송을 해야 하는 거예요. 사모님에게 유리한 증거가 될 만한 사람들이 건축업을 하는 사람들이라면 국세청에 거슬려 증언을 해주려 하지 않을 것이고, 서류 증거가 없이 증언에 의존해야 하는 사모님은 결국 패소한다고 보아야 합니다. 세금에 대한 법정 이율이 연 25%이므로 재판하는 기간 동안 세금이 계속 누적되면 시일이 경과된 후에 변제하기가 무척 힘들 텐데요.

"변호사님! 저는 이 재판에서 이기게 될 거예요!"

내가 너무 자신 있게 대답하자 그분은 무엇이 이 재판을 이기게 할 수 있느냐고 내 권세의 근원을 알고 싶어하는 눈치였다.

"그것이 사실이니까요. 건물을 이중으로 사고 팔고 한 것이 아니고 서로 재판하는 동안 엎치락뒤치락한 거예요. 그게 사실이라니까요. 진실한 것은 반드시 승리하는 것이잖아요. 국세청도 진실 앞에서는 이기지 못한다니까요. 국세청이 뭐 이 세상에서 제일 높은 권세인가요? 하늘과 땅의 가장 큰 권세자가 내 편인 걸요. 그분은 나에게 진실이 가장 큰 힘이라고 말씀하셨어요."

"그분이 누구인데요?"

"누구는 누구예요. 우리 하나님이지요."

"아 예, 하나님을 믿으시는 분이군요. 하지만 이 소송은 계란으로 바위치기입니다."

"변호사님! 우리 하나님은요 계란으로도 바위를 깨뜨릴 수 있는 분이거든요."

그분은 하도 기가 막히는지 '푹' 하고 웃으면서 "제가 성심껏 도와 드리기는 하겠으나 소송 수임은 안 하겠어요. 저는 계란으로 바위를 못 깨뜨리거든요"한다.

나는 "분명히 우리 하나님의 기발한 아이디어가 나올 것이니 변호사님은 걱정 마세요!"라고 했다.

그분은 수임료도 받지 않고 그 일의 시작을 국세 심판소에 이의 신청서를 작성해 주는 것으로부터 시작했다.

그분은 국세 심판소에 낸 이의 신청이 기각될 것이 뻔하지만 추징된 세금을 낼 수 없는 나의 현재의 처지를 감안하여 시간을 연장해 주는 방법을 채택한 것이다.

나를 도와주는 그분이 너무 고마워서 자주 사무실에 들렀다. 청소도 해주고, 사무장님을 도와서 서류도 정리해 주고, 가끔 간식도 준비해 가지고 갔다.

그분은 재판이 있는 날이면 몹시 피곤한지 나에게 하나님에 대해서 전해 달라고 했다. 내가 하나님에 대해서 말할 때 마냥 즐거워하고 어린애같이 믿는 모습이 그분에게는 신선하게 느껴진 모양이다. 나는 재판에서 이기든지 지든지 그것은 이제 별 문제가 아니었다. 그분이 나의 전도를 듣고 예수님을 믿게 된다면 이것보다 더 큰 승리는 없을 것이기 때문이었다.

이의 신청을 한 지 1년이 되었을 때 그분의 성실한 조언과 도움에도 불구하고 국세 심판소에서 나의 이의를 기각한다는 판결이 나왔다. 이젠 피할 수 없이 행정 재판을 해야 하는 선택의 여지가 없는 상황이 되었다. 힘없이 기각 통지서를 들고 그분의 사무실에 갔더니 그분은 없고 나에게 간단한 메모만 남겨져 있었다.

"제가 판사로 발령이 나서 부산으로 내려갑니다. 행정 소송은 제

후배에게 부탁해 놓았습니다. 사모님의 전도를 받고 그동안 몇 주일 교회에 나갔었습니다. 부산에 가서 하나님을 잘 믿어 보려고 합니다. 진실이 가장 큰 힘이라는 것! 저도 믿으려고 합니다. 그러나 하나님의 기발한 아이디어는 저에게는 아직도 의문입니다."

드디어 그분의 후배가 나의 변호사로 수임되었고 행정 재판이 시작되었다. 그러나 그분이 우려했던 대로 아무도 증인으로 서 주지 않았다. 나는 건축주가 살고 있는 평촌까지 찾아갔다. 뙤약볕이 내리쬐는 길을 걸었다. 수박 한 통을 사가지고 갔더니 문도 열어 주지 않는다. 할 수 없이 수박을 문 앞에 놓고 왔더니 며칠 후에 내용 증명서와 문 앞에 두고 온 수박값이 전신환 12,000원으로 환산되어 되돌아 왔다.

국세청에서 그에게 전화가 왔다는 것이다. 그는 덜덜 떨면서 자기는 나를 만난 일도 없고, 수박은 내가 문 앞에 놓고 간 것이어서 돈으로 환산해 보낸다는 내용 증명을 보냈다고 나에게 전화를 했다. 국세청이 서민들한테 그토록 무서운 권세인가? 나는 그에게 사실대로만 증언해 달라고 했다. 보태지도 빼지도 말고 진실대로만 증언해 달라고 찾아갔던 것이다. 정말 국세청과 맞서 싸울 아무런 방법이 없었다.

돈이 입금된 은행의 경로를 따라 몇 년이 지난 수표를 찾아야 했다. 이런 일은 은행의 담당 직원이 주 업무 외에 하루 종일 해야 하는 일이므로 대개는 "확인 불가"라고 회신이 오면 끝난다고 했다. 나는 해당 은행에 찾아가서 담당 직원에게 사정을 이야기했다. 물론 그 직원을 만나기 전에 수없이 기도하여 하나님의 도우심을 구하면서 말이다.

그 즈음 세월이 하 수상해서 그런지 판사의 이동이 계속되었다. 이 때쯤이면 판결을 내릴 때야 하고 기다리면 판사가 바뀌었다. 4년의 세월이 쉴새없이 흘러갔다. 그러는 동안 부산으로 내려갔던 그분이 서울로 올라왔다는 반가운 전갈을 받았다.

그리고 한 달도 못 되어 나는 국세청이라는 거대한 바위를 계란으로 쳐서 깨뜨리는 기적을 목격했다. 고등법원 판결에서 당당히 승소한 것이다! 4년 동안 억대로 불어나 나에게 두려움과 위협을 주던 엄청난 세금액도, 승소 판결과 함께 구멍 뚫린 풍선처럼 되어 버렸다.

국세청에서는 서둘러 대법원에 항소했지만, 하나님은 이미 바닷물을 두 개로 갈라 놓고 계셨다. 대법원에서 최종적으로 승소한 판결문 앞에 "진실은 가장 큰 힘입니다! 승리를 함께 기뻐합니다"라고 쓴 그분의 글이 첨부되어 있었다.

나의 사건을 처음부터 자세히 알고 있는 변호사를 아예 판사로 만드시는 하나님의 아이디어는 정말 기발하지 않은가? 이제는 그분도 하나님의 기발한 아이디어를 믿게 되었을 것이다. 그래서 나는 하나님의 이름 앞에 서기만 하면 열렬히 흥분하지 않을 수 없다! 어떠한 곤경에 처하든지 하나님의 기발한 아이디어를 기대하지 않을 수 없다! ●

교회 식당에서 분주히 일하고 있는데 복도에 사람의 기척이 있다.

"누구 안 계십니까?"

부드러운 바리톤의 목소리다. 복도에는 키가 크고 얼굴이 검은 한 남자 분이 서 있었다.

"저 강원도 정선에서 목회하는 사람입니다."

정중하게 자신을 소개하던 그 사람은 갑자기 눈이 둥그레지며

"아니, 이게 누구야! 너 정옥이 아니냐?"고 한다.

"어, 그럼 종철이 오빠?"

"그래 인마! 너 목사 부인 하기 싫다고 멀리 달아나더니 결국 도망 못 가고 나처럼 코꿰여서 잡혀 왔구나!"

"도망가기로 말하면 오빠가 먼저인데 어떻게 된 거야?"

"우선 점심이나 줘라. 나 너무 배고프다."

점심을 차리는 나의 손에 음식이 잘 만들어지지 않는다.

"하여튼 우리 하나님은 대단하셔. 어떤 방법으로 저 오빠를 변화시켜 목사를 만들었담!"

그 오빠는 우리 동네에서 여학생들이 흠모하는 가장 멋진 학생이었다. 우선 동네에서 손꼽을 만한 귀한 인중 학생이었고 고등학교 때

는 당연히 제고 학생이었으니까. 더구나 키도 크고 얼굴도 잘생기고 노래도 잘했다. 운동도 잘하고 남자다운 호탕한 성격에다가 못하는 것이 없었다고 하면 너무 과찬일까? 내 친구 중에도 그 오빠를 짝사랑하여 나에게 편지를 전해 달라, 선물을 전해 달라는 등 청탁이 많이 들어왔었다.

그 오빠의 어머니와 나의 친정어머니는 교우 관계일 뿐 아니라 흉금을 털어놓고 지내는 아주 친한 친구 사이셨다. 특별한 반찬이라도 하면 서로 갖다주느라 바빴다. 두 집으로 살고 있지만 한 가정처럼 가까웠다. 오빠는 나의 친오빠 같았고, 나는 오빠에게 친동생이나 다름이 없었다.

그러나 두 분 어머니에게는 우리 둘 다 근심거리였다. 나는 목사 부인은 절대로 안 하겠다고 버티고 있고, 그 오빠는 죽으면 죽었지 목사는 안 한다고 반항하고 있었기 때문이다.

그는 어머니의 간곡한 만류를 뿌리치고 신학대학이 아닌 일반대학에 진학했다. 그의 어머니는 아들을 목회자로 섬기게 하겠다고 하나님께 서원하셨기 때문에 아들에게 계속 목사가 되라고 강권하셨었다. 그 일로 어머니와의 신앙 마찰이 심해져서 결혼 후 아들은 어머니를 찾지 않는다는 소식을 들은 것이 이 오빠의 마지막 소식이었다. 그런데 목사가 되어 내 앞에 나타나다니 이게 어찌된 일일까? 호기심과 궁금증으로 들떠서 음식은 대충 만들었다.

그는 많이 시장했었나 보다. 한참을 허겁지겁 식사만 했다. 도대체 이렇게 알아보지도 못하게 변하다니……. 나는 그를 머리끝에서 발끝까지 찬찬히 살펴보았다. 양복을 말쑥히 차려 입고 누구도 근접 못 할 정도로 깨끗하던 차림새가 완전히 변해 있었다. 검게 그을린 얼굴과 험해진 손, 시커먼 잠바에 헐렁한 바지, 반짝거리던 구두는 어디에 던져 두고 다 떨어진 농구화가 뗏목만큼 크다.

그러나 변한 것은 외모가 아니었다. 그의 눈빛이었다! 이젠 무엇이든지 거부하지 않을 것 같은 눈빛! 무엇이든지 다 받아들이려고 한없이 넓어져 있는 그의 마음의 창이었다.

"목회자가 되라는 어머니의 소원이 나에겐 무거운 짐이었어. 나는 목사가 되어 그렇게 시시하게 살고 싶지 않았어. 그래서 홀로 계신 어머니를 찾지 않았지. 심지어는 임종하신다는 동생의 연락을 받고도 어머니에게 가지 않고 끝까지 불효를 저질렀어. 어머니는 마지막까지 내 이름을 부르며 '종철아! 어서 하나님께로 돌아오거라!' 오직 이 말씀만 하시면서 돌아가셨다는구나. 동생에게 어머니의 마지막 임종 소식을 듣고 나는 더욱 모른 체했단다. 어머니 존재, 하나님 존재를 무시하고 싶었어! 부정하고 싶었어! 그러나 나의 내면의 깊은 곳에서는 이미 어머니의 평생의 기도가 발아하여 강하게 움터 오르고 있었던 거야. 그것을 막을 수 없었어. 그 생명력을 내 힘으로는 도저히 막을 수 없었어. 일을 할 수 없었지. 내가 즐기던 일들이 다 재미없어지고, 내가 추구하고 질주하던 것들이 다 무가치해진 거였어. 그래서 신학을 공부하고 목사가 된 거야. 한마디로 말하면 우리 어머니의 기도발에 내가 진 거야!"

그 오빠는 계속해서 이렇게 말했다.

신학교 졸업 후에 광림교회 부교역자로 부임 받아서 1년 정도 일했지. 그런데 평생 부모님 속썩이고 어머니 돌아가신 후에 하나님께 끌려온 내 주제를 생각해 보니 서울에서 양복 입고 어슬렁거리면 안 될 것 같아서 시골로 자원해서 간 거야. 강원도 정선이야. 젊은이는 도시로 다 떠나고 할아버지, 할머니들만 살고 있는 곳이지. 나는 그분들의 아들이 되었어. 그 곳에 내 살과 뼈를 묻을 거야. 무지하고 순박하여 살아가는 방법도 모르는 그분들이 나를 의지하고 있거든. 봄에 나물을 뜯어다 말린 것을 트럭에 싣고 왔단다. 참! 너에게 몇 봉지 줄 테니까 잘 양념해서 먹어 봐."

오빠는 말린 취나물, 고사리, 버섯 등의 나물을 주고 갔다. 멋지게, 폼나게 부자로 살고 싶었던 그 오빠는 시동도 잘 안 걸리는 트럭을 타고 강원도 정선으로 떠나갔다.

"인마! 왜 나물 값을 그렇게 많이 보냈어? 오빠 눈물 나게……. 이번 주일에는 건강이 나빠서 교회에 오지 못하던 할아버지가 나오셔서 너무 기뻤단다. 우리 교회 헌금도 2,700원이나 나왔어. 교회 옆에 사시는 할머니가 돼지 새끼 낳았다고 나보고 오라고 하셔서 급히 나간다."

전화선을 타고 오는 오빠의 행복한 목회 소식이다.

17년의 세월을 강원도 정선의 흙 속에 욕심 없이 묻혀 사는 농부 목사님은 어머니의 기도가 움트게 한 새로운 형상인 것이다. 어머니는 죽었어도 기도는 죽지 않고 남아서 반드시 응답된다는 뚜렷한 증거를 지금도 우리에게 보여 주고 있는 것이다. ●

강원도 정선군 북평면 숙암리 숙암교회를 다녀와서

소풍 가기 전날처럼 설레어 좀처럼 잠이 오지 않는다. 그러나 오늘 먼 길을 떠나야 하므로 애써 잠을 청했다. 두어 시간 자고 새벽 예배 때 일어나 기도해야 할 이름들을 낱낱이 기도하고 길 떠날 준비를 했다.

강원도 정선군 북평면 숙암리! 30세 초반의 황금 같은 나이에 주님의 인도하심에 순종하여 흙, 풀, 나무, 물길을 따라 복음을 들고 들어가서 그 곳 농부들과 같이 스스로 흙이 되고 풀이 되고 나무가 되고 물이 된 최종철 목사님을 찾아가는 길이다. 목사님의 목회 소식을 전해 들은 인일 10기 동기들이 며칠 동안 사랑의 마음을 모았다. 어떤 동문은 거동이 불편한 남편을 뒷바라지하며 어렵게 생활하는 가운데서도 서슴없이 사랑 나누기에 동참하여 우리의 마음을 감동시켰다.

사랑 나누기 모음은 10기 이인옥 선배님이 중심이 되어 강력한 자석처럼 곳곳에서 사랑을 끌어들였다. 우리는 그 사랑을 전하러 가는 심부름을 맡았다. 오전 9시 30분에 청담역 14번 출구에서 만나기로 되어 있었다. 약속 시간 20분 전에 도착한 것은 마음이 자꾸 앞서니 발도 빨라질 수밖에 없어서일 것이다.

약속 시간에 정확히 선배님들의 차가 내 앞에 와서 섰다. 차 안에서 손을 흔들며 반가워하는 세 명의 선배님들과 만났다. 오늘 이 아름다운 사랑의 나눔에 운전이라도 봉사하고 싶다고 환하게 웃으며 운전석에 앉은 송영숙 선배님, 오가는 길에 먹을 김밥, 커피 등을 새벽부터 준비해 가지고 나온 김진선 선배님, 빵과 음료수 과일을 꼼꼼히 챙겨 오신 이인옥 선배님, 강원도 정선을 향해 가는 길에 이인옥 선배님은 우리 동문들이 한 마음으로 모여져 이 일을 이룬 것을 감사하고 마냥 행복해하였다.

기암 절벽 위에 홀로 외롭게 서 있지만 그 기상과 절개를 지키고 있는 푸른 소나무, 연두색 신록으로 번져 가는 산은 그대로 연두색 꽃산 같았다. 맑은 물줄기 굽이굽이 따라가는 정선 가는 길, 가다가 길을 묻노라면 얼굴이 검게 그을린 건장한 농부 아저씨는 너무 친절하여 우리의 마음을 송구하게 한다. 산길따라 물길따라 얼마나 깊숙이 들어왔을까? 저 앞에 언뜻 숙암교회가 보였다고 인옥 선배님이 환호했다.

숙암교회! 우리 앞에 서 있는 그 작은 교회는 처음 만나는 우리들이 낯설은 듯 매우 수줍어하고 있었다. 교회에 들어가 보니 의자 없는 예배당은 아주 작았지만 정갈했다. 교회 주보를 보니 지난 주일 낮 예배 모인 인원이 9명으로 기재되어 있었다. 지난 주일은 부활절이었는데……. 목사님은 교회 건물 2층에 살고 계신 것 같았다. 어디를 가셨을까? 목사님은 안 계시고 사람이 그리웠던 흰둥이와 누렁이만 땅을 구르며 우리를 반가워했다.

1시가 조금 넘은 시간이어서 기다리는 동안 가는 날이 장날이라고 정선 5일장을 가기로 했다. 송영숙 선배님이 오랜 미국 생활로 향토 냄새 물씬 풍기는 장터를 가고 싶어해서다. 또 기다리는 시간을 메우기 위해서이기도 했다. 인옥 선배님은 장터를 돌아다니며 어린아이처럼 신바람이 났다. 빈대떡, 올챙이 국수, 콧등치기 국수, 배추 부침개, 쑥떡, 찐빵. 장터를 돌면서 우리가 사 먹은 음식들이다.

혹시 목사님이 와서 기다릴세라 음식을 다 먹지도 못하고 꾸려 가지고 교회로 다시 와 보니 여전히 아무도 없다. 기다림에 지쳐 가려니 비까지 억수로 쏟아 붓는다. 깊은 산속 골짜기는 이내 물안개로 앞이 안 보인다. 인옥 선배님이 지나가는 차들을 다 세고 있다.

"저 차가 목사님 차인가 봐!"

"아니야! 저건 버스인 걸."

"저 차가 목사님 차 같다는 휠이 확 오는데!"

"아니야! 저 차는 교회 앞을 달려오는 속도가 너무 빨라."

어린아이 같은 이인옥 선배님과 눈웃음과 미소가 천사 같은 김진선 선배님이 거의 한 시간 동안 지나가는 모든 차를 목사님 차다, 아니다로 주고받고 있다. 송영숙 선배님은 비 그친 풀밭에서 나물을 뜯고 있다. 전화국에 전화를 해보고 동네 아저씨께 물어 보고 정선에서 제일 큰 교회에서 목사님들 모임이 있다는 정보를 듣고 그 곳에도 가 보았다. 장장 5시간을 누구를 기다려 본 기억은 우리 네 사람 다 전혀 없단다.

그런데 그 어떤 힘이 우리를 길고 긴 시간 기다릴 수밖에 없게 했는지……. 더 이상 못 기다린다고 가자고 하는 사람도 이인옥 선배님이고, 그럼 우리 이제 그만 가자고 하면 못내 떠나지 못하고 우리 떠나고 나면 목사님이 꼭 오실 것이라고 확신하는 사람도 인옥 선배님이었다. 그렇게 우리는 무려 5시간을 기다려 드디어 목사님 내외를 만날 수 있었다.

십수 년을 흙 속에 묻혀 그 모습 그대로 흙이 된 목사님, 흙처럼 모든 것을 받아들이고 흙처럼 모든 것을 덮을 수 있는 모습이었다. 십수 년을 물처럼 사신 목사님은 이젠 이 세상 모든 것에서 물처럼 소리내지 않고 흘러가는가? 우리를 말없이 바라보고만 계셨다. 우리가 하고 싶었던 이야기를 이미 다 알고 있는 것처럼 온화하고 평안한 얼굴로 우리를 대하셨다. 너무 늦게 만나게 되어 함께 식사도 못하고 이야기도 나누지 못했다. 그저 우리 인일의 사랑의 모음을 전달하고 돌아갈 길이 먼 우리는 서둘러 떠나야만 했다.

 목사님 부부는 비록 만남의 시간은 10분 정도였지만 반나절을 쉼없이 달려오고 또 어두워진 산길을 깊은 밤까지 달려가야 하는 우리 인일의 사랑을 오래오래 지켜보고 서 계셨다.

 목사님 부부는 인일의 사랑을 통하여 지금도 여전히 그들을 사랑하시는 주님의 사랑을 확인하실 수 있었을 것이다. 목사님 부부만이 걷던 외로운 길에서 같이 웃고 같이 울어 줄 수 있는 친구가 있음을 알게 되셨을 것이다. 더 이상 갈 수 없는 길이라고 포기하고 싶었을 때 다시 걸을 수 있는 힘을 얻으셨을 것이다.

 인일의 사랑들이 모이고 우리 네 사람이 하루를 꼬박 달려온 이 만남은 목사님이 주님을 향하여 올리셨던 무언가 뜨거운 기도의 응답이었을 것이다. 목사님은 이젠 하늘만 보아도 오늘 우리와 만났을 때 웃으셨던 그 깊은 웃음을 언제나 웃으실 수 있을 것이다. 주님은 인일인들의 사랑을 통하여 당신의 종에게 말씀하고 싶은 것을 분명히 말씀하셨을 것이다. 인일 동문들은 다같이 한 동역자이고 동시에 하나님의 동역자로 일한 것이다.

 갈 때는 가까웠던 길이 집으로 돌아올 때는 몇 배나 길어졌는지 한

없이 멀게 느껴진다.

　조금도 피곤함을 내색하지 않고 끝까지 웃음을 잃지 않고 초지일관 운전하는 송영숙 선배님 등 뒤에서 버릇없이 새까만 후배인 나는 쿨쿨 잠이 들어 버렸다. 꿈까지 꾸며 자다가 깨어 보니 김진선 선배님이 숄을 접어 이불처럼 덮어 주셨다. 거기다가 졸음이 가득한 나를 그대로 전철로 태워 보낼 수 없다고 우리 집 앞까지 데려다 주고 가셨다. 우리 네 명은 차 안에 있는 13시간 동안 서로를 더 잘 알게 되고 사랑하게 되고 한 형제자매같이 가까워졌다.

　깊은 밤 비로소 집에 가서 밀린 집안 일을 분주히 하고 있을 선배님들을 사랑하며 나는 이 글을 쓴다. 캄캄한 산골짜기 숙암교회 기도실에 다시 무릎을 꿇고 앉으셨을 목사님 부부, 흙 속에 묻힌 세월을 결코 길다 여기지 않고 남은 세월 또한 그렇게 살아가실 목사님 내외의 반백의 흰 머리카락을 떠올리며 이 글을 쓴다. 내가 할 수 있는 한 작은 보탬이 되기를 바라며…….

　인일이 뿌리고 온 사랑의 씨앗이 강원도 정선뿐 아니라 사람이 살고 있는 어느 곳이든지 계속 번져 갈 것을 간절히 소원한다. 또한 이 사랑의 씨가 한해살이 풀이 아니라 사랑의 나무가 되어 시절을 따라 열매를 맺고 해가 거듭될수록 더 많은 열매로 풍성해지기를 바란다. ●

울고있는사람과 함께울수있어서 행복하다

나는 그날 이후 어둡고 캄캄하고
아무도 인정해 주지 않아도 내 남편의
뿌리가 되어 흙 속에 잘 묻혀 있다.
나의 나무가 물이 부족한 것 같으면
물을 찾아 뿌리인 나는 한없이 한없이
땅 밑으로 퍼져 내려간다. 바위 틈도 지나고
자갈 밑도 아랑곳하지 않는다.
"아! 이 나무 참 무성하고 멋진 나무네!
우리 이 나무 밑에 쉬어 갑시다."
이 말을 듣는 것이 가장 기쁘다. 이것이
흙 속에 잘 묻혀 있는 뿌리의 기쁨이다.

내가 쑥맥은 쑥맥인가 봐

친구의 미국 이민 날짜가 임박해 왔다. 친구에게 무언가 선물을 주고 싶어서 방안을 둘러보고 서랍마다 다 뒤져보아도 변변한 것이 아무것도 없다. 웬만한 것은 다 갖고 있는 친구여서 이것도 있을 것 같고 저것도 있을 것 같고 오히려 난감했다. 고민하고 궁리한 끝에 성경 암송 대회에서 부상으로 탄 십자가 목걸이를 주기로 결정했다.

항상 그 친구에게 받기만 하다가 나도 무언가 줄 수 있다는 것이 가슴이 터질 것 같은 기쁨을 가져다 주었다.

있는 솜씨, 없는 솜씨 다 동원하여 포장한 선물을 들고 약속 장소인 롯데 월드로 나갔다. 바쁜 일정 가운데서도 약속 시간 전에 나와 있는 친구가 손을 흔들며 반갑게 뛰어온다.

친구는 근사한 음식점에서 점심을 사 주었다. 집에서 나올 때만 해도 나에게는 최선의 선물이었는데 막상 친구 앞에 앉으니 그동안 친구가 나에게 준 선물과 마음이 주마등같이 스쳐 가면서 다시 망설여지기 시작했다. 초라하고 보잘것없는 것 같아 가방에 손을 넣고 만지작만지작하기만 했다.

그러다가 용기를 내어 친구에게 선물을 내밀었다. "내 마음은 무언가 좋은 것을 주고 싶었는데 너무 작은 선물이야."

친구는 내가 이 선물을 내밀기까지 얼마나 많이 망설였는지 아는 얼굴로 "마음이면 됐지. 무슨 선물을 사왔어."

선물을 열어 본 친구의 눈에서 눈물이 흐른다.

"이거 성경 암송 대회에서 탄 십자가에 목사님이 줄을 해줬다고 좋아하던 그 목걸이 아냐?"

"내가 가장 아끼는 것이어서 친구에게 주고 싶었고 나에게 소중한 것이어서 친구에게 줄 수 있었어."

"고맙게 받을게. 미국 가서도 이 목걸이처럼 언제나 나와 같이 있는 것을 믿을게."

친구는 그 자리에서 다이아로 반짝이는 자신의 목걸이를 풀고 내가 준 목걸이를 했다.

"참! 나도 선물 하나 줄게."

친구는 가방에서 차용증 하나를 꺼내 나에게 준다.

"내가 그 사람에게 2,000만 원을 받아야 하는데 미국 이민 가는 것을 알고 차일피일 미루면서 나를 속상하게 하는 사람이야."

"돈을 변제할 상황이 어려운 사람이면 차라리 면제해 주고 떠나."

"아니야! 내가 알아본 바로는 다분히 고의적이야. 교회에 보수할 곳도 많고 하니 내가 미국 떠난 후에라도 이 돈을 받아서 쓰도록 해."

"사업가인 네가 못 받는 돈을 쑥맥인 내가 무슨 수로 받아?"

"우리 사모에겐 하나님이 지혜를 주실 거니까 받을 수 있어. 하여튼 30분 후에 그 사람과 만나게 해줄게."

30분이 훨씬 지나고 1시간이 지나서 점잖아 보이는 한 남자가 왔다. 친구는 그 사람에게 나를 소개하고 채권에 대한 권리를 나에게 위임한다고 말했다. 그리고 위임서를 써 주고 그 사람의 도장을 받았다. 그 남자는 친구의 제안에 흔쾌히 승낙했다. 그는 흘끗 나를 쳐다보더니 야릇한 웃음을 지어 보인다. 아마 "어디서 저런 쑥맥을 데려다 놓았나"하는 눈치였다.

"마음 푹 놓고 미국 가세요. 내가 이 친구 분에게 한 달 안에 다 갚을 테니 걱정 말고요. 내가 한 달 안에 집을 팔면 일시불로 드리고 집을 못 팔면 여러 달로 분할해서 드리겠습니다."

그 사람은 나에게 돈을 주겠다는 것이 무슨 장난인 것처럼 실실 웃으며 농담하듯 말한다. 내가 그토록 만만해 보였나 보다.

"그럼 지금 하신 말씀을 문서로 작성해 주시고 공증을 해주실 수 있으세요?"

나의 제의에 그는 잠깐 멈칫 하더니 "그럼요! 해 드리지요. 뭐든지 해드릴 수 있구 말구요"라고 한다.

그는 우리가 요구한 제의보다 지나치도록 호의적인 문구와 자신의 집 약도까지 그려 넣으면서 공증을 해주었다.

친구는 미국으로 이민을 가고 예견했던 대로 그 사람은 나에게 전화 한 통화도 하지 않았다. 그 사람은 수억 대의 점포를 정리하는 중이었다. 집은 자신의 동생 이름으로 명의를 바꾸어 놓았다. 그러고는 나에게 12월 15일까지 돈을 다 드릴 테니 기다려 달라는 전화를 했다. 그 전화를 받을 때 나에게는 이렇게 들려왔다. "이 멍청한 쑥맥아! 12월 15일이면 나는 이 곳에 없어!"

나는 공증에 명시된 위법적인 사항을 가지고 그 사람의 해외 출국 금지 신청을 했다. 아니나다를까 12월 13일에 그 사람에게서 다급한 전화가 왔다. 돈을 은행에 부칠 테니 빨리 출국 금지 해제를 해 달라는 것이었다. 그 사람은 나에게 약속한 날짜 이틀 전에 다른 사람들의 돈 10억을 가지고 해외로 도주하려다 내가 신청해 놓은 해외 출국 금지에 걸려 공항에서 집으로 다시 돌아와야 했던 것이다.

은행에 돈을 부친다면서 300만 원만 깎아 달라고 식식대며 화를 냈다. 나는 1,700만 원만 부치라고 선뜻 감액을 해주었다.

그 이튿날 은행에 입금된 돈은 1700만 원 밑에 감액해 준 300만 원이 다시 입금되어 있었다. 나는 그 사람이 내가 여지껏 생각했던 것과 전혀 다른 참 멋있는 사람인가 보다 하고 감동하고 있었다. 그런데 그 사람이 전화를 하더니 "300만 원 감액해 줘 봐야 아무 소용도 없는 것 미리 알고 있었던 거죠? 은행 구좌로 2,000만 원이 입급된 입금서가 없으면 해제가 안 되잖아요? 우리 두 사람이 구두로 합의해서 감액해 줬다는 것은 인정이 안 돼요! 2000만 원에서 단 1원이 모자라도 해제가 안 되잖아요. 괜히 시간만 지체됐잖아요!"라고 하는 게 아닌가.

이번엔 왜 돈을 감액해 줬냐고 화를 낸다. 10억도 넘는 돈을 가지고 도망을 가야 하는데 생각지도 않았던 나에게 발목이 잡혔으니 너무 죽을 지경인 모양이다. 나는 돈을 깎아 주고 싶어도 깎아 준 돈까지 필연적으로 다 받게 되었다.

그것만이 아니다. 그 사람이 외국으로 도주하지 못하고 지체하고 있는 동안 그에게 자신의 퇴직금을 다 털렸던 한 사람이 나 때문에 돈을 받게 되었다고 200만 원을 사례해 왔다.

미국에서 친구가 전화를 했다.

"우리 쑥맥 사모! 그 구렁이한테 돈 받았어?"

"그럼! 받고 말고. 그 돈으로 교회에서 얼마나 유용하게 썼는지 몰라."

"와! 그럴 줄 알았어! 나는 그렇게 귀한 선물을 받아 본 일이 없어. 사모가 나에게 십자가 목걸이를 선물로 줄 때 그 때 내가 하고 있던 다이아 목걸이를 우리 사모에게 선물로 주고 싶었어. 그런데 내 목걸이를 선물한다고 하면 자기가 받았겠어? 내가 선물하려던 목걸이가 2,000만 원짜리였어. 그래서 목걸이 대신 그 차용증을 준 거야. 이 세상에서 그 사람에게 돈을 받을 수 있는 유일한 사람이라는 생각이 들었거든. 우리 사모라면 하나님이 그 사람에게서 강제로 빼앗아서라도 주실 것 같은 확신이 확 왔거든. 원래 사기꾼은 쑥맥한테 발목이 잡히는 법이야."

내가 쑥맥은 쑥맥인가 봐! 20만 원짜리 금 목걸이 주고 2,000만 원짜리 다이아 목걸이로 받고 2,000만 원을 받아야 하는데 왜 2,200만 원을 받았지? 나에게 선물하려던 다이아 목걸이가 그 사이에 200만 원 올랐나? 좀처럼 계산이 안 나오네. ●

제일 산부인과에
내가 사랑하는 사람이 있어서

"사모님! 여기 동국대학 후문에 있는 제일 산부인과예요. 지금 빨리 좀 와 주세요. 저 죽을 것 같아요. 한 발짝도 움직일 수 없어요."

그는 말도 제대로 못하고 울기만 했다. 아마 그 곳에서도 자궁암 말기로 진단이 나왔나 보다.

그는 무당이 될 뻔했었다. 그런 그가 하나님을 믿게 된 것은 순전히 남편 때문이었다. 평소 건장했던 남편이 췌장암에 걸린 것이다. 그는 굿도 하고 자신이 받들고 있는 귀신들에게 떡과 음식을 바치며 빌기도 했다. 그러나 남편은 췌장암 진단을 받은 지 두 달도 안 되어 얼굴이 황달로 누렇다 못해 시커멓게 변해 갔다.

그는 물에 빠진 사람 지푸라기라도 잡는 심정으로 우리를 찾아왔었다. 그때 선교 일을 하던 우리는 그의 남편을 위해 모두 사흘 동안 금식을 하며 기도해 주었다. 그러는 중에 그의 남편은 예수 믿고 편안히 천국에 임하는 모습을 우리와 그의 가족에게 보이면서 하나님의 부르심을 받았다. 비록 남편은 하늘나라에 갔지만 그는 다른 사람을 위해 사흘이나 금식을 해주는 사랑에 감동되어 교회에 나오기 시작했다.

37세에 혼자가 된 불쌍한 여인이었다. 그에게는 초등학생인 아들과 중학생인 딸이 있었다. 그런데 이제 아버지의 몫까지 해내야 하는 그에게 청천벽력 같은 일이 생겼다. 그것은 이대 부속 병원에서 그가 자궁암 말기라는 진단을 내린 것이다. 아버지를 잃은 아이들에게 어미까지 잃게 할 수 없다고 그는 이곳 저곳 닥치는 대로 병원을 찾았다. 자궁암 말기라는 진단이 제발 오진이기를 바라면서…….

그러나 최종적으로 받아들이겠다고 마음먹은 제일 병원에서도 말기 암이라는 진단을 받고 보니 눈앞이 캄캄해서 걸을 수조차 없다는 것이었다. 죽음 앞에서 파르르 떨고 있는 그를 찾아 나는 비 내리는 저녁 길을 걸어 제일 병원으로 갔다.

"사모님! 저는 수술도 못한대요. 남편이 없으니 얼마든지 자궁 적출 수술을 하라고 해도 의사 선생님들이 수술을 못한대요. 수술이라도 한 번 해보고 죽으면 여한이 없으련만…… 수술을 못한대요."

그의 절망은, 그의 죽음에 대한 두려움은 어찌할 방도가 없었다. 할 수 없이 그를 데리고 교회로 돌아와 우리가 한 것은 기도뿐이었다. 그날 밤을 꼬박 새우며 기도하는데 하나님은 아비를 잃은 어린 남매에게 또 어미를 잃게 하실 것 같지 않았다. 하나님은 그렇게 무자비한 분이 아니라는 확신이 왔다.

"주님! 과부와 고아의 신원의 소리를 들으시는 주님! 저 불쌍한 여인을 치료해 주십시오. 수술을 못할 정도로 병이 깊어요. 주님이 살려 주시는 길밖에는 아무런 길이 없어요."

얼마 동안 그렇게 울며 강청했을까? 푸른 국화잎이 보였다. "국화잎이네!" 하려는데 내 생각과 의지와는 다르게 입에서는 "쑥! 쑥!" 이라는 소리가 터져 나왔다. 이 여인을 살릴 아무런 방법이 없었으므로 우리는 쑥으로 치료해 보기로 했다.

이른 봄이었기 때문에 양지 바른 곳에 겨우 얼굴을 내미는 어린 쑥이 있을 뿐이었다. 그 쑥을 뜯어다가 절구에 찧고 헝겊에 쑥을 얇게 깐 뒤 그것을 몸에 붙이고 앉아 있었다. 사흘 동안 그 여인도 나도 금식을 하면서 오르지 기도에만 매달렸다. 이 방법밖에는 살아날 다른 방법이 전혀 없었기 때문이다.

금식 첫날, 그 여인에게서 회개가 터졌다. 쉬지 않고 4시간을 울면서 회개를 했는데 눈물과 콧물을 얼마나 많이 흘렸는지 그 방바닥을 닦는데 비누로 닦아내고 또 닦아내도 끝이 나지 않는 것이었다. 금식 둘째 날, 몸 속에서 벌레 같은 것이 기어 나온다고 그는 소리소리를 질렀다.

환부에 대었던 쑥을 보니 정말 피고름 같은 것이 묻어 있었다. 여러 번 새 것으로 갈아 주어도 끝이 없었다. 피고름이 계속 나오는 것이었다. 마치 쑥이 강력한 흡입제처럼 피고름을 빨아내는 것 같았다. 금식 셋째 날, 그는 몸 속에서 무언가 쑥 빠져 나가는 것을 느꼈다고 했다. 계속 쏟아지던 피고름이 멎고 이상한 액체의 분비물이 또 나오는 것이었다.

수없이 헝겊을 갈아내고 난 후에 그는 날아갈 듯이 가벼워진 몸이 어쩐 일인가 하고 의아해했다. 몸의 고통도 씻은 듯이 사라졌다고 했다. 그 여인의 오빠들은 왜 수술은 안 하고 병을 키우게 하냐고 교회로 항의를 하러 왔다. 그래서 불가피하게 병원에서 재검진을 받아야 했다.

이번엔 중대 부속 병원까지 가서 검진을 해보았는데 병원마다 암세포가 사라졌다고 했다. 그저 냉증이 심한 것밖에 없다는 것이다.

수술도 할 수 없어서 두려움에 떨던 그는 수술도 안 하고 병이 나은 것이었다.

그날 내가 제일 병원에 다녀온 이후 16년이 흘렀다. 37세였던 그는 53세가 되었다. 지금도 건강하게 주님의 일을 하고 있다. 그 세월 동안 초등학생이었던 아들은 전도사가 되었고, 중학생 딸은 목사 사모가 되었다. 아무것도 할 수 없었던 불쌍한 과부를 고쳐 주신 주님은 16년 전이나 지금이나 동일하게 우리 곁에 있다.

그 날은 이른 봄비가 차갑게 내리는 날이었다. 비 내리는 저녁 길을 걸어서 나는 제일 산부인과에 갔었다. 그 곳에 내가 사랑하는 사람이 두려움에 파르르 떨고 있었기에……. 오늘도 비 내리는 저녁 길을 걸어서 나는 삼성 제일 병원에 갔다. 그 곳에 내가 사랑하는 사람이 두려움에 파르르 떨고 있기에……. 16년 전에는 수술을 못하는 두려움이었고 오늘은 수술을 해야 하는 두려움이 다를 뿐이다.

사람은 달라도 주님은 그 날이나 오늘이나 동일하신 분이다. 그 날은 수술을 할 수 없었던 것에 감사하고 오늘은 수술을 할 수 있다는 것에 감사하자. 그날 수술을 안 하고 고쳐 주신 주님은 오늘은 수술을 통하여 고쳐 주실 것이다. 그분은 이렇게 약속하셨다.

"그가 찔림은 우리의 허물을 인함이요 그가 상함은 우리의 죄악을 인함이라 그가 징계를 받음으로 우리가 평화를 누리고 그가 채찍에 맞음으로 우리가 나음을 입었도다." ●

그저 흙 속에 잘 묻혀 있으면 돼요

계속 시행 착오의 혼란 속에 있었다. 그 중에 목회자를 은근히 흠모하는 여성도는 으레 사모를 비난하기에 이른다. 그들은 목사님은 훌륭한데 사모가 변변치 않아서 교회가 부흥이 안 된다는 말로 시작한다. 머리가 길면 길다고 비난하고 짧으면 짧다고 비난한다. 옷을 세련되게 잘 입으면 우리 사모는 사치한다고 하고 옷을 제대로 못 입으면 촌스럽다고 한다. 목사 사모인 우리 시누이는 휴지를 사는 날은 동네에 들어갈 때 매우 조심스럽다고 한다. 그것은 시장 다녀오는 사모의 장바구니가 크면 낭비가 심하다고 하고 작으면 궁상떤다고 하기 때문이다.

그러나 다행스러운 것은 사모를 비난하는 사람은 절대로 교회를 떠나지 않는다는 것이다. 그는 목사님에게 필요 이상의 호감을 갖고 있기 때문이다. 정작으로 교회를 떠나는 사람은 목사님과 문제가 있을 때 떠나는 경우가 많다.

목회 초기에 나는 어찌하든지 목회를 잘하려는 열정 때문에 성도들이 내 머리가 길다고 한마디만 하면 바로 짧게 잘랐다. 심지어 교회를 처음 설립했을 때는 남편은 강대상 옆에서 자야 하고 사모는 여성도들이 매일 밤 드리는 밤 기도에 함께 참여해야 한다는 말에 따라 교회 기도실에서 각각 따로 떨어져 잠을 자기도 했다. 그런데 남편

없는 여성도님들이 교대로 40일씩을 정하다 보니 우리 부부는 거의 1년 동안 따로따로 자야만 했다.

성도의 숫자에 따라 모든 의견이 각각이어서 그 의견대로 따르려니 나는 결국 지치고 말았다. 그 다음엔 누구의 말도 듣지 않았다. 오직 주님께만 묻고 주님이 말씀 속에서 하라는 대로만 하기로 했다. 그랬더니 말 잘 듣던 사모가 고집 불통이 되었다고 목사님에게 나에 대한 온갖 비난을 쏟아 놓았나 보다. 사모를 기도원에 보내서 금식하며 회개케 하지 않으면 자신들이 교회를 나가겠다고 목사님께 으름장을 놓았다.

성도 한 명이 귀하고 귀했던 남편은 나에게 반론할 단 한 번의 기회도 주지 않고 "어서 기도원에 가서 금식하며 회개하고 오지 않으면 교회에 발도 붙이지 못할 줄 알라"고 겁을 주며 나를 금식 기도원으로 내어쫓았다.

교회에서 소박맞고 밖으로 내쫓기는 비참한 나의 등 뒤에서 그들의 깔깔 웃는 소리가 들려왔다. 기가 막혔다. 너무 서럽고 억울해서 교회 주변을 떠나지 못하고 빙빙 맴돌며 울고 있었다. 그때 이 광경을 본 한 여성도님이 나를 교회 근처의 식당에 데리고 가서 최고로 좋은 요리로 저녁을 사 주며 이렇게 말했다.

"사모님! 금식은 무슨 금식을 해. 금식하지 말고 먹고 싶은 것 다 먹으면서 일주일 동안 푹 쉬고 와요. 울긴 왜 울어요. '이 때가 기회다!' 하고 어서 나들이 다녀와요. 뭐 1년 동안 교회 부엌에서 헤어날 수가 있나. 매일 생트집만 잡는 저 못된 늙은 권사들 등쌀에 우리 사모님이 얼마나 마음 고생했는데 목사님은 알지도 못하고 그들이 하라는 대로 사모님을 내쫓다니……"

그리고 사모님이 방해돼서 목회를 못한다니 억울한 소리도 어느 정도 해야지. 목사님은 사모님 없으면 하루도 목회 못해요! 그러니까 뒤도 돌아보지 말고 어서 기도원으로 가서 푹 쉬고 오세요. 목사님이 두손 두발 싹싹 빌면서 당신이 없으면 나는 단 하루도 목회 못하니 어서 돌아오라고 할 때까지 절대 돌아오지 말아요!"

나는 눈물로 밥을 말아 먹으면서도 그 성도의 말에 속이 다 시원했다.

'맞아! 내가 손발이 다 닳도록 자기 목회일을 도왔더니 이제 와서 나 땜에 목회를 못한다고? 좋아! 어디 혼자 잘 해보라고 내버려둘 거야! 교회가 1년 안에 이렇게 부흥한 것이 누구 때문인지 알아야 해. 칭찬과 대접은 자기가 다 받고 나는 도대체 뭐야? 교회가 부흥할수록 남편이 인정받을수록 나에게는 모진 일감만 늘고, 그러다가 조금만 잘못되면 나만 욕먹고……. 도대체 나에게 돌아온 것이 뭐야? 그렇게 죽기살기로 남편을 도울 필요가 없어. 내 존재를 알지도 못하고 인정하지도 않고 존귀히 여기지도 않는 바보 멍청이! 나보다 한 성도가 귀하다고? 나 없으면 자기도 없는 것을 왜 몰라!'

나는 금식 기도원으로 가지 않고 남양주에 있는 시내산 기도원으로 갔다. 그야말로 왜 금식을 할 것인가? 그때 내가 잘못한 일이라고는 아무리 생각해 봐도 없었다. 목숨을 다하기까지 남편을 도왔고 성도들을 너무 열심히 섬긴 죄밖에 없지 않은가! 토종닭 백숙도 사 먹고, 들국화 만발한 가을 길을 산책도 했다.

'하늘이 이토록 맑고 파랗거늘 얼마나 바쁜지 하늘도 못 보고 살았네! 기도는 하지 말아야지. 혹시 주님까지 나보고 잘못했다고 하면 나는 정말 억울해서 이 자리에서 죽지도 몰라. 그래, 그 집사님 말

대로 며칠 푹 쉬러 온 거야. 두고 보라지! 나에게 와서 두손 두발 다 닳도록 싹싹 빌어도 난 집에 안 갈 거야.'

'당신이 없으니 집도 엉망이고 교회도 엉망이고 난 당신 없으면 하루도 못 산다는 것을 깊이깊이 깨달았어! 제발 집으로 돌아와 주오!' 아무리 이렇게 애원해도 어림없다니까! 하며 눈을 흘기는 연습까지 해 두었다.

하루가 가고 이틀이 지났다. 그런데 내가 오히려 안절부절못하는 것이었다. 애들은 학교에 잘 갔을까? 집은? 교회는? 남편은 어떻게 지내고 있을까? 아무 일도 안 하고 푹 쉬고 있는데 몸과 마음에는 조금도 안식이 없었다. 여자는 자식 곁에서 일하는 것이 곧 진정한 쉼인가? 여자는 남편 곁에서 섬기는 것이 곧 진정한 쉼인가? 그야말로 자식 없는 쉼, 남편 없는 쉼은 안식이 아니라 그 자체가 고스란히 고통이었다. 나는 이틀 만에 처음으로 기도를 했다. 금식이 아니라 입맛이 없어서 밥을 먹지 못했다.

"주님! 저의 잘못을 깨달을 수 있는 은혜를 베푸소서!"

기도하고 나오는 길 한 켠에 뿌리째 뽑힌 큰 나무가 흉물스럽게 말라 가고 있었다. 사람들이 이 나무가 살아 있을 때는 얼마나 잎이 무성하고 멋있는 나무라고 칭찬했을까? 뿌리와 나무! 그래, 나는 뿌리이고 남편은 나무인 것이다. 뿌리가 나무에게 왜 너만 다른 사람들에게 칭찬받느냐고 하며 흙 위로 올라오면 나무도 죽고 뿌리도 죽는다. 이 나무가 이렇게 무성하게 잎사귀도 달고 사람과 새들이 깃들이는 멋진 나무가 될 수 있었던 것은 어둠과 바위와 자갈을 뚫고 깊이깊이 뿌리를 내려 양분과 수분을 뽑아 올려 주는 뿌리가 있었기 때문이다. 이 뿌리를 보고 칭찬 좀 해 달라고 흙을 뚫고 나오면 뿌리도 죽고 나무도 죽는 것이다.

나는 급히 방으로 가서 가방을 챙겼다. 나와 한 방에 같이 있던 사람들이 며칠 머물다가 간다고 하더니 왜 갑자기 집으로 돌아가려느냐고 묻는다. 혹시 남편이 싹싹 빌러 와서 못 이기는 척하고 따라 나서는 것이냐고 묻는다.

"아니요. 빨리 집에 가서 흙에 잘 묻혀 있으려구요."

나는 그날 이후 어둡고 캄캄하고 아무도 인정해 주지 않아도 내 남편의 뿌리가 되어 흙 속에 잘 묻혀 있다. 나의 나무가 물이 부족한 것 같으면 물을 찾아 뿌리인 나는 한없이 한없이 땅 밑으로 퍼져 내려간다. 바위 틈도 지나고 자갈 밑도 아랑곳하지 않는다.

"아! 이 나무 참 무성하고 멋진 나무네! 우리 이 나무 밑에 쉬어 갑시다." 이 말을 듣는 것이 가장 기쁘다. 이것이 흙 속에 잘 묻혀 있는 뿌리의 기쁨이다. 다양한 사람들이 나에게 묻는다. 목회를 잘 도우려면 어떻게 해야 하느냐고. 집안이 화목하려면 어떻게 해야 하느냐고. 나의 대답은 20년 전이나 지금이나 한결같다.

"그저 흙 속에 잘 묻혀 있으면 돼요!" ●

남편의 스캔들

그는 예배 시간 도중에 부스럭부스럭 소리를 내어 주위를 산만하게 하더니 급기야 쿵쿵거리며 밖으로 나갔다. 그의 얼굴이 심상치 않아 따라 나섰더니 그는 자기의 무례한 이 행동이 나를 불러내기 위해 의도적으로 한 행동이라는 것이었다. 한 쪽밖에 없는 그의 손이 부르르 떨렸다. 떨리는 손처럼 목소리도 떨면서 이렇게 말했다.

"사모님! 큰일났어요! 목사님이 바람이 났어요. 사모님은 어찌 그리 깜깜하세요!"

아닌밤중에 홍두깨라더니 이 무슨 해괴망칙한 소리란 말인가?

"집사님! 그런 엄청난 말씀을 하실 수 있는 근거가 어디에 있나요?"

"내가 목사님의 행동이 수상해 보여서 집에서 기도했더니 딱 응답이 왔어요."

"딱 어떻게 응답이 왔는데요? 하나님이 집사님에게 '목사가 바람을 피운다~~' 이러시던가요?"

이 물음엔 대꾸도 못하던 그는 이렇게 말했다.

"좌우지간 내 말을 안 믿으면 교회가 큰일나요. 저는 우리 사모님 너무 사랑해서 해드리는 말이니까요. 우리 구역에 문 집사님 아시지요? 목사님이 우리들을 차로 태워다 줄 때는 항상 그 집사님을 목사님 옆에 앉히시는 것 아세요? 전에 둘이서 무슨 말을 주고받기에 뒤에서 들어보니까 목사님이 그 집사님에게 '사랑해요'라고 말했어요. 그리고 우리 집이 멀고 문 집사네 집은 가까운데 왜 가다가 그를 내려 주지 않고 우리 집까지 먼저 왔다가 돌아갈 때는 둘이서만 가는지 모르겠어요. 나는 길거리에 내팽개치고 부리나케 차를 휙 돌려 가는데 목사님이 집에 들어올 때 혹시 늦게 돌아오신 적은 없나요? 그 집사님하고 어디 다른 데 갔다 왔을 거예요. 요즘 그 문 집사가 옷도 공작새처럼 쫙 갈아 입고 나오는 것 아시지요? 제가 오늘은 그년이 곤색옷을 입고 오겠지 하면 딱 그 옷을 입고 나온다니까요. 문 집사는 목사님을 호리는 여우예요."

그는 부들부들 떨면서 얘기하는데 나는 어처구니가 없었다.

"아! 그러셨군요! 제가 오늘 집에 가서 목사님을 아주아주 혼내 줄게요."

"사모님! 그냥 넘어가시면 안 되는 일이에요."

"아무렴요. 목사님이 혼나야 하는 일이네요."

그는 한쪽 팔밖에 없는 장애인이다. 어렸을 때 팔을 다쳤는데 계모인 의붓 어머니가 제때에 치료를 해주지 않아 한쪽 팔을 잃었다. 장애를 가졌으니 남편의 사랑도 못 받았다. 술주정뱅이었던 남편은 병을 얻어 일찍 세상을 떠났다. 장애인에다가 홀로 된 이 여인은 시골로 전전하며 상이나 장롱에 옻칠을 해주는 일을 하면서 어려운 생계를 이어가고 있다. 네 명의 자녀를 홀로 키웠건만 자식들도 홀로 고생하는 어머니를 거역하고 조금도 돕지 않는다. 한쪽 팔이 없는 그는 집 안 청소하는 일도 용이치 않다. 그래서 나는 그의 집을 자주 들러 집 안 청소도 해주고 김치도 담가 주고 하면서 그와 가까이 지냈다.

예배가 끝나면 남편은 장애인 구역 성도들을 집까지 차로 데려다 준다. 그분들 중에는 걷지 못하는 노인도 있어서 차로 데려다 주고 집 앞까지 부축해서 데려다 주어야 한다. 다른 사람이 봉사하기에 힘든 곳이어서 목사님이 직접 그 일을 했다. 그런데 그 일을 하던 중 스캔들이 나다니! 그가 지목한 남편의 스캔들 상대는 장애인 구역 중 유일하게 신체가 건강한 분이다. 80대 노인들 중에서 유일하게 60세다. 나는 저녁에 정말 그 집사님과 약속한 대로 남편을 혼냈다.

"여보! 나 몰래 연애를 하려면 정말 멋진 여자와 좀 하세요. 당신 스캔들 상대가 너무 늙었잖아요! 여보! 안 집사님은 사랑에 목마른 사람이에요. 어려서는 부모의 사랑에 목마르고 처녀 때는 이성의 사랑에 목말랐을 거예요. 남편의 사랑도 자식의 사랑도 못 받은 불쌍한 사람이잖아요. 마지막으로 목사님의 사랑을 그렇게 받고 싶어 목말라하는데 당신이 다른 사람보다 더 많이 사랑해 주고 관심을 써 주어야지요."

"허허! 그것 참 어렵네. 차에 탈 때 내 옆자리는 순번대로 앉으라고 할까? 아니면 그날 그날 제비를 뽑을까?

"그런데 한 가지 나도 의심이 가는 것이 있어요."

"뭔데?"

"왜 집이 가까운 문 집사님을 안 집사님 댁까지 데리고 갔죠? 정말 집으로 돌아올 때 둘이서만 같이 오려구요?"

나는 비아냥거리며 눈으로 남편을 흘겨보았다. 남편은

"그날 비가 오니까 동일로가 막혀서 반대편 동부 간선도로로 가서 안 집사님이 먼저 내리고 문 집사님이 나중에 내린 것이지."

무심코 대답을 하던 남편은 "아니 그럼 당신도 나를?"이라고 한다. 나 지금 뭘 하고 있는 거야. 어찌나 민망한지 대답할 말이 궁색할 때 따르릉 전화가 왔다.

"사모님! 목사님에게 따지고 혼내고 있나요?"

"그럼요! 다음부터는 목사님 옆자리는 무조건 안 집사님이 앉는 것으로 했고요. 길은 오직 동일로로만 다니게 했어요. 그리고 사랑한다는 말은 다른 사람이 안 듣는 데서 하라고 했지요."

장난 섞인 말로 대답도 하고 분명 겉으로는 아무렇지도 않았는데 동부 간선도로로 가면 안 집사님이 먼저 내리고 문 집사님이 나중에 내린다? 나도 모르게 그 말이 맞는지 머릿속에서는 계속 그 길이 그려지고 있었다. 이그 속물!

남편의 스캔들은 아내에게는 영 맞지 않는 터무니없는 말 한마디도 무심코 흘려 보내지 못하게 하고 "왜? 왜? 왜?"라는 촘촘한 그물망에 걸러 보게 한다. 나는 아예 그 그물망을 걷어 버렸다. '왜?' 라는 그물망은 별별 하찮은 것들을 다 걸리게 하고 결국에는 두 사람을 걸리게 하여 악취를 풍기며 썩게 만들기 때문이다. '왜?' 라는 그물을 싹 걷어내면 온갖 크고 작은 오물들도 말끔히 씻겨진다. 촘촘한 그물망 대신 '그럴 수도 있었겠지' 라는 물과 같은 마음으로 흘러가야 한다. 세월이 가면 티끌만한 앙금도 남아 있지 않고 다 흘러간 자리에 오직 아내만 사랑했던 내 남편으로 세워져 있을 것이기 때문이다.

남편의 스캔들은 남편을 절대적으로 믿어 줌으로써 오직 내 사람으로 만드는 절호의 찬스다! ●

돌을 던지고 있어

병원에서 돌아와 아들과 마주앉았다. 한 달 후면 군대에 입대할 막내아들은 나와 같이 있어야 할 시간이 별로 없다 생각해서 그런지 항상 내 곁에서 맴돈다.

"엄마! 무슨 생각을 그렇게 골똘히 하세요. 그 성도님 때문인가요?" 그 성도님은 금요일 새벽 하나님의 부르심을 받았다. 경찰이었던 그는 직장에서는 성실하고 부지런한 사람이었고, 집에서는 아내와 자식밖에 모르는 애처가였다. 그는 교회에 나오지는 않았지만 아내와 자식은 교회에 열심히 나가라고 권면할 정도로 호의적이었다. 그가 가족들과 함께 교회에 나오지 못하는 이유는 단지 일을 너무 좋아하기 때문이었다.

그가 교회에 나오기 시작한 것은 3년 전 폐가 사막화되어 가는 희귀한 병에 걸려 직장을 다닐 수 없게 되었을 때부터였다. 그의 아내는 이 병원 저 병원다 다녀 보고, 병에 좋다는 이 방법 저 방법을 수없이 찾아 다녔다. 3년의 투병 생활 속에서 산더미같이 빚도 졌지만 아내는 남편이 집에 가고 싶다고 심하게 조를 때 외에는 병원에서 최선의 치료를 받게 했다.

그는 병상에서야 비로소 지난 세월 속에서 지은 죄를 회개하고 예수의 이름으로 세례를 받았다. 그는 요즈음 대소변을 받아내야 할 정도로 병이 악화되었다. 그의 아내는 호흡이 언제 끊어질지 모른다고 화장실 가는 것도 참으며 남편의 간병을 해 왔다.

그러던 중 아내에게도 몹쓸 병이 들었다. 다행히 초기여서 병원에서는 되도록 빠른 수술을 권면했다. 그러나 아내 외에는 절대로 몸을 맡기지 않는 남편을 두고 죽을지언정 수술을 할 수 없다고 하며 아내는 끝까지 남편의 간병 자리를 지켰다.

그의 아내가 정밀 검사를 받기 위해 부득이 남편 곁을 비워야 하던 날 나는 그의 일일 간병사가 되었다. 그는 평소 예의바르고 깔끔한 성격에다가 나와 동갑내기였다. 거기에다 여자인 나에게는 좀처럼 자신의 몸을 맡길 수 없었을 것이다. 그는 입이 쓰다고 음식을 먹지 않겠다고 했다. 누워서 음식을 받아 먹으려면 한 숟가락 먹을 때마다 산소 마스크를 떼었다 다시 써야 하는 상황이었다. 수저에 음식이 남아 있어도 최대한 짧은 시간에 음식을 먹어야 하기 때문에 흘리게 되고 물기가 있는 것은 여지없이 얼굴에 흐른다. 그런 모습을 나에게 보이고 싶지 않았을 것이다. 그래도 먹어야 기력을 차리지 않겠는가?

"아 입 벌리고 한 숟가락 더 먹으면 5년은 더 살지요."

밥 안 먹고 투정하는 어린아이 달래듯 달래면서 밥 반 공기를 먹여 주었다. 밥을 먹으며 조금 마음의 문을 연 그는 나에게 자신의 앙상한 몸을 맡겨 대소변도 편안히 보았다. 병원 진료를 마치고 돌아온 아내는 남편의 이 모습을 보며 이렇게 말했다.

"사모님! 사모님께 우리 선영이 아빠 맡기고 수술 받을게요. 선영 아빠는 나 외에는 간병사는 물론이고 누구 앞에서도 저렇게 편안히 몸을 맡기지 않으려 했어요. 그러니 어떻게 제가 마음놓고 수술을 할 수 있겠어요. 그런데 선영 아빠가 사모님이 나만큼 편하대요."

마침내 아내의 수술과 회복 기간 동안 내가 그의 간병을 맡기로 상의가 되어 6월 3일로 수술 날짜를 잡았다. 그런데 그 날이 오기 전 엊그제 그가 하나님의 부르심을 받은 것이다. 입관하기 직전 얼굴에 산소 호흡기를 끼고 그토록 모진 고통을 하던 그의 얼굴은 마치 행복한 꿈을 꾸며 자고 있는 사람과 같이 평온해 보였다. 내가 하는 말은 다 재미있다고 나를 보기만 해도 웃던 그의 얼굴은 금방이라도 웃음을 터뜨릴 것 같았다. "아 입 벌리고 한 숟가락 더 먹으면 5년을 더 살아요"하면 마치 그 날처럼 밥을 받아 먹을 것 같았다. 작아질 대로 작아진 그의 몸이 좁은 관 안에 누울 때 그가 나에게 마지막 부탁을 하는 소리가 들려왔다.

"사모님! 저처럼 돌봐 줄 사람 없는 불쌍한 병자들을 돌봐 주세요! 간병하는 것 별로 어렵지 않아요. 저에게 한 것처럼 하면 돼요."

언젠가 나는 한 영혼의 구원을 위해 식모살이를 갔었다. 그 식모살이를 통해 주님은 나를 충실한 식모감으로 인정하셨는지 오늘날까지 많은 사람의 시중을 들 수 있는 식모 일을 맡기셨다. 그런데 이번엔 간병사 일을 맡겨 보신 것 같다. 식모살이 때는 오디션 기간이 보름이었는데 이번 간병사 오디션은 하루뿐이라니!

나는 십수 년 전에 말기 암 환자 무료 요양소를 짓고 생활이 너무 어려워 보살핌도 받지 못한 채 그대로 죽을 날만 기다리는 환자들을 돌보겠다고 마음먹었었다. 그것을 기도할 때 하나님의 도우심이 함께 하심으로 그 일이 하나님이 원하시는 선한 일임을 확증해 주셨다. 그 일을 할 수 있는 터전도 주셨다. 이렇게 사랑하는 사람들을 하나, 둘 암으로, 불치병으로 보내면서 하루 빨리 그 일을 해야겠다는 것을 고민하고 있는 것이다. 아들은 이렇게 말한다.

"엄마! 엄마는 지금도 더할 나위 없이 열심히 하나님의 일을 하고 있는 거예요. 오십 세가 다 되어 시작하면 그 성과가 얼마나 있겠어요?"

"웅아! 나는 그저 돌을 던질 뿐이다."

"돌을 던져요? 그게 무슨 뜻이에요?"

"내가 어렸을 적 어머니는 앉으나 서나 무시로 기도하셨단다. 그 때마다 나는 어머니에게 투정을 했지. '어머니! 큰 이모는 기도 안 하고도 부자로 잘살고, 둘째 이모는 고아를 데려다 기르지 않아도 하는 일마다 잘 되는데, 어머니는 매일 기도하고 어려운 살림에 고아도 데려다 기르는데 왜 우리는 부자도 안 되고 잘 되지 않지요?' 그러면서 어머니의 기도와 헌신을 묵살했었지. 그때 어머니는 빙그레 웃으시면서 간척지를 만들려면 바닷물에 수없이 돌을 던진단다. 돌을 던지고 또 던져도 여전히 바닷물이 넘실대지. 그것만 보면 그 곳이 뭍이 되리라는 생각은 아무도 못한단다. 그러나 헤아릴 수 없는 많은 돌을 던지노라면 어느 날 그 곳은 바다가 변하여 땅이 되는 것이지. 나는 너희들과 너희들의 후손을 위해 돌을 던질 뿐이다. 내 눈앞에는 여전히 바닷물이어도 언젠가는 너희들이 밟을 땅아 될 것을 믿기 때문이다. 나의 어머니의 돌 던지기는 여든이 훨씬 넘은 지금까지도 계속되고 있단다."

나는 내 인생 중 어머니가 던지신 돌이 어느덧 나를 물에 빠지지 않도록 떠받쳐 주는 것을 수시로 경험한다. 그렇듯! 나 역시 내 눈앞에 어떠한 성과로 나타나는 것을 바라보는 것이 아니다. 말기 암 환자들을 위해 돌을 던질 뿐이다. 내 인생이 다 바쳐지고 난 나의 마지막 날에도 아직 수면 위에 아무런 흔적도 나타나지 않는 미미한 것이어도 좋다. 갈 곳 없고 보살펴 줄 사람 없는 말기 암 환자들의 호스피스 일에 돌을 던지노라면 언젠가는 그들이 편히 밟을 땅으로 드러날 것이다.

아직 나의 말을 이해할 길 없는 아들은 언젠가 나의 이 말을 절실히 경험하고 깨닫게 될 것이다. 그리고 자기의 아들이 눈앞에 나타난 성과를 지적하면서 기도와 남을 위한 헌신이 대체 무어냐고 묻는다면 아들 역시 이렇게 말할 것이다.

"나는 너를 위하여 돌을 던지고 있어." ●

어느 집이 나의 진짜 집이지?

언제부턴가 언니의 행동이 달라지기 시작했다. 변변한 옷 하나 제대로 사 입지 못하더니 최고급 인테리어 자료 책을 뒤적이는 것은 물론이고 급기야 집치장이 시작된 것이다. 장롱, 화장대, 문갑, 식탁 등 가구는 말할 것도 없고 고가의 가전제품, 커튼…… 끝이 없었다.

언니는 신혼 때부터 극도로 근검절약하며 살아왔다. 남편이 해외 근무 나가 있던 5년 동안 보내주는 급료는 단 한푼도 축내지 않고 알알이 모아 저축을 했다. 언니는 가내수공 일을 해서 자신이 기본적인 생활비를 벌어서 지냈다. 교회 건축 헌금으로 500만원을 작정했는데 등산객들이 관악산에 버려두고 가는 빈 병을 주워서 약속한 금액 전액을 내기도 했다.

새 옷이나 새 구두는 돈 주고 사는 일이 전혀 없었다. 젊은 시절, 부부가 5년이나 떨어져 살아온 세월의 대가로 알알이 모은 저축으로 언니네는 초등학교 앞에 있는 문방구를 구입할 수 있었다. 언니는 그 초등학교 학생 전체의 이름을 외우고 있었다. 어디 이름뿐이랴! 집안 형편까지 거의 다 알고 있었다.

점심이 어려운 아이에게 점심을 주고, 라면을 끓여 주고 언덕에 있는 언니네 문방구는 길을 지나가는 동네 노인들의 쉼터이기도 했다.

여름에는 콩국수를 시원하게 만들어서 오고가는 노인들에게 대접했다. 겨울에는 따끈한 칼국수를 먹을 수 있는 집이기도 했다.

언니는 주일날 교회에 가려면 변변한 양말이 없어서 고양이 자기 꼬리 잡듯이 집안을 뱅뱅 돌기 일쑤였으나 언니네 집 앞에는 일주일 동안 전도해 놓은 새신자들이 줄을 섰고 언니는 그 사람들을 택시에 태워 교회로 몰고 갔다.

언니네 부엌에는 커다란 항아리가 하나 있었는데 언니는 물건을 팔다가 동전을 한 움큼씩 갖고 들어와 그 항아리에 부었다. 그 항아리에 부어진 돈은 불쌍한 사람들을 위해서 쓰는 돈이었다.

아이들의 코 묻은 돈을 모으는 문방구였지만 5년 동안 부지런히 일하자 3층짜리 집을 살 수 있었다. 또 이제는 서울 번화한 상가에 매출이 많은 점포를 구입하게 되었다.

언니는 서울로 이사를 했다. 있는 돈은 점포를 구입하는 데 다 쓰고 종로구 창신동 산꼭대기에 있는 낙후된 아파트를 전세로 얻었다.

내가 그 아파트에 가보면 오늘 다 철거해도 아까울 것이 하나도 없었다. 언니네 집에 가구는 거의 다 주워온 것뿐이었다. 내가 어쩌다가 아주 저렴한 가구라도 사라고 권하면 번번이 하는 대답은 "이 집은 내 집이 아니야. 임시로 사는 집이야"라는 것이다.

작은 돈을 아낄 줄 알고 써야 할 가치가 있는 곳에는 큰 돈도 아끼지 않고 선뜻 내놓던 언니를 변하게 한 사건이 생겼다. 그것은 언니가 새로 구입한 연수동에 있는 50평짜리 아파트였다.

서울에서 사업을 하고 있으니 인천에 있는 아파트가 무슨 소용이람! 그러나 그것은 모르는 말씀이었다. 언니의 삶의 모든 꿈은 그 아파트에 있었다. 천만 원이 넘는 향기 나는 장롱이래나 그 장롱과 한

짝을 이룬다는 고가의 화장대, 문갑, 보료…… 그것들을 구입하기 위해서 언니는 열심히 더 열심히 일했다.

나는 언니를 만나면 "언니! 그 좋은 가구들이 방안에 가득하면 뭐 해? 언니가 쓰지 않으니 창고에 쌓아 두는 것과 뭐가 다른 거야?"

"모르는 소리 마라. 나에게도 50평짜리 아파트가 있구나 생각하면 괜히 신바람이 나고 행복한 것 모르니? 내가 매일 저녁에 창신동 산꼭대기 빈민 아파트를 찾아 들어가지만 하나도 비참하지 않고 당당하고 어깨가 으쓱한 이유는 나의 진짜 집이 있기 때문이야. 그 아파트는 편하게 직장 다니려고 임시로 머무는 곳이니까 아무런 치장을 할 필요가 없어."

나는 오랜 목회 경험으로 우리 성도가 살고 있는 집이 자택인지 전세인지 월세인지 일일이 묻지 않고도 단번에 눈치챌 수 있다.

자택은 빚을 얻어서라도 견고하게 아름답게 꾸며 놓았고 전세는 아주 흉하지 않으면 최대한 버티는 편이다. 월세는 아예 관심도 없다. 그 집은 자기와 아무 관계가 없는 것이다. 나그네같이 살고 가야 하기 때문이다. 누군가 하룻밤 여관 잠을 자면서 그 집이 더럽다고 청소하고 부실하다고 수리하고 아름답지 못하다고 나무 심는 사람이 있을까?

언니는 연수동 아파트는 생각만 해도 흐뭇하고 뿌듯하고 행복한가 보다. 이젠 돈을 버는 목표도 뚜렷하다. 이번엔 통나무로 된 식탁을 구입할 목표다. 이번엔 대형 냉장고, 다음엔 에어컨…….

이렇게 계속 가구 장만을 하여 아방궁을 꾸며 가느라고 정작 언니가 그토록 잘 보살펴 주던 이웃들은 헌신짝처럼 버려졌다.

"언니! 이 땅에 있는 것은 영원한 것 아니야. 좋은 것도 나쁜 것도 다 잠깐이야. 창신동 아파트도 임시로 빌려 쓰는 것이고 연수동 아파트도 임시로 빌려 쓰고 가는 것은 똑같아. 모든 것이 우리네 살아 있을 동안만 잠시 빌려 쓰는 것인데 좋으면 어떻고 나쁘면 또 어떻겠어? 언니! 살지도 않고 비어 놓는 연수동 아파트 치장은 그만하고 언니네 지금 사는 집이나 수리해. 그리고 우리의 치장할 진짜 집은 저 하늘에 있어. 연수동 집 치장하느라고 저 하늘의 언니 집은 텅텅 비어 있잖아. 하찮은 연수동 집이 언니에게 언제나 부자 같고 행복하게 해 준다면서 우리는 하늘나라에 있는 집을 생각하면 얼마나 기뻐해야 하겠어. 기죽을 이유 하나도 없잖아!"

"하늘나라에 있는 내 집은 안 보이니까 잘 모르고 나의 진짜 집은 연수동 집이야!"

그렇게 생각만 해도, 쳐다보기만 해도 내 집이려니 하고 언니를 기쁘게 해주던 연수동 집에서 언니는 단 하루도 살지 못하고 어느 이른 겨울 새벽 사고로 죽고 말았다. 지금의 나보다 더 젊은 나이에. 언니가 진짜 자기 집으로 알고 행복해하며 자랑하던 연수동 아파트는 단번에 팔아야 했다.

언니의 큰아들에게 시집오는 새 신부는 그 집이 싫단다.

언니가 사다 놓고 써보지 못하고 매만지기만 하던 장롱도 젊은 감각에 맞지 않아 싫다고 하니 버리는 데 돈 줘야 하는 쓰레기 신세다. 가죽 소파도 화장대도 줄줄이 쓰레기 신세가 되었다. 흔적도 없이 사라져 버린 언니의 진짜 집은 처음부터 진짜가 아니었다. 언니는 자기가 잘못 알고 있던 진짜 집에 들어갔을 때 얼마나 후회했을까?

정작 언니가 영원히 살아야 할 진짜 집은 창고가 텅텅 비어 있었을 테니…… 아무것도 준비해 놓은 것이 없는 초라한 집에 엉겁결에 도착한 우리 언니! 평소 눈이 컸던 언니의 눈은 더욱 커졌으리라. 평소 눈물이 많던 언니의 눈에서는 뼈아픈 후회의 눈물이 쏟아졌으리라.

장롱 살 돈으로 그 불쌍한 이웃들을 돌아볼 것을! 둘둘 말아 쓰레기통으로 들어간 커튼 살 돈으로 하나님 말씀 전하는 선교비로 보내야 할 것을! 어느 집이 나의 진짜 집인지 진작에 알지 못한 어리석음을 가슴을 치며 통곡했을 것이다.

며칠 기거할 텐트가 20평이면 어떻고 50평이면 어떠랴! 좋으면 어떻고 나쁘면 어떠랴! 그 모든 것이 우리네 잠깐 살고 갈 동안 빌린 천막들인 것을!

천막 치장하느라 더 이상 울고불고 하지 말아야 하리라. 영광의 나라에 준비된 우리들의 진짜 집이 있는 것을 즐거워하고 한없이 행복해야 하리라! 그 창고에 가득가득 저축해야지! ●

암에 걸렸다고 다 나쁜 것만이 아니란다

6년 전 나의 친정어머니는 위암 판정을 받으셨다. 식목일이었던 그날 모처럼 어머니를 찾아 뵈었는데 식사는 아주 조금밖에 못하시고 활명수를 여러 번 음료수처럼 잡수시는 것이다. 오래 전부터 이렇게 소화가 안 되셨다는데 그동안 바쁘다고 잠깐씩 뵙고 가던 우리들은 전혀 알지를 못했다.

무조건 길병원으로 모시고 갔다. 그리고 내시경 진찰 날짜가 잡혔다. 어머니는 위 내시경 진찰 때는 잘 참으시더니 장 내시경 때는 너무 고통스러워하셨다. 검사 결과가 위암이라고 말해 주는 의사 앞에서 나는 눈앞이 까마득해지는 현기증을 느꼈다. 이 사실을 알려 드려야 하나 숨겨야 하나?

언제까지나 어머니는 그 곳에 계실 줄 알았다. 내가 힘들고 지쳐서 찾아가면 나를 안아 주기 위해 가슴을 덥히고 계시며 쳐다보기만 해도 든든히 서 있는 산처럼 나를 위해 움직이지 않고 항상 그 곳에 계실 줄로 알았다. 그런 어머니가 위암이라니……

나의 외할아버지의 믿음을 태어날 때부터 받은 어머니는 일평생 신실한 믿음을 지키며 사셨다. 방 한 칸에 온 식구가 다같이 살던 나의 어린 시절에 잠자다 깨면 따뜻한 아랫목엔 우리들을 누이고 어머니는 차가운 윗목에 무릎을 꿇고 앉아 매일 밤 속닥속닥 기도를 하고 계셨다. 어머니는 여러 식구가 끼니도 이어가기 어려운 그 때에 부모 없는 아이도 돌보시고, 담요에 둘둘 말아 놓은 폐병 말기 청년을 극진히 간호하여 다시 살려 놓으시기도 했다. 토요일이면 한복을 인두로 곱게 다리고 손질하여 주일을 준비하셨다. 내가 초등학교 때 방학을 하면 새벽마다 나를 깨워 새벽 예배에 데리고 가셨다. 잠이 아쉬운 나는 항상 투정을 했다.

"엄마! 내 위로 언니가 셋이나 있는데 왜 가장 어린 나를 새벽에 깨우시는 거예요?"

"너는 앞으로 매일 새벽 기도를 해야 하기 때문이야."

"난 싫어요! 목사는 너무 가난해서 싫어요. 우리 교회 사모님도 부엌에서 남몰래 우시는 걸 너무 많이 봤어요."

그 새벽 길은 눈이 수북이 쌓여 장화를 신은 내 발에 왜 그렇게도 눈이 많이 들어오는지……. 잠이 덜 깬 나를 깨워 어머니가 데리고 다니시던 새벽 기도를 나는 그 날부터 지금까지 하고 있는 것이다.

또한 어머니는 저녁마다 가정 예배를 드리고 성경을 가르쳐 주셨다.

"고난을 두려워 말아라. 아무 어려움 없이 자란 나무는 하늘을 향해 쭉쭉 자라기는 했지만 대들보로 쓸 수는 없단다. 모진 비바람을 견디느라 몸에 굽이굽이 매듭이 맺힌 나무가 대들보로 쓰인단다."

어머니가 성경을 가르쳐 주시며 틈틈이 들려주시던 이야기다. 막내로 자라서 아무것도 할 줄 모르는 내가 종가집 맏며느리로 시집가던 날 어머니는 이렇게 말씀하셨다.

"너는 시집가는 것이 아니고 선교하기 가장 어려운 곳에 주님이 너를 선교사로 파송하시는 것이라는 것을 알아라."

그리고 시댁 식구 누구에게든지 "나는 당신에게 지는 것으로 이깁니다"라는 태도로 살아가라고 말씀해 주셨다. 또 이것을 진심으로 기쁘게 행동으로 실천할 수 있을 때까지 마음속에서 수없이 되뇌이라고 하셨다.

예수를 전혀 믿지 않는 가정으로 시집간 나를 위하여 10년 동안 밤마다 방에서 주무시지 않고 옥상 시멘트 바닥에서 기도해 주신 나의 어머니, 자식들을 위해 생명까지 내놓으시는 어머니의 사랑과 희생을 어찌 글이나 말로 표현할 수 있으랴!

이젠 늙고 병든 어머니, 작고 연약해지신 어머니에게 암이라는 사형 선고를 어떻게 알려 드릴 수 있단 말인가? 언니 내외와 우리는 차마 말을 못하고 있는데 어머니는 우리들의 빨개진 눈시울만 보고도 벌써 알아차리셨다.

"암인가 보구나! 하나님이 나의 수고를 그치게 하시고 나를 편안하게 해주고 싶으셔서 부르시니 감사하지 뭐냐. 천국 가면 그리운 네 할아버지, 할머니, 2년 전에 돌아가신 아버지, 내 앞에 보내고 그리워한 내 아들딸도 다 만나니 얼마나 좋으냐!"

어머니는 감기보다 더 쉽게 암 선고를 받아들이셨다. 병원에서도 수술은 용이치 않다고 했다. 그런데 약을 드시면 도저히 연로한 몸이 견디지를 못하셨다. 음식도 못 드시고 고통스러워하셨다. 그런데 암 선고를 받은 지 한 달쯤 되었을 때 병색이 완연했던 얼굴에 생기가 도셨다.

어머니는 어느 날 새벽 예배에 가셔서 이렇게 기도하셨다고 한다.

"주님! 이제라도 저를 부르시면 즐거이 주님께 가겠나이다. 모태로부터 주님을 믿게 하시고 다른 길로 가지 않고 일평생 믿음을 지키게 해주셨나이다. 나의 자녀로 주의 종을 삼으셨고, 손주들도 거룩한 사역의 대를 이었으니 저는 더 이상 여한이 없습니다. 그러나 주님의 부르심을 받는 동안에 부모가 고통스러워하면 그 모습을 보는 자식들이 얼마나 힘들겠습니까? 하오니 그저 고통만 없게 해주십시오."

이 기도를 드리는데 갑자기 뜨거운 인두로 가슴을 지지는 것 같았다고 하신다. 어머니는 1년에 한 번씩 내시경 검사를 하고 있는데 해마다 6년 전의 암 크기와 똑같은 모양이 나타난다. 더 커지지도 않고 더 작아지지도 않는 암 덩어리! 의사는 고개를 갸우뚱하며 "누가 암 둘레를 불로 지져 놓았나?"라고 했단다. 그 의사 선생님은 6년째 희귀한 이상 사태를 의아해하고 있다.

물론 어머니는 음식을 마음대로 드시지 못한다. 움직이는 것도 무척 힘들어 하신다. 그렇지만 안타까워하는 우리들 앞에서 항상 밝게 웃으신다.

"내가 암에 걸린 것을 감사 또 감사한단다. 내 일생에 주님과 사람 앞에 잘못한 일이 없는지 곰곰이 뒤돌아볼 수 있게 하시고, 이 땅에 남은 시간이 짧음을 알고 시간 시간 아껴서 가장 귀한 일에 쓸 줄 알게 하시고, 만나는 사람마다 마지막 만남인 줄 알고 진실하게 사랑하게 하시고, 이 땅에서 아무것도 취할 수 없음을 알아 욕심내지 않게 하시고, 암의 고통이 있어 질병의 고통이 없는 천국을 사모하게 하시니 암에 걸렸다고 다 나쁜 것만은 아니란다."

언제라도 주님의 부르심을 기다리시고 계신 어머니는 내가 어렸을 적 한복을 곱게 다려 놓고 주일을 기다리던 그 모습 그대로이다. 먼 후일 내 아이들 기억 속에 나는 어떤 어머니로 남을 것인가? ●

울고있는사람과
함께울수있어서
행복하다

나는 오늘 하루 종일 내 삶을 힘들게 하는
모든 문제들과 나 혼자 끙끙대면서 맞섰던 자리에
하나님의 이름을 함께 놓는
대진표 이름 바꾸기 작업을 하려고 한다.
그러면 나에게 맹수처럼 달려오던
그 많은 두려움들이 사라지고
꼭 이기고 말겠다는 안달도 없어지고
오히려 얼마든지 적수가 안 되는
상대방 선수에게 '차' 나 '포'를
내 스스로 미리 떼어주는 여유와
넉넉한 인심과 사랑을
베풀게 될 것이다.

나에게 아파트 열쇠를 맡긴 것은

그는 지금 서울대학 병원 34동에 입원해 있다. 그리고 이 밤이 새고 나면 수술에 들어간다. 내가 그를 처음 만난 것은 13년 전이었으니까 지금 중학교 2학년짜리 딸아이가 아장아장 걸을 때였다. 그는 언제나 말이 없고 조용했다. 10년이 넘는 세월을 우리와 같이 늙어 가던 그는 어느 날 숨을 제대로 쉬지 못할 정도로 충격을 받았다.

그것은 경찰이었던 남편이 폐가 사막화되어 가는 희귀한 병으로 판명되었기 때문이다. 그 때부터 병이 나을 수 있다는 가능성만 보이면 실오라기라도 잡으려는 심정으로 처절한 투병 생활을 시작했다. 경찰 근무를 아주 못하고 자리에 몸져누운 것은 2년째다. 아산병원, 서울대학 병원, 경찰병원, 을지병원을 전전하면서 그의 남편의 몸은 나날이 악화되어 갔다.

그는 병원 보호자 침대에서 새우잠을 자며 2년을 지냈다. 남편이 욕창이 날까 봐 누운 자리를 이리저리 골라 움직여 주고 목욕시키고 면도해 주는 그의 손길은 언제나 바빴지만 간병하는 그의 손길은 언제나 정성을 다했다. 나중에는 남편의 대소변을 받아야 했다.

그런데 단 한 번의 지치는 기색도 없던 그의 몸에 이상한 징후가 나타났다. 작은 종기인 줄 알았는데 조직 검사 후에 어려운 병으로 판정이 되었다. 그 병명이 나왔을 때 그는 처음으로 남편의 간병 자리를 비우고 교회로 달려왔다. 남편도 죽어 가는데 자신까지 몹쓸 병에 걸렸다면 아이들은 어떡하냐고 오열하며 울었다. 병원에서는 하루 빨리 수술을 하라고 하는데 언제 하나님의 부르심을 받을지 모르는 남편 때문에 수술 날짜를 잡지 못했다.

그는 나와 진지하게 의논을 했다. 그래서 6월 3일로 수술 날짜를 받게 되었다. 그가 수술 받는 기간 동안 내가 그의 남편의 간병을 맡아 주기로 약속한 후에야 그는 수술 날짜를 결정하였다. 그런데 그의 남편이 5월 14일 아침에 하나님의 부르심을 받았다. 그는 죽은 남편의 얼굴을 어루만져 주며 이렇게 말했다.

"여보! 산소 마스크 쓰고 있을 때는 얼굴이 시퍼렇게 멍든 것 같아서 내가 가슴이 아팠는데 지금은 당신이 너무 편해 보여서 좋아요. 우리 잠깐 헤어지더라도 천국에서 다시 만날 것을 약속해요."

마치 정든 임을 외국으로 보내듯 남편의 귀에 대고 속삭이던 그는 이 세상 어떤 보물보다 귀히 여기던 남편의 몸을 한 줌의 재로 바꾸어 받았다.

그는 얼마나 야속했을까? 남편이 죽은 날 아침 아무 일 없는 것처럼 여전히 떠오르는 태양과, 남편이 죽었는데 아무 일 없는 것처럼 여전히 학교에 가고 일터로 가는 사람들과, 남편이 죽었는데 아무 일 없는 것처럼 여전히 쪼르륵쪼르륵 배고파 오는 자신의 배고픔이. 그는 남편이 앓아 누웠던 집에 들어가지 못하고 밖에 나와 있다가 아이들이 학교에서 돌아올 즈음 아이들과 함께라야 집에 들어가곤 했다.

그런 그가 수술 날짜가 변경되어 오늘 수술을 받는다. 그는 얼마나 초조하고 무서워하는지 입원하는 날엔 화장실 갈 때도 같이 가자고 졸랐다. 자기 곁에서 내가 잠깐 비우는 것을 싫어하는 그가 나를 보내 주는 유일한 이유는 자식들 때문이다. 병원의 일을 다 봐 주고 교회로 돌아가는 나의 발걸음을 세우더니 내 손에 자기 집 아파트 열쇠를 쥐어 주는 것이었다.

"사모님! 이번에 수술이 잘 되면 10일이고요. 수술이 잘 안 되면 영원히예요."

나는 그의 집 열쇠를 손의 온기로 따뜻해질 때까지 한참 동안 들여다보았다. 그리고 그가 나에게서 원하는 뜻을 알았다. 그 길로 그의 집에 가서 학교에서 돌아오는 아이들을 맞았다. 그리고 음식을 만들어 먹였다. 아이들의 가슴에는 며칠 전 아버지가 하늘나라로 떠나가 버린 아주 큰 자리가 비어 있다. 거기다가 또 어머니 없는 자리가 얼마나 크게 느껴 올 것인가?

그는 아이들이 학교에서 돌아오면 그들을 반기고 그 아이들에게 따뜻한 음식을 만들어 먹여줄 것을 바라고 소원한 것이다. 그는 파출부의 자리를 부탁한 것이 아니라 엄마의 자리를 부탁한 것이다. 나는 학교에서 돌아오는 아이들의 시간표를 적어 놓고 그 시간 전에 집에 도착하여 그들을 기다리고 있다.

"주님! 수술이 잘 되면 열흘 간 보모가 되면 되고요, 수술이 안 되면 영원이라는데 주님이 책임져 주세요."

집에 와서 그에게 전화를 했다. 수술 시간이 몇 시냐고 물으니 무조건 새벽 기도 끝나고 자기에게 달려오란다.

"그러면 아이들은 어쩌지?"

나의 한 마디 물음에 자신의 모든 것을 다 내려놓고 그는

"아이에게 가세요"라고 말한다. 나는 그의 아이들을 위해 과일이

랑 반찬을 바리바리 싸 놓고 기다리고 있다. 새벽이 오면 아이들도 챙기고 수술 받는 성도님 곁도 처음부터 끝까지 지켜주려고 한다.

"주님! 이 사람의 수술 기간은 열흘로 끝내 주세요. 그의 아파트 열쇠를 제가 가졌거든요." ●

주일 날 낮에 언니로부터 전화를 받았다.

"정옥아! 어머니가 교통사고를 당하셨어. 저녁 예배 끝나는 대로 곧장 인천으로 오너라. 많이 다치신 것은 아니니 걱정하지 말고 그저 다녀가는 듯 오너라."

언니는 걱정하지 말라고 당부했지만 나는 불안한 마음을 떨쳐 버릴 수 없었다. 비록 부모님이나 아들이 교통사고가 났어도 목회자가 최우선으로 할 일은 예배다. 예배를 드리고 난 후 인천으로 향했다. 병원에 도착한 시각은 밤 11시였다. 조그맣고 하얀 나의 어머니! 어머니를 보자마자 눈물이 쏟아졌다. 언니는 조금 화가 난 얼굴인데 어머니는 기쁨이 가득한 얼굴로 연신 "우리 주님께 감사해요! 감사해요!" 하신다.

새벽 예배에 다녀오던 어머니는 걷는 것도 힘드셔서 동네 슈퍼마켓 옆에서 잠깐 앉아서 쉬셨다고 한다. 그때 후진하던 차가 어머니를 미처 보지 못하고 어깨를 치는 바람에 그 자리에서 넘어지시고 그 마찰로 살갗이 다 벗겨져 피를 흘리신 것이다. 그 운전자는 차에서 고개를 삐죽 내밀고 "할머니! 어디 다치셨어요?" 하며 의례적으로 물었고, 어머니는 피를 흘리며

"어디를 다쳤는지 지금은 정신이 없네요. 이리 좀 와 보우"라고

하셨다고. 그러나 차를 세우고 오겠다던 그 운전자는 뺑소니를 친 것이다.

어머니는 한 시간 가까이 방치된 상태로 그 곳에서 신음하고 계셨던 것이다. 그는 83세의 노인이 차에 치어 정신이 없는 상태에서 자신의 차 번호를 외웠으리라고는 상상도 못했나 보다. 한 시간 후에 슈퍼마켓 주인이 길가에 나오다가 피를 흘리고 계신 어머니를 발견하고 병원으로 옮겨 주었다. 어머니는 그 때까지도 뺑소니 차의 소행을 얘기하지 않으셨다. 소식을 듣고 달려간 사위에게만 귀띔을 해주셨다.

"나를 차에 치고 도망간 사람은 아무래도 우리와 같은 동네 사람일 거야. 차 번호는 인천 00 0000이고 검은색 승용차였어. 나의 차 사고를 본 사람은 슈퍼에 물건을 사러 왔던 연립 2층에 사는 할머니야. 그 사람을 찾으면 아무 소리 하지 말고 이리로 데리고 와! 내가 할 말이 있어."

어머니의 직감대로 그 뺑소니 운전자는 어머니와 같은 동네에 사는 사람이었다. 형부는 그 사람을 찾아내어 그의 뻔뻔한 얼굴을 보는 순간 손이 부르르 떨려서 나중엔 어찌 되든지 몇 대 때려 주고 싶었다고 한다. 처음엔 전혀 그런 일이 없다고 부인하다가 목격자가 두 명이나 나서니까 잘못했다고 시인해서 어머니와 대면하게 되었다.

병원에 찾아온 운전자와 그의 부인은 무릎을 꿇고 어머니에게 자신의 용서받지 못할 소행을 용서해 달라고 빌었다. 어머니는 그들을 용서해 주셨다. 그들이 너무 고마워 어떻게 이 은혜를 갚을 수 있겠느냐고 하자 어머니는 같이 교회에 나가자고 하셨다고 한다.

어머니는 이제 그들의 차로 교회에 같이 가게 되었다고 어린아이처럼 좋아하고 계셨다.

　언니 내외는 그들을 혼내 주지 않고 쾌히 용서해 주신 어머니의 처사 때문에 단단히 화가 나 있는 것이었다. 그런데 나 역시 어머니의 상처를 보면서 한 시간이나 피를 흘리고 계셨을 어머니를 생각하니 화가 치밀어 견딜 수가 없었다.

　"사람을 차에 치어 놓고 뺑소니를 치다니 그런 사람은 다시는 그런 짓 못하도록 뼈 아픈 후회를 하게 해줘야 해요!"

　나의 이 한마디에 속상해서 앉아 있던 언니와 형부는 이제야 직성이 풀린 듯 더 큰 소리로 맞장구를 쳤다. 어머니는 나의 손을 가만히 잡으시더니 이렇게 말씀하셨다.

　"유 사모! 내가 아무리 전도하려 해도 늙으니까 전도를 못해. 누가 이 늙은이 말에 귀를 기울여 줘야 말이지. 더구나 나처럼 늙으면 젊은이들에게는 말 한마디 붙이기가 아주 힘들어. 그러니까 주님이 그 젊은이가 나에게 뺑소니하게 해서 내 말을 꼼짝없이 듣게 했지 않아. 내가 무슨 수로 그들의 무릎을 꿇게 하고 그들이 잘못했다고 싹싹 빌게 할 수 있겠어. 더구나 교회에 같이 나가게 할 수 있는가 말이야. 자식이 부모의 간청도 들어주지 않거든 하물며 저들이 누구관대 내 소원을 들어주겠어. 한 영혼을 구원하기 위해 주님은 십자가에 죽기까지 하셨는데, 나는 다리가 잘려 나간 것도 아니요, 피 흘려 죽게 된 것도 아니면서 차 사고 한 번에 두 사람이나 전도했으니 이것이 주님의 크신 은혜가 아니면 뭐야!"

　그러면서 어머니는 더욱 밝게 웃으신다.

　"그렇지만 그 사람은 뺑소니한 일이 없다고 부인했고 용서를 빈 것도 진실인지 누가 알겠어요? 그 사람은 아무리 생각해도 용서해 줄 수 없는 사람이에요."

"이 세상에 용서 못할 잘못이라고는 없단다. 용서받을 자격이 없는 사람을 용서하니까 그것이 바로 용서지, 용서받을 만한 자격이 있는 사람을 용서하는 것이 뭐가 용서야?"

어머니는 그들과 교회에 같이 갈 생각을 하니 심한 타박상으로 검붉게 멍든 온몸과 붕대로 감고 있는 상처가 오히려 감사 또 감사할 따름이라고 하신다.

"네가 와서 너무 좋구나!"

대화의 상대가 없었던 어머니는 내가 이미 알고 있는 지난 이야기들을 얘기하며 무척 좋아하신다.

"얘야! 너 잠 들었니?"

가끔씩 확인하시는 어머니에게 나는 잠이 너무 쏟아지기에 계속 손을 꼬집으며 말했다.

"아니요. 참 재미있어요. 나도 모르는 그런 일이 있었군요."

밤을 꼬박 새우고 새벽 기도 시간에 맞추어 서울로 올라오는 차 안에서 나는 드디어 곯아떨어졌다. 남편도 똑같은 질문을 한다.

"당신 자는 거야?"

"아니요. 참 재미있어요. 나도 모르는 그런 일이 있었군요." ●

이건 너무 많은 것 아니에요?

하얼빈 공항에서 심양으로 가는 국내 여객기를 기다렸다. 30명 정도 탈 수 있는 작은 비행기에 탑승했다. 나는 이 비행기로 1시간 30분 이상 타고 가야 한다는 것을 알게 되었다. 이 아까운 시간에 어떻게 하면 전도할 수 있을까? 내가 중국말을 유창하게 못하기 때문에 조선족을 만나야 할 텐데……. 그래서 비행기에 탑승하면서 크게 소리를 질렀다.

"내 자리가 어디지? 내 자리 좀 찾아주세요!"

내 좌석 번호는 B-26이었고 그 좌석 번호는 단번에 내 눈에 들어왔지만, 한국말을 할 수 있는 사람을 만나기 위한 나의 계략이었다. 한 사람이 딱 걸렸다. 키가 크고 점잖아 보이는 신사분이 나의 티켓을 보더니 "이 자리입니다" 하며 자리를 찾아 주었다.

그분은 내가 먼저 말을 걸어야 했는데 내가 하고 싶은 말을 먼저 하는 것이었다.

"한국에서 오셨어요?"

"예."

"저도 한국에서 왔는데 하얼빈에 있어요. 투망, 그물을 제작하는 공장을 운영하고 있어요. 그런데 왜 중국에 들어오셨나요?"

"저는 선교하러 들어 왔어요."

"아니, 그럼 선교사님이세요? 참 잘되었네요. 이 비행기에 탄 사람들이 모두 내가 운영하는 공장의 공장장과 직원들이에요. 이 사람들 중에 조선족이 많으니 어서 전도 좀 하세요."

이게 웬일이야! 나는 한 사람 전도하려고 마음먹었는데 주님은 비행기를 아예 통째로 맡기시는 게 아닌가? 이 좋은 기회를 그냥 넘어갈 내가 아니지. 나는 흔들림이 심한 비행기의 앞쪽으로 나아가 전도하기 시작했다. 한 사람씩 붙잡고 기도하고……. 그 사장님은 너무 감격하여 눈물을 흘리며 힘차게 찬송을 부르셨다. 비행기 안은 마치 뜨거운 부흥회를 하는 것 같았다.

비행기가 심양에 도착했는데 모두 자리에서 떠날 줄을 모른다. 그 사장님은 서울 장충교회의 집사님이셨다. 하얼빈에 들어와 사업을 하면서 공장 직원 전체를 주님께 인도하고 싶어 기도해 오신 분이다. 하얼빈에는 삼자교회(나라에서 허락한 교회)라고는 남경 예배당뿐인데 200명 정도 수용할 수 있는 규모의 크기다. 주일엔 시간별로 예배를 드리는데 모여드는 인원을 다 수용하기에는 태부족이다.

그분은 한족 150명, 조선족 150명으로 300명의 공장 직원을 데리고 있었다. 또 하얼빈에 들어와 사업을 하고 있는 한국 실업인 모임을 주도하고 있었다. 그분은 예배드리고 싶어서 남경 예배당에도 여러 번 가 본 일이 있다고 했다. 그러나 항상 예배에 대한 갈급함으로 목말랐다고 하셨다. 그분은 누군가 목사님이든 선교사님이든 자신의 공장에 와서 예배드려 주기를 간절히 원하고 있었다. 선교사들이 한 사람 찾아 전도하기가 얼마나 어려운데 주님이 300명이나 소복이 모아 놓고 예배 드리게 만들어 놓았으니 이런 횡재가 또 어디에 있겠는가? 또 그분은 공장 전체에서 나오는 이익금의 십일조를 낼 곳이 없어서 난처해하고 있었다.

　나는 하얼빈에 선교 특공대로 들어간 셈이었다. 중국 수교 후 바로 중국에 간 선교사님들이 선교비가 모자라서 피땀 흘려 세워 놓은 신학교가 무너질 지경이었다. 그래서 신학교 유지 운영비 3만불을 긴급히 모금해서 가지고 들어갔던 것이다. '급한 불은 껐지만 계속해서 선교비를 자비량해야 할 텐데 다달이 선교비를 누가 지원해 주나? 이렇게 무거운 마음을 안고 심양으로 오는 비행기를 탔던 것이다. 그런데 이 모든 문제들이 한꺼번에 다 풀린 것이다.

　나는 하얼빈에 계신 선교사님들에게 전화를 해서 그분과 연결시켜 주었다. 선교사님들은 마음껏 선교하게 되었고 그분은 공장 전체가 예배드리고 싶은 소원을 이루었다. 이렇게 연결된 후에 그분의 공장에서 나오는 십일조는 하얼빈뿐만 아니라 장춘 등지까지 부족함이 없는 선교비의 물줄기가 되었다.

　심양에서 헤어지는 것을 못내 아쉬워하던 그분은 나에게 미화 1,000불을 주었다. 나는 이제 곧 한국으로 귀국하는데 돈이 필요치 않으니 한푼이라도 더 현지의 선교사님들께 드리라고 했다. 그러자 그분은 "비행기에서까지 전도하려는 선교사는 이제껏 본 일이 없어요. 이렇게 확실한 선교사에게 선교비를 안 주면 저에게 화가 있을 거예요"라고까지 했다. 할 수 없이 1,000불을 받아 가지고 심양 선교사님과 합류했다.

　심양 선교사님에게 선교 전략상 가장 시급히 돈을 쓸 곳이 어디냐고 물어 보았다. 그러자 심양 서탑교회 앞에 고려인 상가가 생겼는데 그 곳에 상가를 얻어야 상가 사람들을 전도할 수 있는 근거지가 된다는 것이다. 그 길로 나가서 점포 3개를 얻은 값이 그분이 나에게 준

1,000불이었다.

그때 얻은 점포 3개는 그 후에 고려인 상가 교회가 되었다. 상가에 있는 사람들이 예배드리는 장소가 되었고, 한국에서 중국으로 들어오는 사람들과 중국에서 한국으로 나오는 사람들이 만나는 중요한 미션 홈이 되었다. 그 때는 아직 하얼빈에서 한국으로 오는 직항 비행기가 없었던 때였으므로 심양 고려인 상가 교회는 선교의 핵심적인 전초 기지가 되었다. 그 후부터 선교비를 마련하느라 전전긍긍할 필요가 없었다.

"사모님! 오늘은 비행기에서 만난 강 집사님 공장에서 예배드리는 날이고요. 내일은 그분이 연결한 목단강 공장에서 예배드리고요. 모레는 밀산 공장에서 예배드려요. 주님이 선교비를 넘치게 주셔요. 할렐루야!"

하얼빈의 선교사님들로부터 전화를 받고 나면 나도 모르게 이런 즐거운 비명이 튀어 나온다.

"주님! 1시간 30분의 비행기 전도 상급으로는 이건 너~무 많은 것 아니에요?"

선교는 우리가 하는 것이 아니다. 주님이 이미 다 마련해 놓으신 것에, 주님이 이미 다 장치해 놓으신 것에 단지 스위치를 살짝 올리는 아주 간단한 동작일 뿐이다. ●

영주권 획득을 감사하는 잔치

오늘 우리 교회에서는 조촐한 잔치가 있었다. 이 잔치는 남편이 영주권을 획득한 것을 감사하는 한 성도님의 감사의 잔치였다.

사흘 전 우리 부부는 그 성도님의 집을 방문했다. 이 성도님은 열흘 전 서울대학 병원에서 수술을 받았다. 그날 수술실로 들어가기 위해 빠르게 이동 침대가 움직였다. 나는 그와 계속 눈을 맞추며 따라갔다. 수술실로 이동하는 그의 눈에 굵은 눈물이 맺혔다. 이윽고 수술 대기실에 도착했을 때 보호자들도 다 나가 달라는 재촉을 받았다. 그런데도 그는 내 손을 놓지 못했다.

"사모님! 저는 정말 두려워요. 제가 수술 후에 이 곳에서 영영 나오지 못하면 어떡하죠? 왜 주님은 저에게만 이렇게 가혹하신 건가요? 제가 남들과 달리 무엇을 그렇게 잘못한 걸까요? 며칠 전 아버지를 잃은 아이들에게 또 엄마를 잃게 하시지는 않을까요? 제가 죽는 것은 아무렇지도 않아요. 그러나 아이들을 생각하면 저는 미칠 것 같아요. 제가 혹시 잘못되면 우리 아이들 부탁해요. 사모님! 우리 아빠 때문에 3년도 넘게 힘들게 해드렸는데 이번에도 염치없이 또 부탁하네요."

"하나님은 아버지를 잃은 아이들에게 또 어머니를 잃게 하시는 무자비한 분이 아니에요. 남편을 잃고 집사님이 넋을 잃을까 봐 아주 작은 병을 주어서 긴장을 늦추지 않게 해주시는 것일 거예요. 긴장을 조금씩 완충시키면서 풀게 해주시는 것이니 3, 4년 병원에서 지친 몸을 이 기회에 잘 쉬어요. 또 이 수술을 통해서 남편을 왜 일찍 하늘나라로 부르셨는지 확실히 알게 해주실 거예요."

어린아이처럼 내 손을 꽉 잡고 놓지 않던 그의 머리에 수술을 위해서 모자가 씌워졌다. 그리고 그는 수술실로 끌려가듯 들어갔다. 수술실 옆 보호자 대기실 현광판에 그가 '수술중' 임을 알리는 글짜의 불이 들어왔다. 그 글짜는 2시간이 넘게 바뀌지 않고 반짝였다. 2시간이 지난 후에야 '회복중'이라는 글짜로 바뀌었다.

나는 그 시간 동안 수없이 기도하기를, 주님이 이 성도로 하여금 남편이 하나님의 나라에 들어간 것을 확실히 믿어 더 이상 슬픔으로 괴로워하지 않게 해 달라고 했다. 또 수술을 집도하는 의사 선생님의 손길에 주님의 도우심이 있어서 발병한 질병이 씻은 듯이 낫게 해 달라고 간구하였다.

수술 후에 의식을 회복한 그의 눈에서는 하염없이 눈물이 흘렀고 그의 첫마디는 "주님! 감사합니다!"였다. 수술 전까지 밀려오던 두려움과 원망과 슬픔이 다 어디로 가고 그는 계속 "주님! 감사합니다" 밖에 모르는 사람과 같이 되어 있었다. 그는 자신도 모르게 영혼의 저 깊은 곳에서 말할 수 없는 감사가 나오고 있다고 했다. 또 그토록 남편의 죽음을 받아들이지 못하고 슬퍼하던 자신의 입술에서 천국의 문을 활짝 열고 남편을 영접해 주신 주님께 감사하다는 고백이 쏟아져 나오고 있다고 말했다.

그의 수술 후의 회복은 너무 빨랐다. 수술 후 열흘째 되는 날, 그가 수술실로 들어가면서 나에게 맡겼던 아파트 열쇠를 그에게 되돌려 줄 수 있었다. 그리고 광릉네 수목원에 데리고 가서 산채 비빔밥을 사 주었다. 남편과의 추억이 있는 곳이면 어디든지 쿡쿡 울기만 하던 그는 어린아이처럼 밝게 웃으며 그 곳에서 남편이 하던 말이며 행동을 기억하면서 즐거워했다.

"사모님! 제가 아는 어떤 분은요, 형님이 미국 영주권을 얻었다고 기뻐하며 집에서 잔치를 했어요. 우리 남편은 미국보다 더 좋은 하늘나라의 영주권을 받았잖아요. 그러니 저도 남편의 영주권 획득을 축하하는 잔치를 베풀고 싶어요. 그런데 혹시 다른 사람들이 남편이 죽었는데 웬 잔치냐고 이상하게 생각하지는 않을까요?"

아! 주님이 이 딸에게 이렇게 커다란 위로와 평안을 주시다니!

"무슨 말씀이세요. 슬픔을 감사로 바꿔 주신 주님의 은혜와 집사님의 믿음을 다 함께 기뻐해 줄 거예요."

"사모님! 떡이랑 음식을 준비하여 이번 주일에 교인들과 같이 우리 기쁨을 나누어요!"

"그래요. 그리합시다!"

올해 48세인 남편을 하나님의 나라로 보낸 후 20여 일 만에, 자신이 수술을 받은 지 열흘 만에 그 모든 슬픔과 그 많은 상실을 오히려 주님께 감사로 받으면서 그는 오늘 잔치를 벌였다. 목사님은 광고 시간에 이렇게 광고하셨다.

"사랑하는 하나로교회 성도 여러분! 오늘 예배 후에는 한 사람도 집으로 그냥 가지 마시고 기쁜 잔치에 모두 참여해 주시기 바랍니다. 이 잔치는 한 성도님이 주님과 여러분에게 감사하여 베푸는 잔치입니다. 이 성도님은 사랑하던 남편이 눈물도 질병의 고통도 없는 아름다운 하나님의 나라에서 영원히 살 수 있는 영주권을 획득하고 그 나라에 입성한 것을 축하하여 잔치를 베풀었습니다. 우리가 이 곳에서 잔치를 베풀고 기뻐할 때 저 천국에서도 그 성도님을 환영하는 천국 잔치가 벌어져 있을 것을 바라봅니다. 감사할 수 없는 상황에서의 감사가 가장 귀한 감사입니다. 오늘의 잔치는 그래서 더욱 귀한 감사의 잔치입니다. 우리 모두 서로의 손을 잡아 주며 주님께 감사하는 잔치에 참여합시다!"

지난 2월 16일 백혈병으로 3년 동안 투병하던 열여섯 살 아들을 하나님께 보낸 현호 엄마와 남편을 하늘나라에 보낸 성도님은 서로 손을 잡아 주며 주님께 감사하고 있었다. 이 모습을 바라보는 나의 눈에서는 그치지 않고 눈물이 흘렀고, 그들을 향한 사랑으로 아리고 또 아려서 내 가슴은 갈피갈피 저미어 왔다. ●

대진표 선수 이름 바꾸기

우리 교회 체육대회 때 경기 운영 대진표를 짠 일이 있다. 이 때 양 팀 선수의 능력이 비슷한 사람끼리 대진표를 짜야 경기를 지켜보는 사람들이 흥미진진하다. 즉 골프도 박세리 VS 소렌스탐일 때 더 박진감을 준다.

경기는 두 선수의 기량이나 실력이 현격히 차이가 나면 흥미가 없고 누가 봐도 싸울 상대가 아니면 싸울 필요가 없어진다.

우리 큰아들이 초등학교를 졸업할 즈음 동네 불량 학생들에게 매를 맞아서 얼굴이 시퍼렇게 멍이 들어 집으로 들어왔다. 그런 일이 종종 있어서 나는 불량학생들이 큰아들을 때리는 이유가 아들의 눈꼬리가 위로 올라가서 그냥 쳐다만 봐도 꼭 째려 보는 것 같은 오해를 주기 때문이라고 생각했다. 그런데 똑같은 동네 환경에서 한 번도 매를 맞지 않고 들어오는 막내아들에게서 그 해답을 얻었다.

막내아들은 형에게 이렇게 말했다.

"형아! 그 무서운 형들이 너 몇 학년이야? 하고 물으면 6학년이라고 하지 말고 3학년이라고 해. 그러면 그 형들은 중학교 1학년 정도여서 3학년이면 덩치가 아무리 커도 무조건 안 때려. 형이 6학년이고 몸도 크니까 형을 때리고 싶은 거야."

큰아들이 그 다음부터 이 지혜를 사용했는지는 알 수 없으나 그 이

후에는 정말 매 맞고 들어오는 일이 없었다.

전에 어른들이 장기를 두면 상대방이 도저히 적수가 안 될 때 고수가 자기 스스로 '차'나 '포'와 같은 자기의 공격수를 미리 떼어 놓고 시작한다.

나는 요즈음 내 삶의 모든 경기에 임하면서 두려움이 없어졌다. 그것은 경기에 임하는 선수의 이름 대진표를 바꾸었기 때문이다. 다윗도 그 경기의 대진표의 이름을 바꿀 수 있었기에 그렇게 담대할 수 있었다.

소년 다윗 VS 골리앗 장군 (누가 보아도 다윗이 진다)
하나님 VS 골리앗 장군 (누가 보아도 골리앗이 진다)

모세도 그 경기의 대진표의 이름을 바꿀 수 있었기에 그렇게 담대할 수 있었다.

양치기 모세 VS 애굽의 바로 왕 (누가 보아도 모세가 진다)
하나님 VS 애굽의 바로 왕 (누가 보아도 바로 왕이 진다)

나는 요즈음 내 삶의 대진표를 다시 짜고 있다. 내 이름을 빼내고 하나님의 이름으로 바꾸는 일이다.
예를 들면

유정옥 VS 말기암 (누가 봐도 유정옥이 진다)
하나님 VS 말기암 (누가 봐도 말기암이 진다)

나는 오늘 하루 종일 내 삶을 힘들게 하는 모든 문제들과 나 혼자 끙끙대면서 맞섰던 자리에 하나님의 이름을 함께 놓는 대진표 이름 바꾸기 작업을 하려고 한다. 그러면 나에게 맹수처럼 달려오던 그 많은 두려움들이 사라지고 꼭 이기고 말겠다는 안달도 없어지고 오히려 얼마든지 적수가 안 되는 상대방 선수에게 '차'나 '포'를 내 스스로 미리 떼어주는 여유와 넉넉한 인심과 사랑을 베풀게 될 것이다.

그 후에 오는 것은 당연히 부전승임을 확실히 믿고 있기 때문이다. ●

귀에 쟁쟁하여

저녁 5시가 다 되어가고 있었다. 마음이 초조해진다. 분명히 전도 결과 보고를 할 때 다른 사람들은 나에 대한 기대가 클 것이다. 학생들뿐만 아니라 일반인들까지 내가 한 명도 전도를 못하고 들어오리라고는 상상도 못할 텐데…… 이를 어쩐담!

방학 중 며칠 동안 집중적인 전도 훈련을 받고 밖으로 실제 전도를 나온 것이다. 사람은 수없이 많이 만났지만 단 한 명도 예수님을 영접하겠다는 결신을 하지 않는다.

내 손에는 밖으로 나올 때 나누어 받은 결신자 카드가 쥐어져 있었는데 그대로 백지 상태였다. 학생들이 전도 훈련 받을 때 수칙 중 하나가 되도록 동성에게 전도하게 되어 있다.

혹시 이성에게 전도하다가 난감한 일을 당하지 않게 하려는 의도일 것이다. 여학생에게 계속 거절을 당한 나는 버스 정류장에 서 있는 한 남학생에게 다가갔다. 몇 시간째 거절만 당했더니 이젠 목소리까지 힘이 없다. 겨우 기어들어 가는 목소리로

"저는 CCC 전도 훈련을 받고 전도 대회 나왔어요. 여러 사람을 만나서 전도했지만 아무도 결신을 안 하네요. 저는 단 한 사람이라도 결신자 카드에 이름을 받아 가지고 들어가야 해요. 그러니까 거절하

지 말고 이 카드에 이름, 주소, 학교 등을 써 주세요."

애원에 가까운 나의 부탁에 그 학생은 결신서를 받아 쓰기 시작했다.

"이 카드는 예수님을 마음에 영접하겠다는 서약서예요. 순서로 말하면 예수님을 마음에 영접한 후에 이 결신서를 써야 하는 거예요."

내가 내민 결신서에 잘 쓰는 글씨로 척척 빈칸을 메워 가던 그 학생은

"그럼 더 이상 쓸 수 없어요! 내가 이것을 써 주어야 학생이 좋을 것 같아서 써 주었을 뿐이에요"하고는 결신서를 쓰다가 말고 나에게 되돌려 주었다.

할 수 없이 난감한 얼굴로 뒤돌아서는데 그 학생이 자기가 쓰던 결신서를 다시 달라고 하더니 나머지 빈칸도 말없이 다 써 주는 것이다.

이 결신서는 주소, 이름만 물으면 좋으련만 왜 그렇게 묻는 것이 많은지…… 심지어 어떤 사람은 전도하는 것이 아니라 형사가 취조하느냐고 반발하며 몇 마디 대답하다가 가버리고 만다.

"학생! 내가 결신서 선불해 준 거예요. 나중에 진짜 나에게 전도하러 와야 할 거 아녜요?"

"주소랑 이름을 알았으니까 꼭 다음에 찾아갈게요. 이 결신서는 서약서니까 예수님을 마음에 영접하신 거예요. 선불로!"

훈련 장소에 뿔뿔이 흩어졌던 친구들이 속속 도착했다. 한 명도 전도 못한 사람이 태반이 넘는다. 이럴 줄 알았으면 나도 그냥 들어올 것을…….

마음이 개운치 않았다. 결신자 카드를 받아 온 사람들은 신나서 전

도한 간증을 했다. 드디어 내 차례가 되었다. 나는 오히려 의기양양한 얼굴로 지금까지 전도내용을 간증한 다른 사람들에게 질세라 멋지게 전도한 것으로 말하였고 결신서는 그 학생이 자진하여 쓴 것으로 거짓말을 하였다.

다른 사람들은 "그럴 줄 알았어! 우리들은 어린이 전도밖에 못했는데 저 학생은 역시 건장한 청년에게 전도를 해내다니……."

다른 사람들이 칭찬할수록 내 가슴은 거짓 결신서에 대한 찔림으로 아팠다.

그 날 우리는 결신서에 적어 낸 그 이름들이 하나님의 생명책에도 진하게 기록되기를 간절히 간구하는 기도 시간을 가졌다. 나는 버스 정류장에 서서 나의 부탁에 서슴없이 결신서를 써 준 그 고마운 학생이 꼭 예수님을 영접하게 해달라고 땀을 흘리며 기도했다.

아니 내가 한 일이 너무 부끄러워서 조금이라도 만회할 생각으로 기도라도 열심히 해야만 했다.

전도 팀장은 오늘 결신한 사람들의 이름을 적어도 한 달 간은 기도해 주어야 한다고 우리들에게 다짐을 시켰다. 내 인생에 전도라는 소리만 나오면 그 기억은 마음을 무겁게 했고 찌르는 가시가 되었다.

"너는 그 학생에게 한마디 전도도 안했잖아. 그에게 결신 기도도 안 시켰잖아. 네가 한 일이 무엇이 있었는데 전도했다고 거짓말로 잘난 체한 것이지?"

한동안 이런 참소가 나의 귀에 쟁쟁했다. 그 학생에게 약속해 놓았지만 그 후에 그를 다시 찾아가 전도도 안했다.

오히려 나는 그 학생을 까맣게 잊었다. 그렇게 무려 30년이 넘는 세월이 흘렀다. 그런데 며칠 전 그 날 버스 정류장에서 나에게 예수님 영접 결신서를 미리 써 준 그 학생이 우연히 나를 찾아 온 것이다. 어느 교회의 홈페이지 속에서! 너무나 훌륭한 목사님이 된 모습으로!

그가 쓴 신앙 간증문에 이렇게 쓰여져 있다.

"나는 그 날 버스 정류장에서 어떤 여학생의 전도를 받았습니다. 이 학생은 나에게 다가와 다른 사람처럼 노련하게 말도 제대로 못하고 얼굴만 붉히고 서 있더니 오늘 열 명도 더 만났는데 아무에게도 결신서를 받지 못했다고 금방 눈물이 떨어질 것 같은 얼굴로 말했습니다. 그래서 나까지 거절할 수 없어 결신서를 써 주었는데 옆에서 쉬지 않고 종알대는 말이 '이것은 예수님 믿겠다는 서약서예요. 이것은 예수님을 마음에 영접했다는 서약서예요.' 나는 그 자리에서 그 말을 무시해 버렸습니다. 그런데 이게 웬일입니까? 그 학생의 작은 목소리가 매일 귀에 쟁쟁하여 나는 교회에 나가기 시작했고 그 날 내가 써 준 서약서대로 진실로 예수님을 마음에 영접하게 되었습니다.

…… (중략)

그래서 나는 주님을 위해서 내 인생을 다 드리기로 결심하고 목사가 되었습니다." ●

헛수고가 아님을 전해 주려고

단출한 식구들이 드리는 것 같은 수요일 저녁예배가 끝났다.

우리 교회 성도 중에 한전에 다니시는 집사님이 계신데 회사에서 끝나자마자 이 예배를 드리러 온다. 때로 부득이한 회사일로 예배 시간에 조금 늦을 때도 있지만 그런 날은 그가 얼마나 분주히 움직여 왔는지 입고 있는 남방이 여지없이 땀으로 젖어 있다.

그는 13년째 우리 교회를 섬기고 있다. 그에게 교육을 받은 어린아이들이 이젠 어엿한 직장인이 되었고 시집가서 아들딸 낳아 데리고 오기도 하고 몇 명은 군대에 가 있다.

오늘은 우리 막내아들이 7월 5일 군에 입대한다고 그분이 저녁을 같이 먹자고 했다.

웅성웅성 교회 문밖을 나오는데 말끔한 신사분이 교회로 막 들어오다가 우리와 마주쳤다. 이 신사분은 두 팔을 벌려 그 집사님과 반갑게 인사를 했다.

"나 예수님 영접 기도하려고 이 곳에 왔어요. 그동안 예수 믿는 사람들 비난도 많이 하고 믿고 싶은 마음이 영 없었는데 저 사람이 나에게 준 사모님 글을 읽고 마음에 감동을 받아서 예수님 믿기로 작정했어요. 아내와 집에서 가까운 교회에 서너 번 나갔어요. 이젠 진심으로 예수님 영접 기도를 하고 싶어요. 그래서 예수님 영접 기도는 이 교회에 와서 사모님과 이 친구 보는 앞에서 하고 싶어서 이렇게 왔어요."

우리 모두는 감격해서 다시 교회로 들어갔다. 이런 기쁜 잔치가 또 어디 있겠는가? 목사님은 신바람이 나서 조금 전에 드린 수요 예배보다 더 열정적으로 기도했다.

그의 이름이 주님의 생명책에 진하게 기록되는 순간이었다. 그리고 그 시간은 나에게 죽기까지 글을 쓸 수 있게 하는 새로운 에너지가 공급되는 시간이었다. 그가 예수님 영접 기도를 하는 동안 나의 눈에서는 하염없이 눈물이 쏟아졌다.

"주님! 한 사람이면 저는 더 이상 바랄 것이 없어요. 천하보다 귀한 영혼이 제 글을 보고 주님께 돌아오기만 한다면 한 사람에 백년을 쓰겠습니다. 한 사람에 천년이어도 얼마든지 즐거워하며 쓰겠습니다."

집으로 돌아가는 그의 얼굴에 환한 웃음이 가득했다.

나는 넘치는 기쁨과 일의 보람을 표현할 길이 없어서 손을 내밀어 그와 악수를 했다.

"주님의 자녀 된 것을 진심으로 축하드려요!"

그가 목사님에게 주고 간 명함을 보니 현대 건설 영흥화력 발전소 소장이라고 쓰여 있다.

나는 그가 주님을 더욱 깊이 알아가고 살아계신 주님과 교통하는 체험이 그의 삶 속에서 계속 일어나기를 기도하련다. 또 그가 성경을 이해할 수 있도록 성경을 쉽게 풀어서 교재를 만들어 보내 주려고 한다. 창세기에서 요한계시록까지 한절 한절을 알알이 친필로 써서 보내주리라.

그는 나에게 "글쓰는 것이 결코 헛수고가 아니라 생명을 살리는 귀한 일이니 포기하지 말라"고 주님이 내 등을 토닥여 주려고 보낸 주님의 메신저이기 때문이다. 그리고 나에게 글을 왜 그렇게 못 쓰냐고 매양 놀리던 우리 교회의 그 집사님이 실상은 내 글을 매일 복사해서 한전 동료들에게 일일이 나누어 주고 있다는 숨겨진 사실을 오늘 처음 실토하게 한 장본인이기 때문이다. ●

빨지 못하는 옷

집배원 아저씨로부터 소포를 받았다. 경북 영천시 고경면 창하리 135 학생연대 3중대 사관 후보생 이성웅이라고 쓰여진 아들의 첫 편지를 받았다.

7월 5일 새벽 6시에 집을 떠나 군에 입대한 아들의 옷이 도착한 것이다. 소포를 뜯으니 아들이 입고 간 낯익은 남방과 바지, 양말, 속옷, 운동화…… 얼굴에 대어보니 아들의 냄새가 물씬 난다.

이 옷을 벗고 군복으로 갈아입었을 아들의 모습이 금방 떠오르지 않는다. 그냥 이 옷을 입고 환하게 웃던 그 얼굴이 나의 기억 속에 문신처럼 박히어 있어서 다른 모습은 들어올 자리가 없어서인가 보다.

나는 아들의 옷을 빨지 않고 머리맡에 놓았다. 하루라도 더 아들의 냄새를 맡고 싶어서였다.

아들을 생각해 보았다. 그 아이는 어릴 적부터 믿음이 좋았다. 밤 늦은 시간에 심부름을 보내면 형은 밖이 어두워 무섭다며 안 가겠다고 했다. 그러면 "주님이 같이 가는데 뭐가 무서워!" 하면서 먼저 앞장서 나갔다.

아들이 5살 때 교통사고를 당했다.

포크레인에 치었는데 옆에 쌓아 놓은 모랫더미로 밀려들어가 다행히 목숨을 건졌다. 그 때 발 뼈를 크게 다치고 골반뼈가 손상되었다.

의사 선생님은 골반뼈는 깁스를 못하니 며칠간 자세를 고정시켜 자연적으로 뼈를 붙게 해야 한다고 했다. 그런데 골반뼈가 손상된 정도가 아이에게 많이 아플 텐데 아이가 조금도 아픈 반응이 없으니 아무래도 뇌에 이상이 있는 것 같다고 말했다. 그래서 뇌 촬영을 하였다.

나는 꼼짝도 안 하고 울지도 않고 누워 있는 아들이 너무 불쌍해서 시어머님이 잠깐 자리를 비운 사이 아들의 손을 잡고 엉엉 울었다.

뇌에 이상이 있으면 우리 웅이 불쌍해서 어떡하나? 하면서 울고 있는데 아들이 들릴 듯 말 듯한 작은 목소리로

"엄마! 울지 마! 나는 숨도 못 쉴 정도로 아파. 그런데 의사 선생님이 몸을 움직이면 안 된다고 하셨어. 울면 몸을 움직여야 하니까 울지도 못하고 참고 있는 거야. 하나님이 낫게 해주실 텐데 엄마 왜 울어!"

나의 울음을 그 자리에서 뚝 그치게 했던 아들의 맑고 새까만 눈동자를 나는 지금도 잊지 못한다.

아들은 초등학교 1학년, 데려다 기르는 딸은 초등학교 2학년 때의 일이다.

아들이 먼저 학교에서 자모회를 한다며 참석여부를 표시해 가는 초대장을 가지고 왔다. 나는 아무 생각 없이 참석함에 표시를 해서 주었다. 그런데 그 이튿날 딸아이가 같은 날, 같은 시간에 자모회를 한다는 초대장을 가지고 온 것이다. 난감해하는 나를 보더니

"엄마! 누나에게 가세요. 나는 엄마가 학교에 안 와도 괜찮지만 누나는 만일 엄마가 학교에 안 가면 많이 슬플 거예요."

"그렇지만 어제 너의 선생님께 엄마가 참석한다고 표시했잖니?"

"걱정 말아요. 내가 엄마가 참석한다는 표시 지워서 이미 선생님께

냈어요."

그러고 나서도 자모회 날에 학교 정문에 서서 나를 기다리고 있다가 누나네 반까지 안내해 주던 아들은 속 깊은 일곱 살이었다.

교회에서 중등부 회장을 뽑는 날이었다. 나는 당연히 우리 아이가 되겠지 하고 회장 선거하는 장면을 무심코 보게 되었다.

아이들이 회장 추천을 하고 추천된 학생은 자신이 회장직을 하겠다고 할 때 후보로 인정되어 투표로 들어간다. 아들의 이름이 다른 아이들보다 가장 먼저 추천되었다. 그런데 아들이 자신은 회장 후보가 되지 않겠다고 사양하는 것이었다. 그래서 다른 아이가 회장이 되었다.

나는 의아해서 왜 회장 후보를 사양했냐고 물었다. 그랬더니 아들은 자기가 회장이 되면 회장 후보로 나왔던 모든 후보들이 크게 상처를 받게 된다고 대답했다. 자기가 정정당당히 회장이 된다 해도 다른 친구들은 목사님 아들이어서 회장이 되었다고 생각할 것이고 그것은 정당성을 잃은 것처럼 다른 친구들에게 억울함을 줄 것이라는 것이었다. 그러나 자기가 후보에 없을 때는 누구나 평등한 겨룸을 했으니 설사 떨어져도 억울해하지 않을 것이고 낙선 결과를 받아들이기가 쉬울 것이라는 거였다.

또 자기는 회장이 아니어도 교회를 위해서 당연히 봉사할 것이니 회장직을 맡은 다른 친구가 열심히 일하게 되면 사람을 하나 얻는 것이니 교회에 더 유익하지 않느냐고 또박또박 말하는 것이었다.

나는 그 날 얼마나 부끄러웠던지 지금도 그 생각만 하면 얼굴이 뜨뜻해진다.

아들이 고등학교 1학년 때의 일이다. 우리 교회에 아들과 같은 학교, 같은 반으로 배정된 아이가 있었다. 얼마나 말썽꾸러기인지 다른 학생들이 그 아이 때문에 교회에 나오기 싫다고 하는 정도였다. 다른 친구들을 때리는 일은 비일비재하고 교회 집기나 비품들을 망가뜨리는 것이 다반사였다.

나는 그 아이가 차라리 교회에 안 나오면 말썽이 안 일어날 것 같았다. 그런데 하루는 학교에서 돌아온 아들이 그 말썽꾸러기 진우가 모의고사에서 2등을 했다는 것이다.

나는 깜짝 놀랐고 그 시간부터 그 아이가 다르게 보이는 것이었다.

말썽을 부리는 것도 나름대로 어떤 철학이 있어서 일거야. 공부를 잘하는 아이는 때로 파괴적인 발산도 있어야 해, 하면서 그 아이에 대한 평가 기준이 달라진 것이었다. 그런데 아들과 같은 반인 다른 친구에게 "진우가 행동은 좀 터프해도 공부는 잘한다면서?"

"에이 사모님! 모르는 소리 마세요. 진우 짝이 전교 1등 하는 아이거든요. 이번에 그 아이 것 다 보고 썼대요. 커닝을 할 수 없는 월말고사에서는 43등 했어요."

그러면 그렇겠지! 이그~ 나에게서 또다시 진우가 망가지고 있었다.

나는 저녁에 아들에게 핀잔을 주듯 말했다.

"진우 말이야. 전교 1등하는 아이 것 다 커닝해서 2등한 거라더라. 너는 그것도 몰랐지? 전교생이 다 아는 일이라던데 너는 뭐 2등을 했다고 그 아이 칭찬이 자자했니?"

"엄마! 그 사람의 좋은 것만 생각하세요. 진우가 2등 했다고 하면 2등 한 것만 인정해 주시고 기뻐해 주세요. 어떻게 2등을 했는지 알려고 하지 마시고 설령 아셨다 해도 뒤에 나쁜 부분은 생각하지 마세요. 엄마도 2등 한 것만 생각하면 진우가 착하고 예뻤잖아요. 그리고

2등을 못하는 학생이라도 교회에 나오는 것만으로도 착하구나! 하세요."

아들은 이렇듯 매사에 좋은 것, 선한 것만 생각하면서 사는 열여섯 살의 학생이었다.

아들의 고3 때 성적이 좋았다.

나는 은근히 욕심이 생겼다. 그래서 다른 사람들이 인정하는 명문대학에 갔다가 총신대학 신학대학원을 가면 사회적으로나 교계에서도 더 인정받을 수 있다고 아들에게 종용하며 권면하였다. 그랬더니 아들은 조금의 망설임도 없었다.

"엄마! 나는 하나님께 나의 최고를, 나의 최선을 드리고 싶어요. 사회적으로 교계에서 인정받는 것보다 하나님께 인정받는 종이 되고 싶어요. 그래서 저는 곧바로 총신대학으로 가겠어요."

아들은 대학 4년 동안 학비 전액을 장학금으로 받았고 작년에 학사 장교 시험에 합격하여 7월 5일 군대에 입대하였다.

같이 입대하는 아들의 친구는 장교 월급을 모아 유학 갈 비용으로 적립을 한다고 나에게 자랑삼아 말했다.

"웅아! 너도 그러렴!"

그 말에 아들은 나를 꼭 껴안으며

"엄마! 나는 엄마가 힘들어하실 때 내가 다달이 조금이라도 도움이 될 수 있어서 너무 좋아요. 유학은 군에 다녀와서 대학원에서 공부 잘해서 장학금으로 갈 테니까 한푼도 적립할 생각하지 마시고 엄마 어려운 곳에 다 쓰세요. 엄마의 어려움을 덜어 드린다고 생각하면 저는 무슨 일이든지 다 할 수 있고 힘이 펄펄 날 것 같아요. 군대 생활도 성실히 잘 하고 올게요."

"엄마! 8명이 한 내무반을 쓰고 있어요. 기도 시간이 좀처럼 나지 않아서 깊은 기도는 못하고 있지만 내 생활 전체에 하나님의 도우심을 늘 느낀답니다. 내무반에 같이 있는 사람들이 다 좋은 사람이에요. 같이 예배는 못 드려도 잠깐 홈 기도를 드리고 있어요. 군대 오기 전에 최중옥 집사님께서 기도 부탁을 했는데 짧게라도 기도 잊지 않고 있어요. 엄마 책은 출간이 되었나요? 오직 하나님을 통해 출간됨을 잊지 마세요. 어서 성경책을 돌려받아 말씀을 보고 싶고요. 엄마 많이 많이 보고 싶어요."

나는 막내아들이 흘린 땀 냄새가 배어 있는 옷을 오늘도 빨지 못하고 내 머리맡에 두었다. ●

울고 있는 사람과
함께 울 수 있어서
행복하다

청량리역 저편에서 내가 오는 것을 발견한
남편이 나를 향해 달려왔고, 나는 남편을 향해 달려갔다.
주변에 있는 많은 사람들의 시선에도 아랑곳없이
우리는 서로 얼싸안고 엉엉 울었다.
"여보! 살아 계시더라고! 당신이 믿는
당신의 하나님이 정말 살아 계시더라고!
내가 바로 그 하나님을 만났어!
당신은 나의 생명의 은인이야!"

새 것을 세우려면
옛 것은 다 부서져야 한다

　　　　　　　　　　진찰을 끝낸 의사의 표정이 사뭇 심각하다.

　"과민성 장출혈인데 병증이 심해서 더 나쁜 쪽으로 진전되었을지도 몰라요. 다음주 화요일에 정밀 검사를 받도록 합시다."

　의사는 짧게 말했지만 그 표정이 무언가 감추고 있는 것 같아서 병원에 올 때보다 집으로 돌아갈 때가 마음이 더 무거웠다. 사업도 망해서 빚더미에 앉았는데 설상가상으로 죽을병에 걸렸나 보다. 악성빈혈이 왔는지 눈앞이 까맣고 어지럽다.

　나는 오랫동안 변비와 설사를 섞어 하더니 몇 개월 전부터 혈변을 보기 시작했다. 변비라면 모를까 설사를 할 때도 많은 양의 피를 쏟았다. 이렇게 짧게 살고 갈 것을 그토록 안간힘을 써야 했다니……

　여자는 가장 절망했을 때, 혼자서 슬픔을 삭일 수 없을 때 어머니를 찾는가 보다. 나도 모르게 인천행 전철을 탔다. 나는 어머니의 가슴에 대못을 박고 결혼을 했다. 어머니는 나에게 하나님의 일을 하라고 권하셨지만, 나는 예수 믿지 않는 사람과 결혼을 했기 때문이다.

　결혼 초에 남편은 돈을 잘 버는 사업가였다. 10개월 동안 물건을 만들어 2개월 동안 매출을 하는데 1일 평균 3천만 원을 판매했다. 3

년 정도 꾸준히 상승세를 타니까 돈도 많이 모으고 남부러울 것이 없었다. 그러나 나의 삶은 왜 그토록 허전하고 목말랐는지 모른다. 그것이 생수의 근원이신 하나님을 떠났기 때문이라는 것을 나는 모든 것이 다 망가지고 난 다음에야 알았다.

돈 많고 건강하고 시간이 자유로우니까 제일 먼저 사람이 망가졌다. 남편과 시동생들은 여자와 술, 도박에 빠지기 시작했다. 내가 부모님의 만류를 뿌리치고 선택한 길은 이것이 아니었는데…… 내 인생을 돈과 바꾸기에는 너무나 억울했다.

"주님! 우리 집에서 돈을 다 가져가고 남편과 시동생을 올바른 사람으로 만들어 주십시오."

기도한 지 반년도 못 되어 남편은 손대는 것마다 손해를 보기 시작했다. 결정적으로 빚더미에 앉아 두 손을 들게 만든 것은 해로운 사람을 만난 일이었다. 사람이 잘 되려면 해롭게 하려고 온 사람까지 오히려 돕는 자가 되고, 사람이 안 되려면 도우려고 온 사람까지 오히려 해로운 자가 되는 것이다.

사람이 타락하여 받는 고통이 제일 클 줄 알았더니 사업에 실패하여 돈 없는 비참함이란 차라리 죽는 것이 나을 만큼 고통스러웠다.

나는 실패했을 때, 몸이 아플 때, 남편과 사이가 안 좋을 때 그리고 곱게 단장하지 않았을 때는 절대 친정에 가지 않았다. 그것은 그런 나의 모습을 보면 친정어머니는 나의 아픔보다 천 배, 만 배 더 아프게 느끼시기 때문이다. 그런 상황에서 아무렇게나 내뱉은 말 한마디를 우리는 금방 잊어버리지만 부모님은 잊지 못하고 깊은 시름을 하거나 상처를 안고 사시기 때문이다.

그런데 그 날은 사업에 실패한 모습 그대로, 남편과 사느냐 안 사느냐 싸우는 모습 그대로, 혈변으로 창백해진 얼굴 그대로, 옷도 제대로 갖추어 입지 않은 모습 그대로, 누가 봐도 금방 쓰러질 것 같은 모습 그대로 어머니에게 가고 있었던 것이다. 이젠 더 이상 위장하기가 싫었다.

부모님이 반대한 결혼이지만 보란듯이 이렇게 잘 살고 있다고 하나님을 떠나도 얼마든지 잘 살 수 있다고 떵떵거리고 싶었는데 하나님 없이는 단 한 순간도 살 수 없었다. 더 이상 버틸 수 없는 나의 연약함을 속이기가 싫었다. "하나님께로 돌아오라!"는 어머니의 말씀에 못 이기는 척하고 무릎 꿇고 싶었다.

그러나 어머니가 계신 집 가까이에 오니 다시 망설여졌다.

'나의 다 죽어 가는 모습을 보면 어머니는 얼마나 상심하실까? 기절하실지도 몰라. 이런 불효가 어디 있을까?' 여러 가지 생각이 실타래처럼 엉키고 있었다.

집 모퉁이에서 되돌아가려는데

"집에 왔으면 들어오지 왜 안 들어오고 왔다갔다하냐?"는 음성이 들려왔다.

내가 오는 것을 창문으로 보고 마중 나오신 어머니에게 들키고 만 것이다. 어머니를 보니 참았던 눈물이 펑펑 쏟아졌다. 그런데 어머니는 울고 있는 내가 민망할 정도로 담담하셨다.

"엄마! 우리 사업하던 것 다 망했어요. 집도 남에게 넘어가고 우리는 땅바닥에 내몰릴 거예요."

"할렐루야!"

어머니는 나의 참담한 절망이 무슨 노래나 되는 것처럼 "할렐루야"를 후렴구로 대꾸하셨다.

"엄마! 글쎄 우리 사업이 망했다니까!"

나의 악에 받쳐 격앙된 목소리에도 여전히 "할렐루야!" 대답뿐이다.

"엄마! 거기다가 나 죽을병에 걸렸어!"

눈물이 글썽글썽한 나의 이 말에도 또 "할렐루야!"하시더니 한 술 더 떠서 이렇게 소리내어 기도까지 하시는 게 아닌가?

"주님! 감사, 감사합니다. 내 딸과 내 사위 어서 주님께 돌아오게 해주십시오. 돈도 부수고, 건강도 부수고, 안 되면 생명을 부수어서라도 돌아오게 해주십시오!"

"도대체 우리 엄마 맞아?"

한없이 심각했던 내가 맥빠질 수밖에 없잖은가?

"정옥아! 돈도 부서지고 건강도 부서지고 자존심도 부서져도 두려워하지 말아라! 네 곁에 아무것도 없어도 하나님이 있으면 그 모든 것이 다 있는 것이고 네 곁에 금은보화와 천하가 다 있어도 하나님이 없으면 그 모든 것이 다 없는 것이다. 물거품 같은 것에 목숨 걸지 말아라! 어서 하나님께 돌아오너라! 하나님께 등 돌리고 네 멋대로 산 것을 어서 회개하여라. 하나님이 너와 네 남편을 구원하시려고 벌써부터 일하고 계셨구나! 할렐루야다!"

납득될 수 없는 어머니의 태도에 약이 올랐다. 얼른 일어나 집으로 되돌아왔다. 그리고 그 날부터 아무도 모르게 기도하기 시작했다.

"주님! 저와 제 남편을 구원하시기 위한 작업이라면 더 부수십시오. 남김없이 부숴 주십시오. 재산도 부수고 건강도 부수십시오. 제가 주님보다 자랑하는 것들, 제가 주님보다 의지하는 것들을 다 부숴 주십시오. 새 것을 세우려면 옛 것은 다 부수어야 하지 않겠습니까!

주님께 다시 돌아가기 원합니다. 저 혼자가 아니라 제 남편도 가족도 다 데리고 떼를 이루어 주님께 돌아가기 원합니다."

그렇게 석 달 동안 마음속으로만 기도했더니 어디 산이라도 가서 마음껏 소리내어 기도하고 싶어 견딜 수 없었다. 그러나 남편에게 말할 수 없었다. 남편은 예수와 교회에 대해서 무조건 반감을 갖고 있었기 때문이다. 남편은 어머니의 서원 기도도 하나님이라는 존재도 무시하고 싶어 했다. 그래서 교회 간다는 이야기, 예수, 하나님 등에 대해서는 한마디도 입 밖에 내지 못하게 했다. 그런데 기도하러 간다는 말을 어떻게 한단 말인가?

"여보! 자양동의 한 사장 머리가 돌았나 봐."

자양동에 수금을 갔던 남편이 뜬금없이 내뱉는다.

"왜요?"

"매일 이 핑계 저 핑계 대면서 돈을 안 주더니 오늘은 나를 보자마자 400만 원을 다 내놓는 거야. 그러면서 뭐라고 했는 줄 알아? 자기가 믿는 하나님이 준 돈이래. 500만 원이 필요해서 기도원에 가서 기도했더니 산에서 내려오는 날로 생각지도 않은 데서 500만 원이 생겼다는 거야. 미쳤지! 하나님이 있기는 어디가 있어? 거기다가 돈을 달라면 돈을 준다? 그래도 그렇게 미친 건 잘 된 일이야. 좋은 쪽으로 미쳤으니 이렇게 우리 돈도 받았잖아. 당신이 믿는 하나님도 돈 달라고 하면 돈을 주나?"

비웃듯이 남편은 물었다.

"주고 말고요! 하나님은 믿고 구하는 자에게 구하는 것을 주셔요!"

"어쭈! 여기 머리 돈 사람 또 하나 있네. 그러면 당신도 기도원에 가서 당신이 믿는 하나님께 천만원만 달라고 해봐! 정말 갖고 오면 나도 당신이 믿는 하나님을 믿을게."

"정말이에요? 그럼 나 내일 기도원에 보내 주는 거예요?"

"그래, 보내 준다니까. 내가 약속하고 안 지키는 거 봤어. 남편의 이름을 걸고 약속할게."

나는 이것이 석 달 동안 남 모르게 기도한 것에 대한 주님의 응답이라고 믿었기에 그 기쁨은 말로 다할 수 없이 컸다.

"엄마! 나 내일 기도원에 가게 되었어요! 물론 허락받고 가는 거예요."

그날 밤 가슴이 설레서 한잠도 못 자고 뜬눈으로 밤을 새웠다. 이른 아침 기도원에 가려고 가방을 챙겼다. 남편은 분주한 나를 보더니 이렇게 말했다. "아무리 생각해도 당신 혼자 기도원에 못 보내겠어. 어떤 사람들이 모이는 곳인지 모르니 마음이 전혀 안 놓이네. 여보! 안 가면 안 될까?"

나는 단호히 고개를 저었다. 나도 모르게 눈물이 핑 돌았다. 내 얼굴에 실망하는 빛이 역력하자 남편은 크게 당황하였다.

"그럼 막내를 데리고 가. 순아! 언니와 같이 기도원에 다녀와라. 여보! 오늘 하루뿐이야! 내일은 틀림없이 집으로 돌아와야 해!"

남편은 몇 번이나 나에게 다짐을 받았다.

이른 아침부터 소란스러웠다. 겨울방학 중이었던 막내 시누이는 빠른 움직임으로 밖으로 나왔다. 마침내 시누이와 함께 기도원으로 향했다. 내 인생에서도 처음이었지만 시누이는 나보다 더욱 생소한 길이었다. 평소에 나를 좋아하는 시누이는 그저 나와 함께 있다는 것만으로 마냥 즐거워했다.

기도원으로 올라가는 산 길은 하얀 눈으로 쌓여 있었다. 2월 3일!

혹독한 추위가 살을 에는 듯 매서웠다.

깊은 산 속 넓고 넓은 예배당에 수많은 사람들이 운집해 있었다. 이 많은 사람들이 어디서 모여들었을까? 이 많은 사람들은 어떻게 그 어려운 남편의 허락을, 시부모의 허락을 받고 올라왔을까?

밤 10시경에 저녁 집회가 끝났다. 그 중에 태반 이상이 자리를 떠나 숙소로 갔고 어떤 이는 찬양을, 어떤 이는 기도를 하고 있었다. 나는 비장한 각오로 기도하기 시작했다. 그런데 코 밑에 뭔가 와 있는 것 같았다. 눈을 떠 보니 시누이가 누워서 코 밑에 얼굴을 빤히 놓고 내 기도를 다 듣고 있는 것이 아닌가. 내가 다른 곳으로 자리를 옮기면 여지없이 또 따라온다. "언니! 기도하지 말고 나하고 얘기나 하자"하고 졸라대기도 한다. 할 수 없이 산 속으로 높이높이 올라갔다.

"언니! 언니!"하고 시누이의 부르는 목소리가 들리지 않는 곳까지. 시누이는 혹독한 추위와 칼 같은 바람이 불어대는 눈 쌓인 산 속엔 따라오지 못했다.

나는 눈 위에 그대로 무릎을 꿇고 앉았다.

"주님!"

한 번 입을 열어 보았더니 온 산의 바람이 다 몰려온 듯 '훅' 하고 입 안이 얼어붙는다.

"주님! 제가 주님께 다시 돌아가고 싶어서 이렇게 부르고 있어요. 주님! 저는 이명구 권사의 막내딸이에요. 제 이름은 잊어버리셨겠지만 저를 위해서 매일 기도하시는 저의 어머니 이름은 알고 계시겠지요?"

나는 감히 내 이름을 밝히지 못했다. 내가 주님이라면 내 이름은 도저히 기억하고 싶지 않은 괘씸한 이름일 것 같았기 때문이다. 저 깊은 곳에서부터 오열이 터져 나왔다. 뜨거운 눈물이 한없이 흘러내렸다.

얼마 동안 울고 또 울었을까? 그 때부터는 하늘에서 솜 이불이 내려와 나를 덮어 주는 듯 조금도 춥지 않았다. 바람도 느껴지지 않고 온 산이 고요하고 평온했다. 그리고 저 멀리 까만 돌 위에 반짝이는 글씨가 보였다.

"남편을 사랑하거라."

너무 어처구니가 없었다. 한편으로는 억울하기도 했다.

"주님! 저는 남편을 너무 사랑하고 있습니다. 더 이상 사랑할 여지가 없을 정도로 사랑하고 있습니다. 저는 남편이 죽으라면 죽기까지 합니다."

항변하고 있는 나의 앞에 남편의 모습이 또렷이 보였다. 눈이 먼 장님에 귀머거리이고 벙어리였다. 온몸에 누더기를 걸친 더럽고 추한 모습이었다. 사면이 높은 산으로 막힌 골짜기에 갇혀 이러지도 저러지도 못하다가 죽을 불쌍한 모습이었다.

"아! 아니에요. 주님! 이것은 제 남편의 모습이 아니에요. 그 사람은 젊고 건강하고 부유합니다."

아무리 아니라고 부정해도 거지 모습의 남편은 뼈들이 끝없이 쌓여 있는 아골 골짜기를 향하여 가고 있었다.

"주님! 잘못했어요. 저는 그 사람을 사랑하지 않았어요. 오직 저만을 사랑했어요. 그가 멸망의 골짜기에서 죽어 가는 영혼임을 알면서도 단 한 번도 주님을 믿으라고 말하지 않았어요. 그의 핍박을 받기가 싫었어요. 주님을 전하다가 제가 고통당하는 것이 무서웠어요. 그러나 이제는 제가 죽을지언정 그에게 주님을 전하겠어요. 주님! 저의 눈을 빼서 그의 눈을 열어 주시고 저의 혀로 그의 혀를 대신하시고 저의 귀로 그가 듣게 해주세요. 저의 생명을 취하여 그에게 영원한 생명을 허락하십시오. 그렇게 해주신다면 저는 이 자리에서 죽어도 여한이 없겠습니다."

나는 정말 그 곳에서 애끓는 기도가 무엇인지 알았다. 그렇게 울며 불며 또 얼마 동안의 시간이 흐른 걸까? 남편은 아주 젊고 준수한 청년의 모습이었고 눈을 들어 하늘을 우러러 찬양하고 있었다. 남편 앞에는 수많은 군중이 모여 있었다. 바로 눈앞에서 보는 것같이 그 광경은 뚜렷했다.

'아! 주님이 남편을 구원해 주겠다고 약속하시는 것이로구나!'

그때 산 아래 성전에서 땡그렁! 땡그렁! 새벽 기도 시간을 알리는 종소리가 울려퍼지고 있었다. ●

쓸데없는 걱정일랑 하지를 말자

새벽 예배를 알리는 종소리에 기도하던 자리에서 일어났다. 눈 쌓인 산 속에서 밤을 샌 것이다. 그 때서야 성전에 혼자 있을 시누이가 걱정되어 빠른 걸음으로 산길을 내려왔다. 새벽 바람은 매섭게 옷깃을 파고들었다. 성전에 도착하니 시누이가 나를 보고 달려와 얼싸안고 엉엉 울어댄다.

"언니! 이 추위에 어떻게 얼어 죽지 않았어?"

"어젯밤 별로 춥지 않았잖아. 바람도 없고……."

"무슨 소리야! 올 겨울에 어젯밤이 가장 추운 날이었어. 바람도 많이 불어서 체감 온도도 최고였대."

내 몸을 샅샅이 살펴보던 시누이는 "언니! 언니 바지 엉덩이가 뚫어졌어! 무릎 꿇고 앉은 운동화 뒷굽에 문질러져서 뚫렸나 봐"하고 말했다.

"어! 이상하다? 나는 전혀 움직이지 않고 기도한 줄 알았는데 옷이 뚫어지도록 움직였단 말인가?"

그런데 시누이의 눈에 눈물이 그치지 않았다. 밤새 얼마나 걱정했으면 그럴까? 마음이 풀리지 않는가 보다 하고 시누이를 안아 주었다. 그랬더니 시누이는 이렇게 속삭였다.

"언니! 어젯밤 나도 주님을 만났어!"

"뭐라구! 주님을 만났다구?"

"그래, 그렇다니까!"

우리 둘은 손을 잡고 깡총깡총 뛰며 울었다.

"언니가 산 속으로 가 버린 후 나 혼자 성전에 돌아오자 언니 걱정이 더 되는 거야. '이럴 줄 알았으면 죽기 살기로 언니를 따라가야 하는 건데……' 후회하면서 자리에 퍼져 앉아 한참을 울었어. 그런데 내 앞에 어떤 부인이 영어도 아니고 불어도 아니고 일어도 아니고 하여튼 알아들을 수 없는 말로 찬양을 하는 거야. 얼마나 듣기가 좋은지 나도 모르게 기도를 했어. "하나님! 정말 살아 계시다면 나도 저 부인처럼 찬양할 수 있게 해 주세요. 그런데 내 입 안에 음이 가득 찬 것 같아. 그 음을 소리내어 보았더니 나도 알아들을 수 없는 말로 찬양을 하기 시작한 거야. 알아들을 수 없는 말이 내 가슴에서 회개를 시키는 거였어. 나는 밤새 입으로는 찬양을 하지만 가슴으로는 뜨거운 회개를 했어. 언니! 나는 하나님의 살아 계심을 믿어! 또한 하나님이 우리를 향하신 사랑이 예수님을 보내 주신 것을 믿어! 그 예수님이 나의 씻을 수 없는 죄악을 대신해서 십자가에서 죽으신 것을 믿어! 그 예수님을 내가 믿음으로 구원받은 것을 믿어!"

나는 그칠 줄 모르는 눈물로 믿음을 고백하는 시누이를 가슴에 안고 "주님! 감사합니다! 주님! 감사합니다!"하고 외쳤다.

눈물이 강물같이, 기쁨이 강물같이 흘렀다.

예수를 전혀 믿지 않고 오히려 미신을 섬기던 시댁에서 가장 먼저 하나님의 구원을 받은 사람은 기도원에 따라왔던 나의 시누이였다. 나는 시누이의 구원을 위해서 한 일이 아무것도 없다. 구원은 오직 주님의 은혜로 말미암는 것이기 때문이다. 그러나 주님은 이 날의 시누이를 나의 믿음의 동역자로 영원히 내 곁에 주셨다.

시누이를 성전에 혼자 내버려 두고 갔다고 쓸데없는 걱정일랑 하지 말자. 하나님이 그에게도 구원을 베풀고 계시는 중이기 때문이다.

나는 그 날부터 하늘에서 소낙비처럼 쏟아 붓는 천국의 보화 때문에 정신을 잃을 정도였다. ●

쇠뿔도 단김에 빼십시오

 하루만 다녀오라는 남편의 엄명을 어긴 것은 처음이었다. 시누이와 나는 사흘을 기도원에 머물면서 집중적으로 기도했다. 집으로 돌아오려고 짐을 쌀 때에야 정신이 번쩍 들었다.

 '무어라고 말해야 하나? 왜 하루 만에 안 돌아오고 사흘이나 있었냐고 다그치면 어쩌나? 기도하러 갔다 오면 하나님이 주신다고 큰소리친 천만 원은 또 어떡하나? 하나님이 내 편이 되어 주시겠지 뭐. 있었던 사실 그대로 말하자. 첫날은 하나님을 멀리 떠나 내 맘대로 살아온 나의 잘못과 교만을 회개한 후에 남편의 구원을 위해 기도했고 둘째 날은 갖가지 신비한 성령의 체험을 했고, 셋째 날은 앞으로 내가 주님을 위해서 해야 할 일들을 구체적으로 설계 받은 그 말을 해야지. 이젠 죽으면 죽으리라 하지 않으면 안되는 거야!'

 마음속으로 단단히 각오하고 기도원으로 떠난 지 사흘 만에 남편을 만났다. 그런데 화가 잔뜩 나서 왜 이렇게 늦게 하산했느냐고 다그쳐야 할 남편이 이상하게 양같이 온순했다. 아니, 오히려 나를 두려워하는 모습이었다.

 "여보! 당신 기도원에 간 사이에 인천 어머니가 천만 원을 가져가라고 전화가 왔었어. 그런데 그 돈은 예사로운 돈이 아니야. 자양동 한 사장처럼 당신이 기도하니까 하나님이 주신 것이 분명해. 어머니가 예전에 보살펴 주고 장가도 보낸 청년이 있었어?"

"예. 어머니가 두 사람을 보살폈는데 한 사람은 나의 큰 형부가 되었고, 다른 한 사람은 사업을 하는데 가정도 화목하고 사업도 번창한다는 소식을 들었어요."

"맞아! 그 사람이 이번에 어머니 한복과 두루마기를 지어 가지고 인사하러 왔는데 어머니가 자기를 안 보살폈다면 오늘의 자신은 없었을 것이라고 무엇이든지 소원을 말씀하라고 했다는 거야. 어머니가 우리 막내딸이 요즘 사업하다가 어려우니 딸에게 천만 원만 빌려주게나 하셨대. 그러자 그가 서슴없이 천만 원을 어머니께 드리면서 빌려 주는 것이 아니고 그냥 주는 거라고 했다는 거야. 당신 기도원에서 내려오면 바로 인천으로 와서 돈을 가져가라고 하셨어! 당신이 믿는 하나님은 기도하면 정말 돈을 주시네!"

남편은 신기한 체험을 한 듯 사뭇 상기되었고 되어진 일에 무척 놀라는 얼굴이었다.

"할렐루야!"

나는 주먹을 쥐며 크게 "할렐루야!"를 외쳤다. 감사의 눈물이 주체할 수 없이 쏟아졌다.

우리는 무엇을 어떻게 말할까 걱정할 필요가 없다. 왜냐하면 주님이 우리가 해야 할 일이나 말에 대하여 이렇게 미리 준비해 놓고 계시기 때문이다. 우리의 주님은 주님을 믿고 주님을 자랑하는 자들에게 결코 부끄러움을 당하게 하지 않으신다.

남편은 겁에 질린 어린아이처럼 기도원에서 나에게 어떤 일이 있었는지 조심스럽게 물었다. 나는 하나님이 당신을 구원하기를 열망하고 계신다고 담대하게 힘주어 말했다.

남편은 예전 같으면 펄펄 뛰었겠지만 이번에는 아무 말 없이 마음속에 새기는 것 같았다. 나는 그날 밤부터 밤마다 차가운 바닥에 무릎 꿇고 앉아 밤을 새우면서 기도하였다. 그 때는 어떻게 기도하는 줄도 몰라 "주여! 그저 쇠뿔도 단김에 빼십시오. 단김에 빼십시오"하면서 이 한마디만 밤을 새우며 입 안이 헤어지도록 했다.

혼신의 힘을 다하여 기도하던 날이 20여 일이 지날 무렵, 매일 남편을 불러내어 돈 내기 당구장으로 끌고 가는 젊은이가 그 날도 남편을 찾아왔다. 남편의 친구들이나 거래하는 사람들에게 싫은 소리 한마디 못하던 나는 그날 어디에서 그런 용기가 났는지 "교회 집사님이라면서 당구장엔 그만 데리고 가고 교회 좀 데리고 가봐요"라고 말했다.

그는 쫓겨나듯 어딘가로 가 버렸고 남편은 하루 종일 그를 기다렸다. 그런데 저녁에 그가 차를 가지고 와서 "형님! 오늘 저하고 우리 교회 부흥회에 한 번 가보실래요?"하면서 우리 부부를 초대했다.

남편은 무슨 고삐에 매인 것처럼 순순히 "여보! 우리 저 사람이 가자는 교회에 한 번 가 볼까? 저녁도 산다고 하네."

"아휴! 주님 이걸 어쩌면 좋아요. 쇠뿔도 단김에 빼라는 기도만 했지 조용기 목사님이라든지, 김창인 목사님이라든지, 이천석 목사님 같은 분이 아니면 우리 남편은 잘 안 될 텐데요. 내가 기도할 때 그걸 빼먹었네요."

가슴이 마구 조여오기 시작했다. 그래도 안 가는 것보다는 낫겠지 싶어 따라 나섰더니 면목동 낡은 상가 2층의 좁디좁은 작은 교회였다. 설상가상으로 부흥회를 인도하는 목사님은 여자 목사님이었다.

'우리 남편은 여자가 남자 앞에 서서 일상적인 이야기하는 것도 잘난 체한다며 싫어하는데 여자 목사라니 이를 어쩌면 좋담! 주님, 이

젠 구원이고 뭐고 다 틀렸어요.'

나는 고개를 푹 숙이고 울먹이고 있었다. 20여 일 동안 밤을 새우며 입안이 헤어지도록 기도했더니 주님은 야속하기도 하시지 남편이 가장 싫어하는 상가 교회에다가…… 여자 목사님에다가…….

한참 울먹이고 있는데 "구원을 이루시는 이가 누구시냐? 조용기 목사냐?" "아니요! 그러면 김창인 목사냐?" "아니요! 그러면 이천석 목사냐?" "아니요!" 성령이 나에게 계속 질문하고 계셨다.

"그러면 누구냐?"

오직 주님이십니다! 구원은 주님으로만 됩니다! 그러기에 주님은 반드시 하실 수 있습니다. 나의 남편은 구원받을 수 있습니다. 이 곳이 상가 이층에 좁고 냄새나는 교회일지라도 오늘 말씀을 전하는 사람이 남편이 터부시하는 여자 목사일지라도 주님은 남편을 만나 주실 것입니다. 주님은 남편을 구원하실 것입니다.

이렇게 울며 대답하고 있는 나의 어깨를 흔든 것은 남편이었다. 이제 끝났으니 집으로 가자는 것이었다. 집으로 돌아오는 길에 남편은 이렇게 말했다.

"오늘 그 여자 목사 참 말 잘하더라. 무슨 말인지 알아들을 수는 없었지만 왜 자꾸 가슴에서 눈물이 나려는지 모르겠어. 이런 느낌은 일평생 처음이야! 아우 말로는 일주일 동안 부흥회를 한다고 하니 우리 일주일 동안 그 교회에 계속 다닐까?"

나는 또 한 번 가슴이 터질 것 같았다. 흥분한 나는 그날 밤 더욱 큰소리로 밤을 새우며 기도했다.

"주님! 쇠뿔도 단김에 빼십시오! 어떤 도구를 사용하시든지 주님 마음대로 하세요. 그저 쇠뿔만 빼십시오." ●

그거 그거 아시지요?

꼬박 밤을 새우고 아침을 맞았다. 그런데 아침에 문제가 생겼다. 그것은 전날 우리가 자정이 다 되어 집에 돌아왔다고 어머님이 단단히 화가 나신 것이었다. 부엌에서 그릇 만지는 소리가 땡그랑 땡그랑 요란했다.

'이를 어쩐담! 이런 장애가 있으면 남편은 오늘부터 그 교회에 안 가겠다고 할 텐데……'

나는 조바심이 났다. 그런데 남편이 "여보! 그럼 나 혼자 그 교회에 갈게 당신은 집에 일찍 들어와!"라고 하는 것이 아닌가.

이게 또 웬일인가? 주님이 이렇게나 많이 작업을 해놓으셨다니! 어차피 죽기 아니면 살기다. 말이라도 해봐야지.

"여보! 당신도 내가 갔던 기도원에 가는 것이 어떨까요? 사업 때문에 머리도 아플 텐데 며칠 산에 가서 푹 쉬고 사업 구상도 하고 용기 충전도 하시면 더 좋을 것 같아요."

"그럴까? 그래 내가 가서 정말 하나님이 있나 없나 불러 볼 거야. 내가 살던 시골에서 보면 귀신 혼을 부르면 나타나거든. 하나님도 정말 신이면 나타날 게 아냐? 내가 가서 하나님이 정말 살아 있으면 내 목숨 다 바쳐서 믿고 그 대신 죽은 신이어서 안 나타나면 당신이나 순이도 절대 교회에 못 다니게 하고 하나님에 대해서 입 밖에 내지 못하게 할 거야! 내가 요즘 얼마나 그 하나님인지 뭔지 때문에 뒤숭숭한지 알아? 이것을 떨쳐내든지 목숨 걸고 믿든지 두 가지 중에 하나 해야지 나 미칠 것 같아."

남편은 내가 자세히 그려 준 약도를 가지고 기도원으로 떠났다.

'차라리 어제 갔던 그 교회 부흥회에 참석하라고 할 걸 그랬나. 기도원에 대해서 아무것도 모르는 저 사람 혼자 갔으니 그 곳에서 서로 자리 싸움 하는 걸 보면 어쩌나, 목사님이 말씀을 고상하게 조심하며 전하셔야 할 텐데.'

나는 먹은 것이 급체할 정도로 극한 긴장 속에 있었다.

사업장에 앉아서 쉬지 않고 기도했다.

"주님, 그거 그거 아시지요? 저에게 주셨던 그거 그거 아시지요?"

이 세상 어떤 것도 남편이 구원 받는 일에 장애가 되지 않게 해 달라고 수없이…… 정말 수만 번 되뇌인 것이다. 그날 밤으로 당장 돌아 올지도 모르니 문을 열어 놓고 기다렸다. 그렇게 하루, 이틀, 사흘이 흘렀다.

남편이 떠난 지 사흘째 되던 저녁, 남편에게서 전화가 왔다.

"여보! 나 청량리역에 도착했는데 집에 갈 차비도 없으니 이리로 데리러 오고 저녁 좀 사 줘."

남편의 불 같던 목소리가 너무도 온유하게 변해 있었다. 그렇지만 습관처럼 내 머릿속에는 빠른 생각 하나가 스쳐 지나갔다. '내가 넉넉히 준 돈은 다 어디에 쓰고 차비도 없다고 하고 저녁을 사 달래나?'

내 생각을 빤히 본 것처럼 남편은 이렇게 말했다.

"여보! 나 당신이 준 돈은 기도원에 가는 날로 다 헌금하고 사흘 동안 금식했어."

'주님! 이게 어찌된 일입니까? 내 남편이 헌금은 뭐고 금식은 또 뭡니까? 이 사람에게 이런 일이 일어날 수 있다니요!'

나는 청량리로 가기 위해서 전철을 타러 달려갔다. 뛰어가는 나의 발이 땅에 닿는 느낌이 전혀 없었다. 마치 땅에서 공중으로 들려올려져서 훨훨 나르는 것 같았다. 전철을 타니 사람들이 다 나를 쳐다본다. 얼굴은 활짝 웃고 있는데 눈에서는 눈물이 하염없이 쏟아지는 이상한 현상이니까 말이다.

청량리역 저편에서 내가 오는 것을 발견한 남편이 나를 향해 달려왔고, 나는 남편을 향해 달려갔다. 주변에 있는 많은 사람들의 시선에도 아랑곳없이 우리는 서로 얼싸안고 엉엉 울었다.

"여보! 살아 계시더라고! 당신이 믿는 당신의 하나님이 정말 살아 계시더라고! 내가 바로 그 하나님을 만났어! 당신은 나의 생명의 은인이야!"

남편의 기쁨에 찬 함성은 청량리 역사 안으로 쩌렁쩌렁 울려 퍼져 나갔다. 포효하는 호랑이같이! ●

그러면 그렇지!

황소 같은 내가 콩 꼬투리만한 아내에게 등을 떠밀려 길을 나서기는 했지만 도저히 발이 떨어지지를 않는다. 우선 지금 사업이 최악이어서 내가 없는 동안 아내가 그 어려운 고통을 당해 낼 수 있을 것 같지가 않았다. 세상 물정을 아무리 가르쳐도 아내는 시집올 때 그대로 언제나 철없는 쑥맥이다. 그런 아내에게 짐 지우기에는 이 짐이 너무 무겁다. 머리에는 이 생각 저 생각으로 가득 찼다. 내가 이삼 일 자리를 비우면 무슨 큰일이 날 것 같아 불안하다. 그러는 사이에 청량리로 가는 버스가 왔다. '에라 모르겠다' 하며 차를 탔다. 차창 유리에 잘 다녀오라고 손을 흔들던 아내의 얼굴이 어린아이 얼굴처럼 어른거린다.

'내가 지금 뭐 하는 거야! 저 어린애 같은 사람에게 무거운 짐을 지워주고 기도원을 가다니! 멍청한 놈!'

막 떠나려는 버스를 세워 결국 내리고 말았다. 주머니에 손을 찔러 넣으니 아내가 준 돈이 손에 잡힌다.

'그냥 이 돈 가지고 어디 하루 놀러 갔다 오는 게 더 낫지 기도원은 무슨 기도원!'

아내에게 되돌아갔다.

'사업장에 앉아 있는 아내는 왜 오늘따라 저렇게 작아 보일까? 왜 오늘따라 저렇게 더 어려 보일까?

　내가 들어서자 아내가 화들짝 놀란다.

　"여보! 아직 안 떠나셨어요? 제가 안 챙겨 드린 물건이라도 있나요?"

　"아니야! 당신 정말 괜찮겠어? 나 없어도 견딜 수 있겠어?"

　"글쎄 걱정 마시라니까요. 여기는 나한테 다 맡기고 당신은 이삼일 푹 쉬다가 오세요. 쉬다가 기도하고 싶을 때 기도하시면 더욱 좋고요."

　다시 아내에게 등 떠밀려 나서는 나의 심정은 아내를 폭풍우 휘몰아치는 언덕에 혼자 내버려 두고 떠나는 심정이었다. 다시 버스 정류장으로 나갔지만 아내에게 되돌아가기를 두 번이나 하였고, 버스는 십여 대를 그냥 보냈다.

　내가 되돌아갈 때마다 아내는 도무지 내가 걱정하는 일들이 이 세상에서 매일 비일비재하게 일어나고 있는 것조차 모르는 얼굴이어서 더욱 내 가슴이 터졌다.

　"나 없는 동안 집에 일찍 들어가고 말 상대 안 되는 거래처 사람이 오면 무조건 나한테 미뤄 놔! 무례한 놈들한테 괜히 당신이 상대하고 나서지 말란 말이야! 당신이 원해서 가기는 가는데 오늘 밤으로 당장 내려올지도 몰라."

　내 속이 얼마나 타는지 모르는 아내는 웃으며 고개만 끄떡거렸다.

　기도원으로 올라가는 입구는 마치 피난 행렬과도 같았다. 아줌마, 할머니, 어린아이들이 솥단지, 이불 보따리, 옷 보따리 등을 머리에 이고 산길을 따라 올라가고 있었다. 산은 아직 눈으로 덮여 있어 추운 바람이 골짜기를 쓸어내고 있었다.

'그러면 그렇지! 기도원이라니? 할 일 없는 아줌마, 할머니, 어린 아이나 오는 곳이지 나같이 건장한 남자가 올 곳이 못 되는 곳이잖아. 어디 남자가 한 명이나 있어? 내가 마누라 말 안 듣는다면서도 결국은 이 짓을 한다니까.'

그 길로 되돌아오려는 마음이 불끈 올라왔다. 그러나 갈 때는 가더라도 기도원으로 오르는 저 할머니 짐은 들어다 주고 가야겠어서 나는 두서너 할머니의 짐을 지고 산길을 올랐다.

"젊은이 참 고맙기도 하오. 이렇게 잘생긴 남자가 혼자서 기도원엘 가니 젊은이의 처는 정말 좋겠소. 젊은이의 처는 주님의 축복을 많이 받은 여자요."

할머니들은 내 뒤를 따라오면서 칭찬이 자자하다.

'모르는 소리 말아요. 이 짐만 들어다 주고 난 다시 집으로 내려갈 거요. 내 아내는 축복을 받기는커녕 또 어떤 못된 놈에게 빚 독촉을 받으며 갖은 수모를 당하고 있을지 몰라요.'

목구멍까지 치밀어오르는 이 말은 나를 더욱 빠른 걸음으로 산 위에 오르게 했다.

산 속에 어떻게 이렇게 크고 넓은 기도원이 있었을까? 수천 명이 운집해 있었다. 짐만 내려 주고 빨리 집으로 돌아갈 마음으로 가득 차 있는데 한 할머니가 기도원 안까지 짐을 들어다 달라고 하셨다. 할 수 없이 기도원 안에까지 들어가 짐을 내려 주고 막 밖으로 나오려는데 마음속에서 '이왕 여기까지 왔는데 하나님이 정말 살아 있나 물어라도 보고 가야지'라고 나를 부추긴다.

어디 자리에 앉아 볼까 하고 앞으로 가보니 사람들은 기도원 바닥에 각각 밍크 담요를 넓게 깔고 거기는 자기들의 자리라고 지키고 앉아 있는 것이었다. 혹시 밍크 담요 자락 끝에 걸터앉기라도 하면 자신의 영역을 침범당한 맹수가 공격하듯 "거기 우리 자리예요! 어서 비켜요"하며 쏘아붙였다. 앞에서부터 중간 지점까지 서너 번 그런 공격을 받았다.

'그러면 그렇지! 예수 믿는 것들! 내 이래서 예수 안 믿는다니까! 자리 싸움 하려면 여기는 왜 와서 앉아 있는 거야! 여기 온 여자들은 다 밥하기 싫어서 가출한 년들이고 여기 온 남자들은 부도내고 갈 데 없어 도망온 놈들이지. 하나님! 정말 당신이 살아 있는 신이라면 원수 사랑은 둘째치고 당신 믿는 저 년놈들 자리 싸움이나 말려 보쇼.'

아무런 미련도 없이 자리를 박차고 일어서는데 한 할머니가 나를 붙든다.

"이보게 젊은 양반! 내 옆에 앉아 나랑 예배 한 번 드려주겠나? 내 아들 같아서 그러네. 그것이 내 평생 소원이었어."

그 할머니는 나에게 부탁이 아니라 애원을 하고 있었다. 무슨 사연인지는 모르나 할머니의 간청을 뿌리칠 수 없어 그 자리에 앉았다. 그러는 사이에 밖에 나갔던 수천 명의 사람들이 구름처럼 빽빽하게 들어와 자리에 앉았다. 시끄러운 악기 소리에 맞춰 박수를 치며 찬송을 하기 시작했는데 나는 그 노래 중에 아는 것이 한 곡도 없었다. 열광적으로 지휘를 하던 지휘자가 뭐라고 뭐라고 외치면 그 거대한 예배당이 떠나가도록 그들은 함성을 질러댔다.

'때는 이 때다. 이왕 여기에 이렇게 주저앉게 되었으니 정말 하나님과 담판을 짓자' 하고는 "하나님! 당신이 정말 살아 있소? 그럼 어디 한 번 나에게 나타나 내 다리 몽댕이 한 번 부셔 놓아 보시오! 그러면 내가 믿겠소"하고 나는 고래고래 소리를 치기 시작했다.

사업하다가 망해서 여기까지 올라와야 했던 나의 비참한 울분이, 두고 온 아내에 대한 불안과 애처로움이, 예수 사랑 운운하면서 자리싸움하는 예수 믿는 것들에 대한 분노가 가슴을 꽉 막고 있는 큰 응어리가 되어 화산이 폭발하듯 터져 나오고 있었다.

하나님이 살아 있으면 어서 나와 보라고 허공에 삿대질하던 나의 손가락 저 끝에 까만 점 같은 것이 보였다. 그것은 점점 나에게 가까이 다가오면서 그 형체가 보이기 시작했다.

아! 거기엔 십자가에 매달린 한 사나이가 피를 흘리고 있었다. 얼굴은 가시관에 찔려 피가 흘러내리고 손과 발은 못에 박혀 샘솟듯 피가 솟구치고 있었다. 창에 찔린 가슴에서 흐르는 피는 강을 이루어 그 사나이의 몸에서 흐르는 피의 강에 내 몸이 잠기고 있었다.

나도 모르게 무릎이 꿇어졌다. 그러면서 나의 지나간 세월이 죄로 얼룩진 것을 알았다. 나는 부모에게 살아 있어서는 안 될 자식이었다. 나는 아내에게 살아 있어서는 안 될 남편이었다. 나는 자식에게 살아 있어서는 안 될 아버지였다. 나는 이웃들에게 살아 있어서는 안 될 이웃이었다. "저는 마땅히 죽어야 하는 죄인입니다!" 나도 모르게 오열이 터져 나왔다. 내 죄의 무게가 얼마나 무거운지 나는 죄에 눌려 죽을 것만 같았다.

"저는 이 무거운 죄의 짐을 감당할 길 없으니 차라리 저를 죽여 주십시오! 하나님! 저를 용서하지 마십시오. 차라리 저를 죽여 주십시오."

이마에서는 땀이 비 오듯 했다. 온몸이 땀으로 젖었고 주먹으로 땅바닥을 얼마나 쳤던지 내 손은 시퍼렇게 부어 올랐다. 몇 시간을 몸부림치며 울어댔을까? 십자가에서부터 흘러내린 피의 강이 내 몸을 짓누르고 있는 죄의 무게를 씻어서 흘러가는 것이었다. 그때 나의 모든 죄의 짐이 사라지고 바위처럼 무거웠던 마음이 깃털처럼 가벼워지는 것을 느꼈다. 나는 나도 모르게 "감사합니다! 감사합니다!"라고 말했는데 입술이 내 맘대로 움직여지지 않고 이상한 움직임으로 변하더니 알 수 없는 말이 계속 쏟아져 나오는 것이었다.

'내가 왜 이러지? 너무 울어서 흐느끼는 일종의 입술의 변화일까? 내 의지는 가장 이성적인데 제어되지 않고 쏟아져 나오는 이 언어는 도대체 무엇이란 말인가? 감사와 기쁨으로 터질 것 같은 이 감동은 도대체 무엇이란 말인가? ●

내 맘대로 되는 게 아니에요

내 영혼이 너무 놀라서 좀처럼 진정이 되지 않았다. 집회가 다 끝난 늦은 밤이었으므로 여인들은 대예배실에서 잠이 들고 남자들의 숙소는 지하에 있었다. 지하에 내려가 보니 남자는 나 혼자 이 산에 올라왔는 줄 알았는데 그 넓은 남자 숙소가 발 디딜 틈도 없이 꽉 차 있었다.

나의 이상한 행동을 눈여겨본 사람들이 잠을 자지 않고 나를 기다리고 있었다.

"하나님이 당신에게 방언을 주셨지요?"

"방언이요? 그게 뭔데요?"

"천국의 신비의 말이지요. 내 마음대로 입술이 안 움직여지고 나도 알 수 없는 이상한 말이 쏟아져 나오지 않아요?"

"맞아요. 그렇기는 하지만 그건 내가 너무 울어서 입술 주변의 근육이 잠시 마비된 것이 아닐까요?"

"아니에요. 성령을 받은 사람에게 나타나는 하나님의 은사지요. 우리는 그 방언 받으려고 저 충청도에서부터 왔어요. 예수 믿은 지는 10년이고 방언 받으려고 기도원에 올라온 것은 헤아릴 수도 없이 많아요. 그런데 선생님은 어떻게 그리 빨리 하나님의 은사를 받을 수가 있지요? 저는 선생님 뒤에 앉았었는데 선생님이 얼마나 부러웠는지 몰라요."

"뭐가 부러워요? 입술 씰룩거리며 방언하는 것이 부러워요?"

"예, 그것도 부러웠지만 선생님의 뜨거운 회개의 눈물이 더 부러웠어요. 우리는 울고 싶어도 눈물도 안 나고 쥐어짜도 이렇게 뽀송뽀송하단 말입니다. 회개도 내 맘대로 되는 게 아니에요."

"나는 너무 기뻐서 잠이 안 오네요. 어디 가서 더 기도하고 싶은데……."

나는 밖으로 나왔다. 아! 눈앞에 펼쳐진 온 세상이 전혀 다른 세계가 되어 있었다. 나무도 더 아름다워 보였고 하늘에 떠 있는 달도 이 세상에서 처음 보는 것같이 신비롭고 아름답게 보였다. 나에게 놀라운 변화는 전에는 이 세상에서 가장 추한 것이 인간이었는데 이제는 그 사람들이 가장 아름답고 사랑스러워 보이는 것이었다. 나는 밤새 성전 주변을 걸어 다니면서 주님이 나에게 베풀어 주신 구원의 은혜와 사랑을 수만 번 감사하였다.

'새벽 기도는 언제 하나? 어서 또 기도해야지!'

내 인생에 처음으로 있는 일이었다. 내가 새벽 기도 시간을 간절히 기다리다니!

땡그렁! 땡그렁! 새벽 기도 시간이 되었다. 나는 먼저 그 할머니를 찾아 보았다. 기도고 뭐고 다 때려 치우고 산을 내려가려는 나의 발걸음을 꽉 붙잡아 세운 고운 얼굴의 그 할머니! 그런데 그 할머니는 아무리 찾아도 없었다. 어젯밤에 나에게 임한 이 놀라운 은혜의 체험을 할머니에게 전해 드리면 너무 기뻐하실 텐데…….

아쉬운 마음을 접으며 앞자리에 앉았다. 나는 어젯밤 받았다는 방언이 아직도 잘 되고 있나 혼자 몰래 연습을 해보았다. 방언은 사라지지 않고 잘 되고 있었다.

다른 사람들은 악기가 연주되면서 찬송을 열광적으로 부르기 시작했다. 그런데 박수를 치며 큰 소리로 찬송하는 수많은 무리의 소리가 내 귀에는 "나 좀 살려 줘! 나 좀 살려 줘!"하는 소리로 들려오는 것이었다. 마치 지옥에서 "나 좀 살려 줘!"하고 울부짖는 아비규환의 소리로 들려오는 것이었다. 나는 그들을 위해 땀을 흘리며 기도하였다.

"하나님! 저 소리가 들리십니까? 제 귀에는 지옥에서 제발 살려 달라는 아비규환으로 들립니다. 저는 지옥에 가도 마땅한 놈입니다. 하오니 천국에 혹시 제 자리가 있다면 저들 중에 한 사람이라도 더 구원하셔서 그에게 제 자리를 내어주십시오. 주여! 저들이 너무 불쌍하지 않습니까? 저들에게도 저에게 주셨던 주님의 은혜와 기쁨을 주십시오."

그들이 불쌍하게 여겨지기 시작하는데 가슴이 아려서 더 이상 견딜 수가 없을 정도였다. 그래서 '제가 지옥에 떨어질지라도 저들 중에 한 사람이라도 더 구원받았으면 좋겠어요'라고 기도하는데 내 영혼이 붕 떠오르기 시작했다. 그 시끄러운 소리가 아련해지더니 이내 아무 소리도 들리지 않았다.

날빛보다 더 밝은 천국! 그 천국 문에 내 영혼이 다다른 것이다. 그런데 그 천국 문이 막 닫히려고 하는 중이었다. 그 닫히려는 천국 문을 몸으로 막고 있는 흰백의 어린양! 그 양 한 마리가 피를 철철 흘리며 닫히려는 문을 닫지 못하게 연장시키고 있었다.

아! 아름답고 보배로운 천국! 그 웅장하고 아름다운 천국이 바로 내 눈앞에 펼쳐져 있었다. ●

세월이 지난 후에

남편은 다시 천국에 올라간 듯이 얼굴이 발갛게 상기되어 있었고, 그동안 주님을 만난 이야기를 하는 얼굴은 어린아이같이 순전했다. 말을 이어 가는 동안 얼굴에는 쉼없이 눈물이 볼을 타고 내렸다. 청량리역 근처의 어느 음식점에 마주 앉은 우리는 시켜 놓은 불고기를 한 점도 먹지 못했다.

"여보! 당신은 내가 천국에 올라갔다는 것을 믿지?"

"그럼요! 믿고 말고요."

"그런데 다른 사람들은 왜 당신처럼 내 말을 믿어 주지 않지?"

"하나님이 당신에게 주신 은혜의 체험이라고 해도 우리는 하나님을 위해서 절제도 할 수 있어야 해요. 바울이라는 사도도 천국에 이끌려 올라갔고 거기에서 말할 수 없는 말을 들었으나 14년이 지난 다음에 그 체험에 대하여 무익한 것을 부득불 말한다고 하면서 우리가 자랑할 것은 오히려 우리의 약한 것이라고 했어요. 그렇지만 여보! 나에게는 다 말씀하셔도 돼요."

"천국에 이르니 보좌가 있었고 그 보좌 앞으로 생명 강이 흐르고 있었어. 물고기들은 포말 속에서 노래하고 수정과 같은 유리 바다도 있었지. 천국은 무지개가 꼭 벽지의 무늬같이 많아. 그것으로 보아 천국이 얼마나 광대한지 짐작할 수 있겠지? 흰 눈이 가득한가 하면 사계절 꽃이 다 핀 듯하여 사철이 함께 있는 아름다운 산 위에 내가 올라가 보고 싶다고 생각하면 벌써 올라가 있는 거야. 천국에서는 지각의 능력이 이 땅과 다른 것이었어. 천국에서는 지옥도 하나의 장관을 이루는 절경 같아 보였어. 여보! 당신은 여름 장마비에 황톳물이 굽이치면서 내려가는 것 본 적 있어? 지옥은 마치 용암 같은 불길이 사자의 갈기처럼 불갈기를 이루고 굽이치며 내려가는 불의 강 같았어. 나는 천국이 너무 좋아서 이 땅에 안 내려오고 싶었는데 주님이 나에게 할 일을 일러 주셨고 나를 이 곳까지 데려다 주셨어."

"여보! 그리고 나 치유의 은사도 받았어. 당신 그것도 믿어?" 그러면서 남편이 나를 쳐다보는데 평소에 실눈같이 작은 남편의 눈이 마치 자동차의 헤드라이트처럼 크게 보이는 것이었다.

"그럼요! 그것도 믿고 말고요. 우리 주님은 믿음이 신실한 당신의 종들에게 치유의 은사도 주어서 질병으로 고통 받는 자들에게 치유의 은혜를 베풀어 주시지요."

그렇게 대답하고 나자 내 뱃속이 부글부글 끓기 시작하는 것이었다. 나는 그때 과민성 장출혈로 마음이 조금만 불안정하거나 과로하여 몸이 피곤하면 맑고 선명한 선홍빛 하혈을 심하게 하는 질병을 앓고 있었다. 남편의 말이 나에게 이토록 충격적이었나? 나는 급히 음식점 화장실로 달려갔다. 그런데 이번엔 선홍빛 하혈이 아니라 포도알 같은 덩어리 하혈이었다. 빛깔도 검붉은 갈색이었다. 이마에 진땀이 흥건히 내솟았다. "병이 더 악화됐나?" 하면서 남편에게로 왔는데 이상한 것은 항상 아파 왔던 배의 진통이 없어진 것이었다.

그날 이후 나에게 죽음의 두려움을 주며 끈질기게 몸을 악화시켰던 과민성 장출혈이란 한 방울도 없다. 할렐루야!

영혼이 너무 놀란 남편은 몇 날 며칠을 잠도 자지 않았다. 그리고는 시간만 있으면 성경을 읽어 달라고 했다. 내가 성경을 읽고 조금씩 풀이를 해주면 자신이 체험한 것과 맞추어 보기도 하고 성경의 내용을 알고 싶어 혼신의 힘을 다하여 성경을 읽어 나갔다.

무엇보다 남편의 삶이 완전히 변했다. 매일 친구들과 어울려 다니며 방탕하던 생활이 성실하고 근면한 생활로 바뀌었고, 그 많던 혈기와 고집도 완전히 없어졌다. 다른 이들을 불쌍히 여기고 남의 말을 존중하고 겸손해졌다. 그리고 주변의 교회들을 찾아 다니며 그 교회의 주보와 전도지 등을 얻어다가 전도하러 다녔다.

우리 사업장 칠판에는 이름이 적히기 시작했는데, 남편은 누군가가 기도 부탁을 하면 칠판에 그 사람의 이름을 적고 그를 위하여 사흘씩 금식을 해주는 것이었다. 그 기도 부탁은 쉬지 않고 들어왔다. 우리 부부는 매일 연이어 금식할 수 없기 때문에 사흘 금식 후 이틀은 먹고 다시 사흘 금식으로 기도해 주었다.

나는 남편에게 정식으로 신학 공부를 할 수 있도록 돕고 싶다고 말했다. 남편은 마음속으로는 간절히 원했지만 벌여 놓은 사업과 열두 식구의 생계를 나에게 짐지워야 할 뿐 아니라 자신의 신학 뒷바라지까지 하게 해야 하니 선뜻 나설 수가 없다고 난감해했다.

나는 주님과 동업하며 기울어진 사업을 다시 일으키고, 열두 식구의 생계도 차질 없이 잘 꾸려 가며, 남편의 신학 공부 뒷바라지도 잘 해낼 수 있도록 믿음과 지혜와 능력을 달라고 주님께 기도했다.

나의 기도를 들으신 하나님이 아주 빠르게 우리 가정과 사업에 적극적이고 구체적으로 개입하시기 시작했으니, 먼저 우리의 둥지를 세차게 흔들기 시작하신 것이다. 우리가 하나님을 믿으면 대부분 평탄하고 순한 길을 주실 것이라고 기대하지만, 주님은 우리를 더 높은 벼랑으로 끌고 올라가 사정없이 땅으로 내려 떨어뜨리시는 것이시다.

그것은 한창 돈 벌 나이에 예수 귀신에 홀려 혼이 다 빠졌다고 걱정하시던 시부모님에 의해 집에서 쫓겨나게 된 것이었다.

할 수 없이 우리는 단돈 10만 원으로 동암역 북부 광장에 있는 귀신 나온다는 집을 얻었다.

주님은 그 곳에서 우리를 훈련시켜 나가셨다. 남편은 신학대학원에 가기 위해 온종일 공부를 하게 되었고 집안일은 친정어머니가 오셔서 돌봐 주셨다. 나에게는 남편이 하던 사업과 시집 본가의 살림, 새롭게 분가된 살림 등 그 모든 짐이 남편 대신 지워졌다.

새벽 첫차를 타고 나가 일하기 시작하여 막차로 집으로 돌아오는 나의 고단함은 이루 말할 수 없었으나, 사위가 공부하는 문 밖에서 쉬지 않고 기도하시는 나의 어머니를 볼 때 감히 고단하다고 말할 수가 없었다.

"어머니! 오늘 성일 아빠 열심히 공부하던가요?"

"책상에 앉아 있는 것만도 하나님만이 할 수 있는 일이란다. 너의 남편이 단 5분도 앉아 있지 못하는 불 같은 사람 아니냐? 성일 아빠를 저렇게 만들어 놓은 것을 보면 우리 하나님은 정말 대단하시다."

어머니는 밥을 짓기 위해 쌀을 씻을 때도 기도하셨다.

나는 밤늦은 시간에는 성경 시험에 나올 만한 문제를 50개씩 뽑아서 만들었다. 물론 입시 출제 문제집이 나와 있었지만 아내가 밤을 새면서 친필로 문제를 만들어 놓는다면 열심히 풀지 않을 수 없을 것이라는 생각에서였다. 나의 생각은 적중하여 남편은 열심히 문제를 풀었다. 그리고 밤에 만난 우리는 문제의 정답을 서로 이야기하며 나는 남편이 늦은 나이에 공부하는 어려움을 격려해 주었고, 남편은 나의 어려운 짐을 애처로워했다.

논문은 일주일에 한 주제를 정하여 남편과 내가 각각 작성해서 수정, 보완하는 것을 거듭했다. 좋은 신학 논문을 수집하는 일도 게을리 하지 않았다.

영어는 남편이 원서를 볼 수 있을 정도의 실력이 있었지만 초보의 심정으로 다시 착실히 공부해 나가기로 했다.

철학은 입시 날 가까이에 집중적으로 하기로 하고 하루에 한 시간 정도만 투자하였다.

잠 잘 시간은 거의 없었다. 내가 잠 잘 수 있는 시간은 새벽 첫차의 전철 안이었고 막차의 전철 안이었다. 그러나 주님은 나에게 누구도 빼앗아 갈 수 없는 넘치는 기쁨을 주셨고 주님을 위해서 쓰여질 나의 미래에 대한 희망으로 가슴이 벅차게 하셨다.

첫차를 타기 위해 새벽 잠을 떨치고 길을 나서면 영롱하고 찬란히 빛나는 새벽별이 나를 인도하였다. 그러면 여지없이 "여호와 우리 주여 주의 이름이 온 땅에 어찌 그리 아름다운지요" 하고 나도 모르게 찬양이 흘러 나왔다. ●

울고 있는 사람과 함께
울 수 있어서 행복하다

2004년 8월 24일 초판 발행
2024년 10월 30일 초판 89쇄

지은이 유 정 옥
펴낸이 유 정 옥
펴낸곳 소중한사람들

등 록 301-2012-242호(2012. 12. 10)
주 소 04502 서울 중구 중림로 8길 12
전 화 02) 365-9106
팩 스 02) 365-9104
ⓒ 유정옥, 2004

www.ppp.or.kr
e-mail : agape6695@hanmail.net

Printed in Korea
ISBN 978-89-98978-02-0 (03230)

표지, 본문 그림 전원길 화백

책 값은 뒷표지에 있습니다.